# 基督教文化研究丛书

主编 何光沪 高师宁

十编 第 **9** 册

## 法国巴黎外方西藏传教会
## 进藏活动研究（1844～1864）（下）

刘瑞云 著

花木兰文化事业有限公司

国家图书馆出版品预行编目资料

法国巴黎外方西藏传教会进藏活动研究（1844～1864）（下）
／刘瑞云 著 —— 初版 —— 新北市：花木兰文化事业有限公司，
2024〔民113〕
目 6+180 面；19×26 公分
（基督教文化研究丛书 十编 第 9 册）
ISBN 978-626-344-622-9（精装）
1.CST：传教史 2.CST：天主教 3.CST：西藏自治区
4.CST：法国巴黎
240.8                                                    112022497

ISBN-978-626-344-622-9

9 786263 446229

基督教文化研究丛书
十编 第九册                          ISBN：978-626-344-622-9

法国巴黎外方西藏传教会
进藏活动研究（1844～1864）（下）

作　　者 刘瑞云
主　　编 何光沪、高师宁
执行主编 张　欣
企　　划 北京师范大学基督教文艺研究中心
总 编 辑 杜洁祥
副总编辑 杨嘉乐
编辑主任 许郁翎
编　　辑 潘玟静、蔡正宣　美术编辑 陈逸婷
出　　版 花木兰文化事业有限公司
发 行 人 高小娟
联络地址 台湾 235 新北市中和区中安街七二号十三楼
　　　　 电话：02-2923-1455 ／ 传真：02-2923-1452
网　　址 http://www.huamulan.tw 信箱 service@huamulans.com
印　　刷 普罗文化出版广告事业
初　　版 2024 年 3 月

# 法国巴黎外方西藏传教会
## 进藏活动研究（1844～1864）（下）

刘瑞云 著

# 目

# 次

## 第三节　克里克主导的四次布拉马普特拉河沿岸进藏活动

巴黎外方传教会派往印度的三位传教士当中，较之于经常染病的拉班和贝尔纳，克里克不仅身体康健，意志力也很超群。[116]到达印度阿萨姆邦之后，克里克主导了沿布拉马普特拉河及其支流开展的进藏尝试活动，前后共计四次，兹详述于下：

### 一、底杭河沿岸首次进藏活动

在 1851 年 6 月 9 日写给巴黎长上的信中，拉班透露，在当年 4 月尝试进入不丹未果的情况下，他与贝尔纳先后返回高哈蒂；就在他返回高哈蒂三天后，克里克出发前往泽布（Tezpour），以在那里搜集一些通往不丹的小路的信息，再伺机从不丹尝试进入中国西藏。[117]拉班有所不知，克里克此时已经放弃了前往不丹的最初计划，改道前往瑙贡（Nowgong）。

#### （一）前往瑙贡

1851 年 5 月 26 日，告别同仁拉班和贝尔纳后，克里克从高哈蒂出发了。但是，他并未直接前往泽布，而是于 5 月 28 日到达马噶尔德，见到了在那里当值的英国官员胡德森（Hudson）；这位官员告诉克里克，每年都会有大量的不丹人甚至西藏人到马噶尔德来朝圣或者贸易，他认为传教士之后可以跟随他们成功进入不丹山区。[118]但是克里克并未继续在马噶尔德停留，因为不丹人和西藏人 11 月份才会来到这里。不想在此等候太长时间，克里克决定继续前行去往泽布。[119]到达泽布后，那里的英国官员黑纳尔蒂（Reynaldi）告诉克里克，要想前往不丹就必须等到 10 月份洪水退去，否则布满荆棘和沼泽的平原上根本无法行走；克里克因此彻底放弃了前往不丹的打算，于 6 月 4 日离开泽布，前往有天主教徒需要牧养的瑙贡（Nowgong）。[120]

在瑙贡逗留期间，一位名叫布斯东（Buston）的英国军官建议克里克阅读一本游记，作者是罗伯特·威尔克斯（Robert Wilcox），他曾于 1828 年尝试从

---

116 A. Launay, *Histoire de la Mission du Thibet,* tome 1, Paris, les Indes savantes, 2001, p.115.
117 A. M. E., vol.556, M. Rabin aux directeurs des M.E.P., le 9 Juin 1851, pp.172-173.
118 A. M. E., vol.556, M. Krick aux directeurs des M.E.P., le 1er décembre, 1851, p.196.
119 A. M. E., vol.556, M. Krick aux directeurs des M.E.P., le 1er décembre, 1851, p.196.
120 A. M. E., vol.556, M. Krick aux directeurs des M.E.P., le 1er décembre, 1851, p.196.

阿萨姆进入中国西藏；后来，布斯东又建议克里克阅读格里夫特的游记，格里夫特曾于 1837 年同样尝试从阿萨姆探险进藏，这让克里克看到"有某种希望从阿萨姆东北部进入西藏，或者沿底杭河——英国人口中的西藏藏布河（Zanpo）而上，或者沿更东边的布拉马普特拉河（实际上是布拉马普特拉河支流洛希特河——译者注）而上（进入中国西藏）。"[121]

布拉马普特拉河是亚洲的主要大河之一，发源于中国西藏境内喜马拉雅山脉北麓的杰马央宗冰川，上游名为雅鲁藏布江，进入印度后称底杭河（Dihang）或香江（Siang），沿岸居住有珞巴人的一支——阿波尔人（Les Abors，又称 Adis，主要居住在雅鲁藏布江大拐弯处以西的高山峡谷地带）。在巴昔卡附近，底杭河与底邦河（Dibang）以及洛希特河（Lohit）合流后始称布拉马普特拉河。克里克知道底杭河就是"藏布河"，即雅鲁藏布江，却误将该河同布拉马普特拉河视为两条不同的河流。上述引文中克里克所言"更东边的布拉马普特拉河"，实际上是布拉马普特拉河的另一条支流——洛希特河，其上游在中国境内，名称为察隅河，是中国西藏东部大河之一，沿岸居住有僜人的一支——米什米人（Les Mishimis）。自从 1826 年占领阿萨姆后，一些英国人曾先后多次尝试沿底杭河与洛希特河而上，以探索发现布拉马普特拉河的源头并开辟一条通往中国西藏的道路；由于对当地不了解以及遭到沿河流域蛮族部落的强烈抵制（主要来自于底杭河流域的阿波尔人和洛希特河流域的僜人——笔者注），这些英国探险者们的进藏活动均以失败而告终。[122]然而，克里克却要去挑战此种不可能，去"探索东阿萨姆（l'est d'Assam）并探明是否有可能经由居住在阿萨姆和（中国）西藏之间山脉中野蛮部落进入（中国）西藏"。[123]从藏南的历史与我国对麦克马洪线以南地区的主权伸张而言，克里克所言"阿萨姆同（中国）西藏之间山脉"其全部或者大部分应该已经是在我国西藏境内，其所谓的"众多'野蛮'部族"亦应全部或者大部分为我国西藏境内的土著部族（即门巴人、珞巴人等）。因其外国人的身份，出于不了解亦或有可能是出于某种主观原因，克里克在其档案资料中类似此类对我国西藏领土范

121 A. M. E., vol.556, M. Krick aux directeurs des M.E.P., le 1er décembre, 1851, p.196.
122 其中包括博尔顿（Burlton）、百德福尔德（Bedford）、威尔克斯（Wilcox）、威廉姆·格里夫特（William Griffith）以及茹尔特（Rowlatt）等。参见 Juliette Buzelin, *Tibet Terre Promise: le journal de voyage de Nicolas Krick missionnaire et explorateur (1851-1852)*, A.M.E, études et documents 15, pp.43-44.
123 A. M. E., vol.556, M. Krick aux directeurs des M.E.P., le 1er décembre, 1851, p.196.

围的错讹表述不在少数，此处首先对其该类错误在总体上予以明确指出并纠正，下文引文中如克里克再出现类似错误表述，作者亦对其持全部否定和批评的观点，将不再赘述。

### （二）前往撒依克哈

克里克于 1851 年 8 月 12 日离开瑙贡乘船前往地处阿萨姆东北部的城市撒依克哈（Saïkhowa），准备以此地为据点开展沿布拉马普特拉河支流上行的进藏尝试活动。[124]9 月 26 日到达撒依克哈后，以英国官员史密斯（Smith）为首的当地英国人热情地接待了克里克，据克里克信中描述，这些英国人竞相为他的进藏活动献计献策。[125]在这些英国人的帮助之下，克里克获悉有三条路可以通向西藏："一条是沿（布拉马普特拉河支流）底杭河穿越阿波尔人部落，（走这一线路进藏）好几个英国人失败了；第二条是沿布拉马普特拉河（实际上是布拉马普特拉河的支流洛希特河——译者注）上行，那里他们（指英国人——译者注）也失败了……最终史密斯建议我尝试一条新的路——经由剪发苏丽卡塔（SouliKatta cheveux coupés，僜人的一支——译者注）部落（尝试进藏）。"[126]

克里克原本打算采纳史密斯上校的建议，经由僜人苏立卡塔部落尝试进藏；但是，由于听说该部落非常野蛮，克里克不敢贸然前往，所以他曾几次派人去请该部落首领前来撒依克哈，却因为雨季河水暴涨而未能成功；此时，英国军官维池（Witch）上校前来拜访克里克，言称，为保护底杭河沿岸的淘金者，史密斯上校同他打算带兵前往惩治扰乱淘金秩序的阿波尔人，他们建议克里克一同前往；克里克认为这不是一个接近阿波尔人的好机会，毕竟英国人是要去攻击阿波尔人，这与克里克要去"赢得他们的好感及帮助以进入中国西藏"的设想背道而驰；维池上校安抚克里克，说他们也会与阿波尔人商谈和平并会尽量避免激怒他们；听闻此言，别无更好选择的克里克最终决定一同前往。[127]

---

124 最初，英国人在阿萨姆东北部的据点设在萨蒂亚城（Sadya），该城于 1839 年被当地傣民（Khamptis）占领，英国人随后在布拉马普特拉河的另一岸建城撒依克哈（Saïkhoa）。参见 Juliette Buzelin, *Tibet Terre Promise: le journal de voyage de Nicolas Krick missionnaire et explorateur*（1851-1852），A.M.E, études et documents 15, p.42.

125 A. M. E., vol.556, M. Krick aux directeurs des M.E.P., le 1er décembre, 1851, pp.200-201.

126 A. M. E., vol.556, M. Krick aux directeurs des M.E.P., le 1er décembre, 1851, p.202.

127 A. M. E., vol.556, M. Krick aux directeurs des M.E.P., le 1er décembre, 1851, p.202.

### （三）前往底杭河沿岸阿波尔人部落

克里克跟随英国人沿底杭河而上，最终驻扎在 Kainjauns 村庄，距阿波尔人居住的山脉有"七八公里的样子"，全副武装的阿波尔人从他们居住的山上下来参与同英国人之间的会谈。[128]在谈判结束之际，维池将克里克介绍给了前来参加谈判的那些阿波尔人，请求他们将克里克带到中国西藏，却遭到拒绝："当维池上校同他们（指阿波尔人——译者注）谈判完，他对他们说'这是一位请求前往（中国）西藏的传教士，你们愿意带领他去那里（即西藏——译者注）吗？'我（即克里克——译者注）也补充道：'我不是英国人，我属于另外一个国家，我是神父，我不制造战争，但是我处理天上的事情（指传播天主教——译者注）。'（阿波尔人）首席发言者站起来说：'我们非常欢迎这位先生来到我们当中，但是我们不能让他去西藏，因为要穿越波尔—阿波尔（Bor-Abors）人部落，我们不愿意让即将成为我们客人的人惹上麻烦。'"[129]阿波尔人就此表达了他们的拒绝态度。

通过英国人推荐被拒绝之后，克里克亲自来到这些前来参加谈判的阿波尔人当中，请求对方在返回居住地时带他一起走，但是，克里克的这一要求也被婉拒："先生，所有的人都走了，夜幕降临了，稍有迟疑将使我们无法回家，您可以在您愿意的时候随时来我们这里，您会受到很好的接待。"[130]克里克转而求助 Kainjauns 村民，请求他们带领自己前往阿波尔人居住的地区，当地人也坚决不肯就此施以帮助："第二天，我寻找一些人帮我带路并扛我的行李，但是金子和银子都不能诱惑他们当中的任何一个人，'啊！先生，他们回答我，如果我们敢踏进阿波尔人山里一步，我们肯定会沦为奴隶。'"[131]克里克始终没有把握在阿波尔人当中找到突破口："留给我前往阿波尔人部落的唯一办法就是，用树枝给我搭一间房子，等待他们前来捕鱼之时再同他们一起前往他们的山区，但是我害怕他们再次拒绝将我带到西藏。"[132]所以他选择改变计划，决定改由僜人部落前往西藏："（我认为）最好是先从另外两个部族——僜人苏丽卡他（Mishimis Soulikalta）和僜人米族（Mishimis Mizous）尝试（进藏），……因此我决定返回撒依克哈，从（僜

---

128 A. M. E., vol.556, M. Krick aux directeurs des M.E.P., le 1er décembre, 1851, p.202.
129 A. M. E., vol.556, M. Krick aux directeurs des M.E.P., le 1er décembre, 1851, p.204.
130 A. M. E., vol.556, M. Krick aux directeurs des M.E.P., le 1er décembre, 1851, p.206.
131 A. M. E., vol.556, M. Krick aux directeurs des M.E.P., le 1er décembre, 1851, p.206.
132 A. M. E., vol.556, M. Krick aux directeurs des M.E.P., le 1er décembre, 1851, p.206.

人）米族部落尝试（进藏）"[133]随后，克里克跟随维池少校返回撒依克哈，沿底杭河开展的首次进藏尝试活动就此宣告失败。

### （四）阿波尔人面部的神秘纹身图案

虽然未能实现经由阿波尔部落区域进入中国西藏的目标，克里克称其在阿波尔人身上有一个惊人的发现：他们几乎所有人的额头上、下巴上和鼻子上都纹有一些显著的图案，这些图案或者是十字架形状，或者是上下重叠的双十字架形状，或者是三条并排的竖线，或者是五条并排的竖线；克里克认为这些都是同天主教相关的图案：十字架是天主教十字架，三条竖线是三位一体（La Sainte Trinité）的标示，五条竖线则标示五大天灾（Cinq Plaies）。[134]关于这些图案，克里克在写给巴黎长上的信中做了三个层面的解释：

其一，阿波尔人自己的说法。他们向克里克表示不知道这些图案的源头，只知道身上有这些图案的人在这个世界上受保护，并且在死后会喜乐升天，身上没有这些图案的人，死后上天就不会接受他。[135]

其二，英国人威尔克斯（Wilcox）的说法。据克里克在信中叙述，英国人威尔克斯在他的回忆录中述及，有一位嘉布遣修会神父佩尔吉斯（Péorgices）曾说过，在阿波尔人北部，或者就在中国西藏境内，或者在中国西藏南部边境，曾经有嘉布遣修会的传教会在那里待过，因此判断该会的传教士曾经在阿波尔人当中生活过，从而遗留下了这些图案。[136]

其三，克里克自己的判断。克里克自己并不认为曾有欧洲传教士到过阿波尔人当中活动，他的观点是，在阿波尔人北部的藏民或者其他部族当中，曾经有嘉布遣修会传教士到那里生活并有开展传教活动，阿波尔人是在与其周边地区民众的经济往来中获得的这些天主教标记。[137]

姑且不论阿波尔人身上纹有的这些图案是否真的是一些天主教图案，通过上述三个层面的解释，克里克将之与十八世纪上半叶曾在中国西藏开展传教活动的嘉布遣修会联系起来，给"阿波尔人北部靠近中国西藏一侧生活有基督徒"的可能性留下了想象空间，同时也为他日后再次前往"可能生活有基督徒"的阿波尔人部落开展进藏活动埋下了伏笔。

---

133 A. M. E., vol.556, M. Krick aux directeurs des M.E.P., le 1er décembre, 1851, p.207.
134 A. M. E., vol.556, M. Krick aux directeurs des M.E.P., le 1er décembre, 1851, p.205.
135 A. M. E., vol.556, M. Krick aux directeurs des M.E.P., le 1er décembre, 1851, p.205.
136 A. M. E., vol.556, M. Krick aux directeurs des M.E.P., le 1er décembre, 1851, p.205.
137 A. M. E., vol.556, M. Krick aux directeurs des M.E.P., le 1er décembre, 1851, p.205.

### （五）活动小结

此次进藏尝试活动失败之后，克里克开始意识到"众多巨大的屏障"正阻碍着他们进入中国西藏，而这其中最大的障碍是这些部落"对英国人的惧怕。"[138]克里克称，在当地土著人眼中，英国人"就是高级生物，是个谜，是带来坏人的危险东西，是希腊人进入特洛伊城的木马。"[139]简言之，在当地人看来，英国人就是可怕的入侵者。克里克认为，当地人惧怕英国人主要是担心失去原有的独立和自由，同已经被欧洲殖民者驯服的大洋洲原住民相比，生活在喜马拉雅山南麓的土著民众不那么容易被驯服："这些民众并非像大洋洲（Océanie）民众那样是新生的，他们古老……他们想保持独立和自由。"[140]长期以来，英国殖民者们在南业次大陆由南向北推进其侵略活动，这造成了喜马拉雅山南麓土著民众对欧洲白人的仇恨和抵制。他们"将所有的（欧洲）白人都等同于英国人，克里克无奈地说，我白费力气对他们讲我不是英国人，他们不愿意相信，因为他们不能理解除了英国之外还有其他（欧洲）国家。"[141]由此可见，英国人在南亚的野蛮侵略行径已经在当地民众头脑中刻下了仇恨的烙印，就此殃及整个欧洲，其中罗马天主教会也难以幸免，不得不充当英国殖民侵略活动的牺牲品。除去当地人对欧洲人的仇视抵制，这些土著部落之间持续的矛盾纠葛也对进藏活动构成很大障碍，克里克说："每个部落都与其他部落持续处于战争当中，他们互相攻击，劫掠，残杀，烧毁房屋，俘民为奴，即使一位外国人很幸运地被一个部族接纳，他也不可能（由这个部落）前往另外一个部落里去……"。[142]尽管困难重重，初尝失败滋味的克里克却依然对进入中国西藏信心满满："我坚信一个人或者另一个人会最终找到一条（进入中国西藏的）路，（这）需要耐心，勇气，信心以及康健的身体，多亏了上帝保佑，自从离开法国以来，我一直身体康健……"。[143]

## 二、洛希特河沿岸的首次进藏活动

涉及克里克第二次进藏尝试活动的史料主要有两份，一份是记录此次进藏活动始末的详细旅行日记，克里克将之以信件的形式分三次寄给了他在法

---

138 A. M. E., vol.556, M. Krick aux directeurs des M.E.P., le 1er décembre, 1851, p.207.
139 A. M. E., vol.556, M. Krick aux directeurs des M.E.P., le 1er décembre, 1851, p.207.
140 A. M. E., vol.556, M. Krick aux directeurs des M.E.P., le 1er décembre, 1851, p.207.
141 A. M. E., vol.556, M. Krick aux directeurs des M.E.P., le 1er décembre, 1851, p.207.
142 A. M. E., vol.556, M. Krick aux directeurs des M.E.P., le 1er décembre, 1851, p.207.
143 A. M. E., vol.556, M. Krick aux directeurs des M.E.P., le 1er décembre, 1851, p.207.

国的藏语老师福珂（Foucaux）先生；另一份则是克里克于 1852 年 5 月 10 日写给巴黎外方传教会长上们的一封信，这封信则基本上省去了对进藏沿途经历的记录，主要讲述克里克进入中国西藏后的遭遇以及对此次进藏尝试活动的总结。[144]依据上述两份史料，此次进藏活动的过程大致如下：1851 年 12 月 15 日从撒依克哈出发，前往冲普拉（Tchoumpoura）与崇秦（Tchôkïng）及背夫们汇合，然后沿着被克里克误以为是布拉马普特拉河的该河支流洛希特河岸上行，经由缅甸北部土著部落居住区域进入中国西藏境内，然后沿察隅河上行至藏寨瓦弄（Oualong）和沙玛（Sommeu），最后在西藏官员庸（Ioung）的要求下离开中国西藏，于 1852 年 3 月 18 日返回印度阿萨姆邦撒依克哈。此次进藏活动始末详述于下：

## （一）进藏活动前的准备

跟随维池上校返回撒依克哈后，克里克开始为下一次进藏活动做准备，他打算经由洛希特河谷僜人部落开展进藏尝试活动。

首先是物资上的准备。克里克购买了纽扣、针线、戒指、项链、镜子、剪刀、手绢、火石、白铁盒、铜盆、食盐、烟及其他小物件，这些东西主要将被用于提供给沿途可能遇到的僜人，或者作为博取他们欢心的礼物，或者用来向他们换取食物和服务。[145]英国人就此给予克里克很大的支持和帮助：英印政府驻阿萨姆统治官金肯斯少校以英国政府的名义给克里克提供了大量的礼物，使他可以借助这些物品赢得进藏沿途僜人部落首领们的支持；维池少校还特意提供给克里克一个六分仪和一个指南针；还有史密斯上校和另外一位名叫瑞德（Reid）的英国军官，他们将能想到的对克里克有用的东西几乎全部都提

---

144 法国教会史学家劳内的《西藏传教史》一书认为，这两份史料实为克里克将其写的旅行日记一式两份分别寄给了巴黎外方传教会和福珂先生。（参见劳内 125 页）仔细研读之后，发现此种说法欠妥。克里克的旅行日记内容十分详细丰富，他将其以信件的形式分三次寄给福珂先生，分别是 A. M. E., vol.556, voyage au Thibet en 1852, M. Krick à Monsieur Foucaux; professeur de thibétain à Paris, pp.272-291, pp.320-334; A. M. E., vol.556, voyage au Thibet exécuté en 1852, M. Krick à Monsieur Foucaux; professeur de thibétain à Paris, pp.272-291, pp.344-395; A. M. E., vol.556, Mon voyage au Thibet, troisième partie retour; à Monsieur Foucaux; professeur de thibétain à Paris, pp.396-455; 克里克于 1852 年 5 月 10 日写给巴黎外方传教会长上的信则基本上省去了他进入西藏的过程，主要对他在藏逗留期间的经历以及离开西藏向巴黎总会做了汇报。将两封史料对比，发现后者要简短得多，内容也更为简明扼要。

145 A. Launay, *Histoire de la mission du Thibe, t*ome 1, Paris: Les Indes Savantes, 2001, p.124.

供给他。[146]

如果说物资准备进行的还算顺利，克里克在寻找前往西藏的向导和背夫时却遇到了困难，几乎所有他找到的人都对他说："您收好您的钱，我们管好我们的生命和自由，如果我们同您一同前往，僜人会杀了我们或者将我们俘为奴隶。"[147]两难之际，撒依克哈的英国人向克里克提供信息，称有一位名叫崇秦（Tchôkïng）的傣民（Kampti），他不仅会僜人的语言，对僜人部落也非常熟悉，更重要的是他曾穿过洛希特河谷僜人部落成功潜至中国西藏。[148]克里克由此找到崇秦，希望他能为自己此次进藏活动充当向导；崇秦却对克里克阳奉阴违，当面答应克里克的请求，随后却溜之大吉；迫不得已，克里克再次转而求助于维池少校，请后者写信给崇秦并施之于礼物，这才使崇秦最终答应了克里克的请求。[149]1851 年 12 月 15 日，克里克离开撒依克哈，沿洛希特河向东北方向出发，前往冲普拉与崇秦汇合。[150]

## （二）冲普拉开拔

离开撒依克哈后的第三天，也就是 1851 年 12 月 17 日，克里克到达冲普拉。在冲普拉，克里克同崇秦就脚夫的数量产生了一些分歧。克里克认为四到

---

146 A. M. E., vol.556, voyage au Tibet en 1852, M. Krick à M. Foucaux, professeur de thibétain, p.279.

147 A. M. E., vol.556, voyage au Tibet en 1852, M. Krick à M. Foucaux, professeur de thibétain, p.279.

148 英国人占领阿萨姆之后，曾经试图在该省废除奴隶制，这一举措遭到推行奴隶制的众土著部落的持续抵抗。1839 年 1 月 28 日，傣部落首领带领六百多人袭击并占领了萨蒂亚，瓦艾特（White）上尉被杀，萨蒂亚被烧毁；英国人后来很快实施了报复行动，摧毁了一些傣村庄，杀害了一些部族首领。英国人也因此被迫撤离萨蒂亚，改由布拉马普特拉河对岸创建新城撒依科洼（Saikhoa），冲突中被杀的瓦艾特少校则由维治少校代替。崇秦正是这位带领部族攻击萨蒂亚的傣民首领的儿子。为了弥补其父亲侵犯英国人的过错并缓和与英国人的关系，崇秦曾于 1848 年主动请缨前往西藏探险，意在迎合英国人一直以来希望从阿萨姆开辟新的进藏路线的意图；金肯斯少校接受他前往西藏的提议，并交给了他一封信以及一些礼物；由于本身就是土著人，崇秦不仅会僜人的语言，而且在僜人部落还有一些朋友，他最终经由僜人部落居住的洛希特河谷成功进入西藏。参见 Juliette Buzelin, *Tibet Terre Promise: le journal de voyage de Nicolas Krick missionnaire et explorateur（1851-1852）*, A.M.E, études et documents 15, pp.41-42.

149 A. M. E., vol.556, voyage au Tibet en 1852, M. Krick à M. Foucaux, professeur de thibétain, p.279.

150 A. M. E., vol.556, voyage au Tibet en 1852, M. Krick à M. Foucaux, professeur de thibétain, p.279.

五个脚夫足矣，在他看来，减少脚夫的数量既可以减少费用又能尽量避免引起注意；但是崇秦却持相反的观点，他认为，由于脚夫们不愿意背负太重，因此有足够的脚夫才能背负足够的礼物和枪支，礼物太少、没有枪支以及太小的队伍都可能使他们招致沿途僜人们的鄙视甚至攻击；克里克最终采纳了崇秦的意见，将队伍扩大至 17 人，包括克里克、克里克的 7 位脚夫、1 位阿萨姆少年、崇秦、崇秦的 3 位脚夫以及 4 位僜人。[151]1851 年 12 月 18 日，克里克带领他的队伍出发，正式开启第二次进藏尝试活动。

　　冲普拉是阿萨姆境内的最后一个村庄，僜人会在天气好的季节来到这里，但是，他们行走留下的路径在雨季会被冲刷殆尽。因此，克里克一行从出发之际便根本无路可循，他们常常行走在洛希特的河床之上或者沿岸的森林中，手中握刀，边走边砍出一条路来，刚出发时，克里克很兴奋："我十分接近喜马拉雅山脉……我一点都不惧怕这些我必须攀爬的高峰惊人的高度……夕阳西下……野鸡的歌声……我感觉自己置身于创世纪，亚当与夏娃的静默赋予我魅力。我坚信，伏尔泰要是在此度过他的一生，他一定会成为上帝的伟大使徒（即传教士——译者注）……。"[152]随着行程的推进，道路的困难开始逐渐显现："我的那些人（背夫）同崇秦一样板着脸，可能是因为我对他们说他们没理由抱怨十五公斤的背负太重，崇秦则是因为很想留在家中。我们一直在沿着阿萨姆边缘的山脊攀登高峰……没有路……我什么都看不见，这些山脉与其他山脉不同，越爬越高，精疲力竭之后以为爬上了一个最高峰，却发现仍处于周围更高山峰的包围之中。喜马拉雅的山脉譬如大海的浪潮……。"[153]

### （三）穿越僜人部落

#### 1. 僜人村庄的第一次歇脚

　　12 月 22 日，克里克一行第一次在一个僜人村庄歇脚。这个村庄的首领叫达摩（Tame），他告诉克里克，米族僜人部落与毗邻的藏寨目前正处于交战期，因为前不久有几位米族僜人首领被怀疑死于西藏人的某种巫术，为了替他们报仇，米族僜人前往攻打藏寨，对之实施了抢劫和偷盗，反过来他们

---

151 A. M. E., vol.556, voyage au Tibet en 1852, M. Krick à M. Foucaux, professeur de thibétain, p.280.

152 A. M. E., vol.556, voyage au Tibet en 1852, M. Krick à M. Foucaux, professeur de thibétain, p.281.

153 A. M. E., vol.556, voyage au Tibet en 1852, M. Krick à M. Foucaux, professeur de thibétain, pp.284-285.

又遭到藏民的报复；此外，米族部落居住的区域当时正在闹饥荒；因此，达摩认为克里克一行根本不可能成功穿越米族僜人部落进入中国西藏。[154]崇秦同那些背夫们一直极不情愿陪同克里克前往西藏，他们听闻此言后就想借机开溜："崇秦和我的那些人们对这一结论（指不能成功进入西藏的结论——译者注）感到非常高兴，（他们）准备折返，我费了很大力气才说服他们答应再陪我走到下一个村庄。"[155]

## 2. 卡普龙（Kappiulong）

途中，克里克一行时而跃行于河床的乱石之上，时而穿行在岸边的森林之中，时而蹒跚在崎岖山路。河床的路异常难走，"行路就是一种真正的跳绳练习（un vrai exercice de sauteur à la corde），河床布满了从高山上落下的岩石，必须从一块岩石跳到另一块上去，常常需要跨越很宽很危险的距离，如果我跳跃失败，失去平衡，我就会在落下时被摔断，因此每一步都可能是我的最后（一步），天下着小雨，打湿的岩石更加湿滑，以致于我需要有很好的运气才能安全到达终点。"[156]森林里的路也非常糟糕，"雨又开始下了，森林里漆黑一片，我摔倒了，他们摔倒了，我们摔倒了，山没有路，雨，黑夜……"[157]山路亦十分难行，"路不断盘升，非常难走，我们还处在昨天的疲惫之中：（前一天）夜里没有休息，没有吃午饭，我们步履艰难，如果我不是传教士，就会说'调头（返回）'，这也正是我的所有人员所希望的。"[158]

12月25日上午，克里克一行到达一个名叫卡普龙的 taïns 僜人村落，该村首领坤撒（Khrounssa）对克里克的进藏活动表示非常不解，他反问道："为什么撒伯（Sab,当地土著人对英国人的称呼——译者注）[159]们这么想去（中国）西藏？那里（指中国西藏——译者注）到底有什么可看的？不时地会来一个

---

154 A. M. E., vol.556, voyage au Tibet en 1852, M. Krick à M. Foucaux, professeur de thibétain, p.287.

155 A. M. E., vol.556, voyage au Tibet en 1852, M. Krick à M. Foucaux, professeur de thibétain, p.287.

156 A. M. E., vol.556, voyage au Tibet en 1852, M. Krick à M. Foucaux, professeur de thibétain, p.288.

157 A. M. E., vol.556, voyage au Tibet en 1852, M. Krick à M. Foucaux, professeur de thibétain, p.289.

158 A. M. E., vol.556, voyage au Tibet en 1852, M. Krick à M. Foucaux, professeur de thibétain, p.289.

159 撒伯（Sab）一词意为"主人"或者"先生"，常被19世纪印度阿萨姆邦东北部的土著人用来指英国人。参见 A. Launay, *Histoire de la mission du Thibe, t*ome 1, Paris: Les Indes Savantes, 2001, p.125, note2.

（撒伯要进藏），可是没有一个是成功了的。"[160]克里克反驳坤撒，说自己不是英国人，而是属于另外一个国家，到中国西藏去也不是为了看什么，而是想留在那里传教；听闻此言，坤撒向克里克重复了当地的战争与饥荒问题，同时强调有三位僜人部落首领此前出发，前往促成藏民同米族僜人之间的和平，结果尚不得而知，因此，他们认为克里克不可能通过米族僜人部落进入中国西藏。[161]此外，坤撒要求克里克提供礼物才肯放行，他说："是这样的，先生，其他来过的人总会提前寄一些礼物来，在我们的房子里居住期间，他们会给所有的人钱、盐、项链以及布料，他们把所有的人都哄得高高兴兴的，你也应该同他们一样，这是惯例，（这里）每个人都等着呢。"[162]此时，克里克的背夫们也开始发难，他们以路太难、行李太重、有被杀或者被卖为奴的危险等理由拒绝前行；克里克试图说服他们，但是其中有两个背夫坚持离队，言称宁愿蹲一年监狱，也不愿意置身于死亡或者为奴的危险之中，其余的五个虽然答应留下来继续给克里克服务，却要求克里克额外向他们每人付费 2.5 卢比（Roupie）。[163]在此情况下，克里克只有满足坤撒索要礼物的要求，在得到礼物之后，坤撒答应护送克里克到达下一个村庄。[164]

### 3. 塔罗那（Tallomna）

12 月 26 日，克里克在崇秦和坤撒的陪同下到达一个叫塔罗那的村庄。这个村子的首领叫卡尼奥萨（Kaniossa），他再次建议克里克折返阿萨姆，他说，一个月以来，出发前往西藏的那三位僜人部落首领没有任何消息，不知道他们是被俘虏了还是被砍头了，他还用艰难的路程、饥荒、偷盗及死亡等困难和危险试图吓退克里克，但是均未奏效，他对克里克执意继续前行进藏表示非常不解："已经有五六位撒伯尝试过（进藏）却没有成功，为什么你还要步他们的后尘？他们有成堆的丰富的礼物以赢得（僜人）首领（们的欢迎），而你，你什么都没有；他们有士兵，而你却是独自一人，（他们）有一百多位忠实的仆

160 A. M. E., vol.556, voyage au Tibet en 1852, M. Krick à M. Foucaux, professeur de thibétain, p.290.

161 A. M. E., vol.556, voyage au Tibet en 1852, M. Krick à M. Foucaux, professeur de thibétain, p.290.

162 A. M. E., vol.556, voyage au Tibet en 1852, M. Krick à M. Foucaux, professeur de thibétain, p.290.

163 A. M. E., vol.556, voyage au Tibet en 1852, M. Krick à M. Foucaux, professeur de thibétain, p.291.

164 A. M. E., vol.556, voyage au Tibet en 1852, M. Krick à M. Foucaux, professeur de thibétain, p.291.2

人，而你的（仆人们）却逃跑了……为什么你还要固执前行？如果我们让你通过，会给我们招致战争，你不能前往米族部落，我们与他们一直在打仗，我们当中任何人都不能去他们（指米族僜人部落——译者注）那里。并且，假设你能到达（中国）西藏，人们也不会让你进入，我们从来没有去过那里，我们当中没有任何人看见过西藏。"[165]此时，崇秦也试图说服克里克，让他相信首领们的劝说是出于对他的保护；但是，克里克对崇秦的劝说予以驳斥，他一再强调自己是一位神父，属于一个不同于那些"英国先生们"之外的国家，自己到达中国西藏后会同喇嘛们一样永远留在那里。[166]就在双方僵持不下的时候，卡尼奥萨却突然改变主意，同意给克里克带路，条件是要掌管克里克随身携带的所有礼物："先生，我们刚刚商议了一下，既然你不是一位英国军官，（既然）你属于另一个国家，（既然）你是一位喇嘛（神父——原文），（既然）你想一直留在西藏，我们认为我们能保护你，甚至陪你一起直到西藏。你把你所有的礼物都托付给我们，因为我们会更合理的分配它们，或者为赢得（沿途部落）首领们的支持，或者为你弄到所需物资，你只需要抽着烟斗跟着我们就可以，你不用再操心那些首领以及脚夫。"[167]为此，卡尼奥萨要求克里克给他和坤撒两头牛作为报酬。卡尼奥萨"不能去西藏"和"能去西藏"的言论前后截然矛盾，克里克知道其中必有其一是为谎言，但是，他最终选择相信卡尼奥"能去西藏"："十点钟，同样是这些人对我说：'不可能走得再远，我们自己都不能去西藏，米族人会杀了我们。'然而现在：'没有什么（比进入西藏）更容易的，我们经常去那里。'我认为后面这种说法是真实的。两头6法郎的牛即将为我开启（中国）西藏的大门。"[168]克里克的这一做法可以说是再次印证了劳内在《西藏传教史》一书中的一个观点："如同所有想实现一个目标的人一样，他（指进藏传教士——译者注）更高兴看到成功，却小视了障碍"。[169]由于坤撒要去阿萨姆，所以接下来由卡尼奥萨陪同克里克经由米族僜人部落前往中国

165 A. M. E., vol.556, voyage au Tibet en 1852, M. Krick à M. Foucaux, professeur de thibétain, p.292.

166 A. M. E., vol.556, voyage au Tibet en 1852, M. Krick à M. Foucaux, professeur de thibétain, p.292.

167 A. M. E., vol.556, voyage au Tibet en 1852, M. Krick à M. Foucaux, professeur de thibétain, p.293.

168 A. M. E., vol.556, voyage au Tibet en 1852, M. Krick à M. Foucaux, professeur de thibétain, p.293.

169 A. LAUNAY, *Histoire de la Mission du Thibet*, tome 1, Paris: les Indes savantes, 2001, p.77.

西藏。

### 4. 米族僜人部落

12 月 27 日，在崇秦和卡奥尼撒等人的陪同之下，克里克离开塔罗那继续前行，于当日到达第一个米族僜人村庄，该村庄的首领名叫兰陵（Lumling），是前往中国西藏缔结和平的三位僜人首领之一，克里克到达之际，兰陵尚未返回。[170]崇秦于此地向克里克请辞："主人，您现在安全了，所有的都安排好了，您有卡奥尼撒承担一切，您不再需要我和苦力们了。我们不必再向前走更远了，再说米族部落又在闹饥荒。"[171]给克里克留下一位名叫鲍班（Popan）的傣民脚夫之后，崇秦带领其余的人一起撤离了。

卡奥尼撒远没有按照之前的约定将克里克送到西藏，他在途中将克里克托付给一位名叫林撒（Limssa）的米族部落首领，离开之际更是偷走了克里克携带的所有礼物及其一部分私人物品，克里克大呼："惊讶！恐怖！卡尼奥萨在夜间偷走了我的一切……不仅那部分他们帮我保管的去西藏的礼物，甚至我个人的大部分物品，我身无分文，没有礼物，没有支持者，怎么办？……我只剩下我的木棍了。"[172]

12 月 30 日，克里克在林撒的陪同之下到达一个叫戴磨（Tême）的首领家中，林撒说，在这里会遇到之前为缔结和平前往西藏返回的三位首领：戴磨、兰陵和马新松（Massingssong），将由他们决定克里克是继续进藏还是折返阿萨姆。[173]克里克很快便见到了这三位首领。在得知克里克执意要进藏之后，马新松拿出一张文书，告诫克里克必须折返阿萨姆，他说："我们与西藏官员进行了会谈，他们明令禁止接待任何一位撒伯（sab）并给我了这张文书，以便我将之交给底布麓（Dibrou，疑为德布格尔——译者注）的大撒伯（le grand sab），里面说，任何一个撒伯试图进入（中国）西藏都将是徒劳的和致命的。"[174]克里克佯装看懂了这个文书，反驳他们说："的确，这张纸上说你们不得接待撒

---

170 A. M. E., vol.556, voyage au Tibet en 1852, M. Krick à M. Foucaux, professeur de thibétain, p.294.

171 A. M. E., vol.556, voyage au Tibet en 1852, M. Krick à M. Foucaux, professeur de thibétain, p.295.

172 A. M. E., vol.556, voyage au Tibet en 1852, M. Krick à M. Foucaux, professeur de thibétain, p.297.

173 A. M. E., vol.556, voyage au Tibet en 1852, M. Krick à M. Foucaux, professeur de thibétain, p.297.

174 A. M. E., vol.556, voyage au Tibet en 1852, M. Krick à M. Foucaux, professeur de thibétain, p.299.

伯并且英国政府不应该派遣间谍（前往中国西藏），但是，所有这些都与我无关。我不是英国人，我不是一位间谍，我是一位喇嘛。带着你的文书走开，我将继续我的（进藏）行程。"[175]

见无法阻挡克里克，这些首领要求克里克给他们提供礼物才肯放行；之前经过坤撒、卡奥尼撒等僜人部落首领的搜刮，克里克身上几乎已经无礼物可送，他许诺向他们提供"三十三卢比以及四块呢绒布料"的礼物，然后将这些礼物写在一封给撒依克哈英国统治官史密斯少校的信中，让这些首领们等待他的西藏之行完成之后，凭此信前往撒依克哈领取许诺的礼物。[176]之后，克里克被获准跟随林撒继续前行，他们的行程一如既往地艰险："我们在深山之中，最宏伟的和最壮观的（山脉），她们比昨天的还要高，中午时分，我只能看到位置最高时的太阳光盘，其余时候它都被山峰遮住了。我们继续不停地走，……路十分恐怖，每天有 20 次要在布拉马普特拉河床（实际上是布拉马普特拉河的支流洛希特河——译者注）的岩石上跳跃，20 次又要折回山中（行走），以避开波浪、深渊、……我们攀爬，我们下行，我们滚落……"。[177]

### （四）短暂进入西藏

伴随着被偷盗、劫掠和杀头的持续威胁，克里克一行于 1852 年 1 月 4 日经过了最后一个米族僜人村庄高塔（Kotta），逐渐接近此次进藏活动行程的尾声。1 月 5 日，在经历了千辛万苦和艰难险阻之后，克里克望见了第一个藏寨，他的情绪激动万分："我看见远处一些黑点的集聚，我问那是什么，人们告诉我那是一个藏民村寨，……西藏！西藏！！西藏！！！我不能再挪动（哪怕）一步，我匆忙用树枝做了一个十字架插在一面墙上，我跪扑在地并诵读 Nunc dimittis[178]，我承认，如果我死在僜人之手，我的最后一口气将是苦涩的遗憾，即：未能见到西藏。"[179]

---

175 A. M. E., vol.556, voyage au Tibet en 1852, M. Krick à M. Foucaux, professeur de thibétain, p.299.

176 A. M. E., vol.556, voyage au Tibet en 1852, M. Krick à M. Foucaux, professeur de thibétain, pp.300-301.

177 A. M. E., vol.556, voyage au Tibet en 1852, M. Krick à M. Foucaux, professeur de thibétain, p.301.

178 此为拉丁语，意为"现在，主，您可以给您的仆人放假了。"

179 A. M. E., vol.556, voyage au Tibet en 1852, M. Krick à M. Foucaux, professeur de thibétain, pp.306-307.

在 1852 年 5 月 10 日写给巴黎外方传教会长上们的信中，克里克说："在这封信中，我只对你们讲述我在西藏受到怎样的接待以及为什么我没有留在那里，我认为这一点最使你们感兴趣。"[180]下文将主要依据这封信对克里克首次进入中国西藏后的活动情况进行考述：

### 1. 第一个西藏村庄——瓦弄（Oualong）

克里克在 1852 年 5 月 10 日的信中说："1851 年 9 月 15 日，我离开撒依克哈——（英国人）阿萨姆边境上的据点，向北朝着布拉马普特拉河（实际上是洛希特河——译者注）的右岸进发，我穿越了两个野蛮部落：Taïns 僜人部落和米族僜人部落，于 1852 年 1 月 5 日到达瓦弄——第一个藏民村落。我一开始的打算是待在我遇到的第一个藏民村庄，以免（继续进藏会）引起中国官府的注意。"[181]实际上，克里克很快便决定离开瓦弄，原因主要有两点：其一，瓦弄人对待他的到来出奇地冷漠："我的突然出现使所有藏民都走出了他们的房屋，但是没有一个能为我充当翻译，我就像是一个天降之物。初次相逢后紧接着便是最深沉的冷漠：他们一些接着一些离我而去，返回他们的劳作当中去了。"[182]其二，到达瓦弄时，克里克几乎已经"一无所有"："一些小礼物应该可以使我赢得当地人的好感。但是，……实际上，在他们（指僜人——译者注）的山中，这些强盗（指僜人——译者注）就已经将我携带的东西搜刮殆尽，我就这样到达瓦弄，没有生活食粮，没有钱，没有资源。"[183]因此，克里克判断自己没有在这个村庄待下去的可能性："我坐下来思考到底该做何决定，因为没有待在这个村庄的可能性，它的居民太过冷漠。"[184]此时，他想到了曾经到过西藏的匈牙利人乔玛·克勒斯（Csoma de Körös），即匈牙利藏学家乔玛，他想效仿乔玛前往喇嘛寺庙落脚："我想起匈牙利人乔玛·克勒斯曾经被一家寺庙接待。到这些喇嘛当中去，我将会很清静，我可以在那里很容易学习（藏）

180 A. M. E., vol.556, lettre de M. Krick aux directeurs du Séminaire des M.E.P., le 10 mai 1852, p.236.

181 A. M. E., vol.556, lettre de M. Krick aux directeurs du Séminaire des M.E.P., le 10 mai 1852, pp.236-237.

182 A. M. E., vol.556, lettre de M. Krick aux directeurs du Séminaire des M.E.P., le 10 mai 1852, p.237.

183 A. M. E., vol.556, lettre de M. Krick aux directeurs du Séminaire des M.E.P., le 10 mai 1852, p.237.

184 A. M. E., vol.556, lettre de M. Krick aux directeurs du Séminaire des M.E.P., le 10 mai 1852, p.237.

语言并研究当地习俗"[185]，于是，以支付 8 阿纳斯（8 annas = 1.25 法郎——原文）作为报酬，克里克请求陪同他到达西藏的僜人林撒等将他送到距离最近的一个喇嘛庙。[186]接下来，克里克悄无声息地离开了瓦弄。

## 2. 转至沙玛

离开瓦弄后，克里克即将来到另一个藏寨沙玛（Sommeu）。几位陪同的僜人先克里克一步前往沙玛，他们宣称即将有一位"非凡的、完全陌生的人物（un personnage extraordinaire et tout à fait inconnu）"到来。[187]1852 年 1 月 7 日，克里克到达沙玛，他遭到村民们的围观，村民们对克里克充满了好奇："那些非常幸运挨着站在我旁边的人们，利用他们位置的优势触摸我的手、胡子，掰开我的嘴，朝我的鼻子里面看，我不得不让他们看我的一切，但是他们不满足于仅仅是看，他们必须要触摸、端详、再触摸，并且每个人都要轮着来，他们在我的口袋里翻找……我已经不再属于自己了，我任凭他们随意怎么摆布。"[188]但是，如同在瓦弄一样，没有翻译使得克里克与村民之间无法交流："每个人都对我说话，对我微笑，他们向我做手势，问我一堆的问题，不幸的是我什么都听不懂。"[189]克里克感觉当地人对他听不懂当地语言感到很失望，于是他便从背包里掏出一本从欧洲带来的藏文语法书："坚信我只要打开它便可以进入（与当地人的）对话，但是我白白费劲地读并重复，快速地，缓慢地，咬文嚼字地读每一个音节，努力尝试各种嘴型，以捕捉到正确的读音，他们笑了，但是却没听懂。"[190]于是，克里克再次要求那些陪同的僜人将他带往寺庙，然而他们"以寺庙里所有的僧人当时都已经来到沙玛围观克里克"为由，拒绝了克里克的这一请求。[191]克里克就这样一直待在大街上，直到一位"僧人模样"的

---

185 A. M. E., vol.556, lettre de M. Krick aux directeurs du Séminaire des M.E.P., le 10 mai 1852, p.237.

186 A. M. E., vol.556, lettre de M. Krick aux directeurs du Séminaire des M.E.P., le 10 mai 1852, p.237.

187 A. M. E., vol.556, lettre de M. Krick aux directeurs du Séminaire des M.E.P., le 10 mai 1852, p.237.

188 A. M. E., vol.556, lettre de M. Krick aux directeurs du Séminaire des M.E.P., le 10 mai 1852, p.238.

189 A. M. E., vol.556, lettre de M. Krick aux directeurs du Séminaire des M.E.P., le 10 mai 1852, p.238.

190 A. M. E., vol.556, lettre de M. Krick aux directeurs du Séminaire des M.E.P., le 10 mai 1852, p.240.

191 A. M. E., vol.556, lettre de M. Krick aux directeurs du Séminaire des M.E.P., le 10 mai 1852, p.240.

人将他请至家中，这个人名叫诺布吉（Noboudji），此人后来告诉克里克他并非僧侣，而是一名前来沙玛收税的政府官员，是政府官员衣服同僧人衣服同样的颜色使他误将诺布吉认作了僧侣。[192]由于进藏沿途以及中国西藏地方官府对西方人进藏一贯持坚决反对态度，一直以来克里克都在刻意躲避官府，不料此次前来沙玛为他解围的竟然是一位政府官员，这让克里克得意地认为自己竟然受到"一直想避开的人"的"帮助和保护"。[193]

### 3. 当地官府的逐客令

实际上，克里克并未意识到，政府官员诺布吉出现并接近他，并不是为了帮助和保护他，而是意味着他已经开始引起当地官府的注意。不久后，又有一位官员来到沙玛，在与诺布吉交谈了很长时间之后便匆匆离开；诺布吉告诉克里克，这位官员名叫澳克赛尔（Auxère），是本省最高长官"庸"（Iong）的大臣；克里克最初以为他也是来收税的，后来才从诺布吉那里得知他是被庸派来调查克里克这个"外来人"（étranger）的。[194]但是，此时此刻克里克本人却并未意识到，他的出现已经越来越引起沙玛当地官府的警觉，反而显得更加盲目乐观："我推测他（澳克赛尔）对我是满意的，因为诺布吉更加关注我了，他（即诺布吉——译者注）给我一些葡萄干、坚果、一些葡萄汁……民众、首领、僧人们都对我表现出尊重……。"[195]其实，表面上看诺布吉等人对克里克表现出更多的关注和尊敬，实际上很有可能他们是奉上级之命进一步加强了对克里克的监视。对藏地官员诺布吉及澳克赛尔对他的密切关注，克里克错误地理解为是当地官府对他的照顾和关心，这从侧面反映出，克里克对中国西藏针对外来者尤其是来藏欧洲人的警觉极不敏感，说明他对当时中国西藏所处的复杂国际形势很不了解，这使他几乎完全感受不到自己在藏地的危险处境。

1月16日，当地政府长官庸在澳克赛尔的陪同之下亲自来到沙玛。在一位阿萨姆翻译的帮助下，庸主要就两个方面的内容对克里克进行了讯问：

（1）克里克的国籍、身份及其来藏目的。克里克称自己是法国人，身份

---

192 A. M. E., vol.556, lettre de M. Krick aux directeurs du Séminaire des M.E.P., le 10 mai 1852, pp.240-241.

193 A. M. E., vol.556, lettre de M. Krick aux directeurs du Séminaire des M.E.P., le 10 mai 1852, p.241.

194 A. M. E., vol.556, lettre de M. Krick aux directeurs du Séminaire des M.E.P., le 10 mai 1852, p.241.

195 A. M. E., vol.556, lettre de M. Krick aux directeurs du Séminaire des M.E.P., le 10 mai 1852, p.242.

是一位喇嘛，来藏的目的是为了经营宗教事务；庸却驳斥克里克根本不是什么喇嘛，而是英国军官，其来藏的目的是勘察当地，然后回来发动战争；克里克一再辩解自己并非英国间谍，而是一位来自法国的喇嘛，却遭到庸的反诘："我们如何才能知道你是一位喇嘛呢？"。[196]

（2）克里克选择来藏经营宗教事务的动因及其之后的打算。克里克向庸表示，因为听说西藏民众善良且笃信宗教，所以才选择来藏经营宗教事务，他之后将打算永久待在中国西藏而不再返回法国，并且会在时机成熟之际前往拉萨问候达赖喇嘛。[197]

此外，庸还对克里克随身携带的那本藏文语法书给予了特别关注："他捧起别人拿给他看的我的那本语法书，惊讶地读着，说：'是你写的这本书吗？……你们怎么弄懂我们的语言的？……你是买的这本书吗？……花了多少钱？'"[198]克里克就此一一作答，说这本书是一位欧洲人写的，在欧洲还有很多这样的书，他们甚至有一位藏语教授（即克里克的藏语老师福珂——笔者注），克里克本人就曾跟随这位教授学习藏语，而且他是花了很多钱购买地这本藏文语法书。[199]

通过对克里克的上述询问，庸基本上弄明白了以下两点：（1）克里克是对中国西藏及其文化感兴趣的欧洲人；（2）克里克不仅打算永久待在中国西藏传教，还会择机前往西藏首府拉萨拜见达赖喇嘛。克里克来藏经营西方宗教事务的目的及其之后永久留在中国西藏的打算，尤其是他会在"时机成熟"之际前往拉萨问候达赖喇嘛，作为坚决反对欧洲人进藏的西藏地方政府的一位官员，所有克里克的这些打算足以让他成为庸的"眼中钉肉中刺"，庸必然会为除之而后快。果不其然，紧接着庸就责令克里克立即离开，他的理由是当地马上就要发生大的战争，在此情况下他不能给予克里克这样一个外国人保护。[200]克里克反诘道："你们的战争只是一个谎言，一个幼稚的借口，为的是将我从这里赶

---

196 A. M. E., vol.556, lettre de M. Krick aux directeurs du Séminaire des M.E.P., le 10 mai 1852, p.244.

197 A. M. E., vol.556, lettre de M. Krick aux directeurs du Séminaire des M.E.P., le 10 mai 1852, p.245.

198 A. M. E., vol.556, lettre de M. Krick aux directeurs du Séminaire des M.E.P., le 10 mai 1852, p.245.

199 A. M. E., vol.556, lettre de M. Krick aux directeurs du Séminaire des M.E.P., le 10 mai 1852, p.245.

200 A. M. E., vol.556, lettre de M. Krick aux directeurs du Séminaire des M.E.P., le 10 mai 1852, p.245.

出去，因为你们怀疑我（是英国间谍）。"[201]庸对克里克下逐客令的原因应当并不是什么当地即将要发生的战争，而是因为他怀疑克里克就是来藏进行侵略活动的英国间谍。但是，克里克明确向庸表示他不会离开西藏："你认为，用了两年（指 1850 年到达印度至 1852 年到达藏寨沙玛——译者注）的时间来到这里，花光了所有的钱财，受了那么多的劳累，我会撤退吗？在我眼看着就要达成目标之际，仅仅因为一场所谓的战争（我就会撤退吗）？……或者我待在这里，或者我去一个寺庙，或者我前往拉萨。"[202]面对克里克拒绝离开的坚决态度，庸首先指出，在没有钱的情况下，克里克既不可能前往拉萨，也不可能留在沙玛，因为他无法支付自己的生活起居费用；然后他又以保护克里克不受战争之害为由，对克里克施以缓兵之计，答应允许克里克在战争结束后可以返回西藏，他说："你将前往高塔（Kotta），边境上的第一个村庄。你将与我们近在咫尺以便将来返回（西藏）。在那里你什么都不要担心。因为我给他们（僜人们——译者注）下了严格的命令。我将给你提供食物，让你什么都不会缺乏。"[203]此时的克里克也转而认为接受庸的建议才是明智之举，于是同意暂时后退至中国西藏边境的高塔。做此决定，克里克称其有以下两点考虑：其一，克里克认为，在庸给自己返回西藏留有希望之际，不能将事情推向极端，而是要留有余地；其二，利用在高塔这段时间，或者让人从阿萨姆，或者自己返回阿萨姆，以弄来自己前往拉萨所需的人力、物力及财力。[204]

然而，就在克里克准备在第二天离开沙玛之际，庸却改变了之前的决定："第二天上午，庸派人将我找去，我以为是为了给我一张前往高塔的通行证，因为前一天离开时他对我说：'明天我会给你一些人马和盘缠，你就离开了。'我非常惊讶，当他对我说：'喇嘛，既然你不愿意离开我们这里，我也害怕承担责任，我将去问询另外一位官员的意见，十天之后，我会答复你，如果她（指答复——译者注）有利的话，你就可以留下来。'"[205]在离开之际，庸还特意向

---

201 A. M. E., vol.556, lettre de M. Krick aux directeurs du Séminaire des M.E.P., le 10 mai 1852, p.246.

202 A. M. E., vol.556, lettre de M. Krick aux directeurs du Séminaire des M.E.P., le 10 mai 1852, p.246.

203 A. M. E., vol.556, lettre de M. Krick aux directeurs du Séminaire des M.E.P., le 10 mai 1852, pp.247-248.

204 A. M. E., vol.556, lettre de M. Krick aux directeurs du Séminaire des M.E.P., le 10 mai 1852, p.248.

205 A. M. E., vol.556, lettre de M. Krick aux directeurs du Séminaire des M.E.P., le 10 mai 1852, p.249.

克里克索要并带走了他的那本藏文语法书，答应在返回时会将书归还给他；此外，庸还嘱托沙玛村民要看护好克里克。[206]实际上，庸要求的所谓"看护好"克里克，可以理解为他要求"监视好"克里克。

### （五）撤离西藏

1852 年 2 月 2 日，另外一个官员来到沙玛，将那本藏文语法书交还给克里克，同时向克里克传达了庸的命令，要求克里克马上离开西藏，不是前往待在中国西藏边境，而是命其直接返回印度阿萨姆邦："庸命令你离开。……因为战争……他命我给你食物、四个免费为你服务的脚夫，这是一张保护你免受僜人攻击的通行证……这四个人将陪伴你直到阿萨姆省，他们会保护你的……"[207]由此可见，在前往征询另外一位官员的意见之后，庸不仅丝毫没有改变他驱逐克里克的决定，甚至不再同意让克里克前往待在中国西藏边境上，而是命其直接返回退至印度阿萨姆邦。此外，庸驱逐克里克的理由没有发生丝毫的改变：因为战争。结合庸离开前特别带走克里克的那本藏文语法书的细节，可以推断存在这样一种可能性：在下达了驱逐令之后，克里克随身携带的那本藏文语法书引起了庸的特别注意，使他认为有必要就这位外国人随身携带的这份文字材料更进一步核查克里克的身份。于是，庸临时决定暂缓驱逐克里克，他带着这本书离开沙玛，以征询上级官员对克里克的处置意见。之后决定驱逐克里克直至印度阿萨姆邦，这很有可能是庸同其上级官员共同商议后的结果。

面对庸一如既往的逐客令，克里克持接受的态度："我认为接受离开以保持（中国西藏）大门对我敞开是审慎之举，更因为拒绝便是放弃别人提供给我的（物资）救助。"[208]克里克把自己接受"离开"这一结果更多归因于自己没钱："如果我有钱，我一定会拒绝（离开），但是我钱袋空空总是让我最勇敢的决定没有底气，……如果我有钱，假定人们不允许我留下来，我就去往北部的阿波尔部落，那里据说从前曾有一个天主教传教会，如果不可能的话，我还可以向拉萨进发。但是无钱寸步难行。"[209]于是，克里克向当地官员宣

---

206 A. M. E., vol.556, lettre de M. Krick aux directeurs du Séminaire des M.E.P., le 10 mai 1852, p.249.
207 A. M. E., vol.556, lettre de M. Krick aux directeurs du Séminaire des M.E.P., le 10 mai 1852, p.250.
208 A. M. E., vol.556, lettre de M. Krick aux directeurs du Séminaire des M.E.P., le 10 mai 1852, p.251.
209 A. M. E., vol.556, lettre de M. Krick aux directeurs du Séminaire des M.E.P., le 10 mai 1852, pp.250-251.

称，因为没有钱，所以他准备马上离开，但是一旦找到了钱，就一定会再回西藏。[210]

1851 年 2 月 2 日，克里克离开沙玛，踏上了返回阿萨姆的行程。克里克这样描述他离开时沙玛藏民欢送他的场景："四个人承担我的行李，我同他们向山的方向走去。整个村庄夹道与我送别。首领们握着我的手祝我一路顺风，并且请求我在返回时带上治疗使他们毁容的甲状腺肿的医药；男人们握紧了双拳拇指朝向天空，这是他们表达情感和敬意的顶级方式；阳台上，女人们为我（未来）的成功而呼喊和祝愿；总而言之，手势、喊声、遗憾及祝愿在我的头顶交织……。"[211]同时，克里克也表达了他对西藏的依依不舍以及对离开西藏的深深遗憾："可怜的民众，他们对我那么热情，然而，我在他们眼中只是一个外国人。如果他们知道我是谁该会怎样？如果他们知道我是多么地盼望，又是遭受了多少磨难才到达他们这里，如果他们知道我所带给他们的以及即将随我而去的那些恩惠：福音、幸福、真正的上帝，天主！（他们就）不会让我走，而是要追赶他们错过的真福，他们会胜利般地将我带回来，呼喊着传递他们的喜悦：感谢这位秉天主之义来到这里的人！"[212]

1852 年 3 月 18 日，克里克返回阿萨姆邦撒依克哈。

## （六）进藏活动小结

### 1. 克里克对自己被驱逐的原因分析

1852 年 5 月 10 日的信中，克里克分析了自己此次从西藏被驱逐的两点原因：

（1）"英国间谍"的阴影。前文述及，由于长期以来英国对中国西藏的觊觎，藏地官民对来藏的英国人一直怀有高度的戒备之心，认为他们都是英国政府派来探查西藏的间谍。然而，因为无法在英国人同其他欧洲国家的人之间做出区别，出现在藏民中间的西方人几乎都被他们视为"英国间谍"，法国传教士们也不能例外，克里克对此亦百口莫辩："尽管我对他们说，我不是英国人，我的国家很遥远，尽管他们称呼我'博学的喇嘛'，我坚信他们将我当成了加尔各答（英

---

210 A. M. E., vol.556, lettre de M. Krick aux directeurs du Séminaire des M.E.P., le 10 mai 1852, p.251.

211 A. M. E., vol.556, lettre de M. Krick aux directeurs du Séminaire des M.E.P., le 10 mai 1852, p.251.

212 A. M. E., vol.556, lettre de M. Krick aux directeurs du Séminaire des M.E.P., le 10 mai 1852, p.251.

印政府派来）的间谍。"[213]克里克所到之处，人们都防备着他："有一天同三到四个首领交谈，我问他们一个村庄的名字，其中一个要告诉我，另外一个则喊叫道：'不要告诉他'……还有庸，……据我的所知所见，他是一个大官，……是我所在的大察隅省的最高长官，……为什么他首先派他的大臣澳克赛尔来，然后自己亲自又来？让人把我叫去（他的官府）不是更简单吗？他一定是想阻止我继续前往（拉萨）……。"[214]然而，克里克却把自己被当做英国间谍归因于当时中国西藏的封闭和落后，他说："因为这些人从未走出过他们这里，他们既不是传教士，也不是能够理解纯粹科考活动的博学家，如果他们（对我）没有英国间谍之偏见的话，我在他们当中的出现将是一个无法解释的谜团。"[215]

（2）无精准可靠的翻译。克里克认为，对于语言不通的双方来说，一个好的翻译可以使他们之间的交流事半功倍；反之，一个糟糕的翻译则有可能事倍功半，而他和庸之间的那位翻译的水平糟糕透顶："我有理由相信我的（翻译）甚至远远不具备一名糟糕翻译所应该具备的（翻译能力），很小就离开他的家乡（阿萨姆），他已经忘记了他的（母语）阿萨姆语，而我，我也仅仅知道一些基本用语。"[216]此外，这位翻译还不可靠："因为他是庸的仆人，我有理由相信他不诚实和有所偏袒，要是之后我知道他以自己的方式翻译，我一点都不会感到惊讶，因为他经常用十分钟的时间去解释一个句子。"[217]言下之意，这位"水平低、不可靠的"的翻译不仅阻碍了他同庸相互之间的深入了解，还有可能因为其"不诚实及有所偏袒"加深他和庸之间的相互误解，是造成他此次进藏尝试活动失败的主要原因之一。

2. 经验总结

克里克在 5 月 10 日写给巴黎长上的信中还对此次西藏之行所获得的经验进行了总结，以供之后进藏活动参考：

（1）从撒依克哈到第一个藏族村寨大约需要 17 至 18 天的时间，路很难

---

213 A. M. E., vol.556, lettre de M. Krick aux directeurs du Séminaire des M.E.P., le 10 mai 1852, p.254.

214 A. M. E., vol.556, lettre de M. Krick aux directeurs du Séminaire des M.E.P., le 10 mai 1852, p.254.

215 A. M. E., vol.556, lettre de M. Krick aux directeurs du Séminaire des M.E.P., le 10 mai 1852, p.254.

216 A. M. E., vol.556, lettre de M. Krick aux directeurs du Séminaire des M.E.P., le 10 mai 1852, p.253.

217 A. M. E., vol.556, lettre de M. Krick aux directeurs du Séminaire des M.E.P., le 10 mai 1852, p.254.

走，但并不是不通。[218]

（2）僜人贫穷并且很少耕种，因此谨慎起见应该从阿萨姆带足粮食；僜人野蛮、恶毒、好嫉妒且多疑；首领严禁穿越其领域，除非给每一位首领以丰盛的礼物。[219]

（3）平原上的人根本不能胜任喜马拉雅山中的背夫工作，只有山民才能背负沉重的负荷，但是费用很贵，最好是事先同一位首领签订负责运送行李的合约。[220]

（4）中国西藏不缺生活资源，以少量的钱就很容易获得；藏民善良、单纯、亲切、好奇、健谈，没有社会等级，社会关系甚至比欧洲还要简单，男女老少均地位平等；藏民非常虔诚，视神性无所不在、无处不在；藏民敬重喇嘛，认为他们与神相通，坚信他们知道未来并且只要吹口气就可以除掉各种疾病及各种厄运。[221]

（5）一件重要的事：让西藏人认识到法国巴黎外方传教会的传教士们不是英国间谍，并且他们有权从法国前往中国西藏。[222]

（6）治疗甲状腺肿的药物是打开西藏大门的钥匙。到达西藏沙玛后，克里克发现甲状腺肿这一疾病在那里很普遍，"10 个人当中至少有 7 个甚至更多"的人患有这种疾病，当地的藏民视之为丑陋，迫切希望克里克能够为他们治愈这种疾病。[223]许多患此病的藏民，包括他们的首领，纷纷许诺在被治愈的情况下会收留克里克，这给克里克以很大的希望："我完全确信，如果我有治愈甲状腺肿的药物，我就可以走遍西藏任何我想去的地方，他们视它（即甲状腺肿——译者注）为一种麻风病，他们如此强烈地渴望摆脱这种疾病，因此，即使真的存在一种反对外国人的法令，首领们也会支持那些有能力治愈他们的（外国）人，如果首领们不这样做，民众也会接待这个外国人，把他藏起来，

---

218 A. M. E., vol.556, lettre de M. Krick aux directeurs du Séminaire des M.E.P., le 10 mai 1852, p.252.

219 A. M. E., vol.556, lettre de M. Krick aux directeurs du Séminaire des M.E.P., le 10 mai 1852, p.252.

220 A. M. E., vol.556, lettre de M. Krick aux directeurs du Séminaire des M.E.P., le 10 mai 1852, p.252.

221 A. M. E., vol.556, lettre de M. Krick aux directeurs du Séminaire des M.E.P., le 10 mai 1852, p.253.

222 A. M. E., vol.556, lettre de M. Krick aux directeurs du Séminaire des M.E.P., le 10 mai 1852, p.256.

223 A. M. E., vol.556, lettre de M. Krick aux directeurs du Séminaire des M.E.P., le 10 mai 1852, p.256.

供养他。"[224]但是，克里克不建议免费为藏民治疗，不是因为经济利益，而是担心免费治疗的福利反而会在藏民中引起怀疑："应该完全让他们为此付款，那样他们就会理解我们为什么来到他们这里，如果免费做此福利，因为他们不能理解这样一种慈善，就会怀疑是某种圈套。"[225]克里克认为，从人道主义的角度来说，为藏民治病是在中国西藏传教成功的钥匙，因此，他请求巴黎总部寻找安全有效的治疗甲状腺肿的药物，并通过快速安全的途径寄送给他。[226]

至此，拉班、贝尔纳和克里克三人到达印度阿萨姆开展进藏活动已有两年有余，在此期间，他们总共从三个方向尝试进入西藏：不丹、底杭河以及洛希特河，其中只有克里克得以沿洛希特河短暂进入中国西藏。结合两年以来整个团队进藏尝试活动的经历，克里克认为此前他们太多相信道听途说的信息，往往在最后发现与事实相去甚远；但是，克里克认为不应该就此放弃，而是应该"敲所有的门，用力地敲，坚持敲"，这样的话，最终人们会把进入中国西藏的门为传教士们打开。[227]他认为，单从个人的角度来看，进藏传教很困难，甚至是不可能的；但是，因为整个天主教会都在关心这一"新的传教会"的成功，所以他坚信诸多的誓愿和祈祷不会白费，要化一切失望为希望，更何况，勇气、健康和希望并没有抛弃他们，而这三点对于进藏传教的成功来说则是必不可少的。[228]

## 三、底杭河及洛希特河沿岸再次进藏活动

### （一）关于第三次进藏活动的思考和请示

1851-1852 年进藏活动的失败迫使克里克不得不去思考一个问题：下一次尝试进藏应该选择走哪一条道路？在 1852 年 5 月 10 日写给巴黎长上的信中，克里克认为，不管庸允许他返回西藏的承诺是真是假，巴黎外方传教会据此便有了返回西藏的权力，只是克里克对再次沿洛希特河谷进藏能否成功

---

224 A. M. E., vol.556, lettre de M. Krick aux directeurs du Séminaire des M.E.P., le 10 mai 1852, pp.256-257.

225 A. M. E., vol.556, lettre de M. Krick aux directeurs du Séminaire des M.E.P., le 10 mai 1852, p.257.

226 A. M. E., vol.556, lettre de M. Krick aux directeurs du Séminaire des M.E.P., le 10 mai 1852, p.257.

227 A. M. E., vol.556, lettre de M. Krick aux directeurs du Séminaire des M.E.P., le 10 mai 1852, p.258.

228 A. M. E., vol.556, lettre de M. Krick aux directeurs du Séminaire des M.E.P., le 10 mai 1852, p.259.

并无十足把握。[229]考虑到这一点，再加上"经由僜人前往（中国）西藏的道路艰难且危险"，克里克认为"最好是看看有没有另外一条更容易的路"。[230]克里克此时更倾向于经由底杭河沿岸阿波尔部族前往中国西藏的路："在写给你们的信中我讲过，经由阿波尔部族的那一条（路），沿着底杭河（而上），较之于布拉马普特拉河（实为洛希特河——译者注），我宁愿选择它（即底杭河——译者注），因为它更靠近西藏以及阿萨姆的中心，而且据说阿波尔人富有并且种植很多水稻。很有可能底杭河就是自西向东穿越西藏中心的藏布江；并且，根据他们（即阿波尔人——译者注）额头上的十字架……如果，正如我所认为，以前在阿波尔人当中或者是在他们北部曾经有过（天主教）传教会，可能就可以从这些野蛮人那里获取巨大的便利，以帮助我们进入（中国）西藏。我有意在重返西藏之际尝试这条路"[231]由此可见，沿洛希特河上行穿越僜人部族进藏活动遭遇失败之后，克里克再次将目光转向底杭河沿岸的进藏路线，寄希望于与天主教可能存在某种渊源的阿波尔人部族，以帮助他进藏。

此时，首领拉班已经返回欧洲，留在阿萨姆的巴黎外方西藏传教会传教士只剩下贝尔纳和克里克两个人。对于下一次进藏尝试，克里克更倾向于他同贝尔纳分头行动。首先，克里克认为，生活在阿萨姆和中国西藏中间地带的所有蛮族部落都对欧洲白人充满了"害怕和嫉妒"，一个人行动目标较小，进入中国西藏后不容易引起藏民的惧怕，这样便"可以到达两个人不能到达的地方"；其次，克里克认为他们二人分头行动的话，既可以节约时间又可以提高效率："因为我们只有两个人，如果我们同行，就必需花费很长时间才能去亲眼目睹一切，分开的话，我们还可以做双倍的工作。"[232]其实，克里克很清楚两个人进藏会更加安全，但是为了完成天主教会进入中国西藏的使命，他似乎已经将个人的生死置之度外："两个人更强大，比一个人面临的危险也小一些，但是，如果我们想为西藏传教会做点贡献，我们就应该敢于献出自己的生命，我与其他的人一样爱惜自己的生命，但是，我们是战场上的战士，如果我知道一条坐

---

229 A. M. E., vol.556, lettre de M. Krick aux directeurs du Séminaire des M.E.P., le 10 mai 1852, p.256.

230 A. M. E., vol.556, lettre de M. Krick aux directeurs du Séminaire des M.E.P., le 10 mai 1852, p.257.

231 A. M. E., vol.556, lettre de M. Krick aux directeurs du Séminaire des M.E.P., le 10 mai 1852, p.257.

232 A. M. E., vol.556, lettre de M. Krick aux directeurs du Séminaire des M.E.P., le 10 mai 1852, p.258.

着豪华马车可以到达（中国）西藏的道路，我就会走它，我们的任务是进入（中国西藏），以何种方式无关紧要，（但是）如果我们必须接受危险，我们就接受它（即危险——译者注）。"[233]

继 5 月 10 日写信后，克里克于 6 月 27 日再次写信给巴黎长上，表示他正在等待总部关于进藏尝试活动的新指示，同时他请求总部"不要忘记去寻找治疗甲状腺肿有效的药物"，他认为这是天主教会"可以使用进入（中国）西藏的最强有力的人道主义手段"。[234]同一封信中，克里克请求巴黎总部告知他西藏传教会藏东一部传教士们的进藏活动情况："我将会很高兴知道一些关于勒驾（Renoux，即罗勒拿）（我甚至还不知道这位亲爱的同仁的名字，好像是德驾（Denous）或者勒驾（Renoux）——原文）在（西藏）东部所做的（进藏）尝试活动的情况。他怎样做以进入西藏？他走到哪里了以及他克服了哪些困难？我一无所知。然而掌握这些情况对我们会很有用。"[235]此外，克里克还请求巴黎总部将他被迫超支的费用纳入到教会基金当中去，流露出对英国人支持他们进藏活动的感激之情："我们是在一个一切都极端昂贵的地区，如果不是英国先生们的善心和好客，我们每个月的 20 卢比（Roupie）刚刚够付一个小船的费用，更不用说什么向导、衣服、仆人等等……"。[236]

## （二）巴黎长上的回应与新首领的任命

### 1. 巴黎总部的回应

接到 1852 年 5 月 10 日克里克的来信后，巴黎的长上们很快于同年 8 月 22 日回信给克里克。信中首先对克里克此次西藏之行给予了高度赞赏："先生、亲爱的同仁，我们急忙回复您于 5 月 10 日写来的长长的、非常有趣的来信。我们为您进入（中国）西藏并尽己所能待在那里的勇气和努力喝彩。"[237]对于

---

233 A. M. E., vol.556, lettre de M. Krick aux directeurs du Séminaire des M.E.P., le 10 mai 1852, p.258.

234 A. M. E., vol.556, lettre de M. Krick aux directeurs du Séminaire des M.E.P., le 10 Mai 1852, p.300.

235 A. M. E., vol.556, lettre de M. Krick aux directeurs du Séminaire des M.E.P., le 10 Mai 1852, p.300.

236 A. M. E., vol.556, lettre de M. Krick aux directeurs du Séminaire des M.E.P., le 10 Mai 1852, p.300.

237 A. M. E., vol.65, lettre des directeurs du Séminaire des M.E.P. à M. Krick, le 22 août 1852, p.6.

克里克离开西藏，巴黎的长上们有自己的看法，他们认为克里克显然是被西藏官员庸寻找借口赶走的："我们认为非常明显的是，您所提到的那位王公（指庸——译者注）只是以一场虚构的战争为适当的借口将您撵走了，或者他真的把您当成了英国间谍，或者他害怕对您宽容会给他个人带来（不好的）后果。"[238]如果再次经由此路进藏，巴黎的长上建议他避开庸另寻他人相助："不管是什么情况，如果您通过同样的路再做（进藏）尝试，将适宜，在我们看来，同那位答应将您送至拉萨的首领（指诺布吉——译者注）接洽。"[239]另外，巴黎的长上还建议克里克找一个更有能力的、更可靠的翻译。[240]

　　对于克里克一个人进藏的请求，巴黎总部则持否定的态度："您问我们，亲爱的同仁，您是一个人去（西藏）还是由贝尔纳陪同，我们不建议您单独前往，（那样）有太多的不便。"[241]巴黎的长上们希望克里克和贝尔纳两个人结伴进藏，他们的理由是，这样做最有利于消除"英国间谍"的负面影响："在你们是两个人的情况下，除了你们可以互助之外，你们还可以一起完成你们的宗教活动，这样便可以说服那些试图将你们当成化装了的间谍的人们，你们就像你们所说的那样是基督教喇嘛。"[242]由于反对克里克独自一人进藏，贝尔纳又常被其他事务缠身，巴黎总部便从欧洲重新派遣了一位传教士来印度增援。这位新派遣的传教士名叫布里（Bourry），巴黎长上于 8 月 22 日写信给克里克之际，布里已经于几天前在波尔多登上了开往印度的船只。[243]巴黎总部 8 月 22日的信中说，这位神父身体健康，具有"优秀传教士的所有美德和优良品质"，希望他能及时到达并同克里克一起出发前往中国西藏。[244]巴黎的长上让前往

---

238 A. M. E., vol.65, lettre des directeurs du Séminaire des M.E.P. à M. Krick, le 22 août 1852, p.6.

239 A. M. E., vol.65, lettre des directeurs du Séminaire des M.E.P. à M. Krick, le 22 août 1852, p.6.

240 A. M. E., vol.65, lettre des directeurs du Séminaire des M.E.P. à M. Krick, le 22 août 1852, p.6.

241 A. M. E., vol.65, lettre des directeurs du Séminaire des M.E.P. à M. Krick, le 22 août 1852, p.6.

242 A. M. E., vol.65, lettre des directeurs du Séminaire des M.E.P. à M. Krick, le 22 août 1852, p.6.

243 传教士布里于 1852 年 8 月 12 日离开巴黎前往法国大西洋沿岸的城市波尔多，于同月 19 日或者 20 日登上了前往印度的船只——鸬鹚谷（la Vallée de Lutz），同年 12 月 26 日到达印度的本地治理。参见 A. Launay, *Histoire de la Mission du Thibet,* tome 1, Paris, les Indes savantes, 2001, p.182.

244 A. M. E., vol.65, lettre des directeurs du Séminaire des M.E.P. à M. Krick, le 22 août 1852, p.7.

印度的布里携带了克里克盼望已久的治疗甲状腺肿的药物，同时也表达了对
使用该药物实际效果的担忧："我们委托他（即布里——译者注）带去了公认
的最有效的治疗甲状腺肿的药物以及使用说明，但是很有可能它们不是在所
有的情况下都有效，并且治疗新患的疾病远比治疗痼疾容易得多。"[245]5 月 10
日的信中，克里克曾认为不能在西藏免费行医，以避免这种慈善行为被藏民误
以为是圈套。巴黎的长上则持不同的观点，他们认为免费行医是克里克获得藏
民信任的最佳途径，建议克里克即使是非必要的情况下，也要表现出对最微小
的行医报酬的拒绝态度："您希望，您对我们讲过，亲爱的同仁，通过这一药
物您可以使藏民相信，您并非抱有间谍的企图来到他们当中。这有可能，但是，
因为总有一天他们会知道您首先是灵魂的医生，什么都比不上无私更能给他
们留下印象并使您赢得他们的信任，我们的意见是，您只能勉强接受，仅仅是
在治愈疾病之后，即使是他们自愿给予的小礼物，除非出自您的生活需要，这
样将有益于他们对此行为的理解。"[246]5 月 10 日的信中，克里克表示将改由底
杭河沿岸的阿波尔人部落再次尝试进藏，巴黎长上对此亦持不同意见："我们
不建议您走您没有足够勘察过的阿波尔人的道路，所以返回去……（再）走布
拉马普特拉河（实为洛希特河——译者注）的道路，注意……我们刚刚给您指
出的那些注意事项。"[247]

## 2. 新首领的任命

首领拉班称病于 1852 年 2 月 22 日离开印度返回欧洲，之后，巴黎外方
传教会急于改变活动在阿萨姆的西藏传教会传教士们的无首领状态，随后便
向教廷传信部申请任命克里克为新的首领；至于贝尔纳，巴黎总部考虑让他担
任当家神父，留在阿萨姆邦管理教徒并保持通讯联络。[248]巴黎外方传教会提出
任命克里克为西藏传教会阿萨姆一部的新首领，这一申请最终获得教廷传信
部的批准。1852 年 12 月 22 日，巴黎外方传教会写信将这一新的任命告知了
阿萨姆的传教士们："任何一个传教会都不能长时间没有首领，拉班先生的身

245 A. M. E., vol.65, lettre des directeurs du Séminaire des M.E.P. à M. Krick, le 22 août 1852, p.7.
246 A. M. E., vol.65, lettre des directeurs du Séminaire des M.E.P. à M. Krick, le 22 août 1852, p.7.
247 A. M. E., vol.65, lettre des directeurs du Séminaire des M.E.P. à M. Krick, le 22 août 1852, p.7.
248 A. M. E., vol.65, lettre des directeurs du Séminaire des M.E.P. à M. Krick, le 22 août 1852, p.8.

体不允许我们指望他能再次回到你们当中，我们不得不考虑将之前交给他（指拉班——译者注）的权力交给你们当中的一位……克里克先生以他（较长的）圣职年资被（我们）选定"。[249]其实，克里克之所以当选新首领，其主要缘由应该并不仅仅是他较长的圣职年资，而是他在进藏尝试活动中的突出表现。巴黎的长上们在 12 月 22 日的信中说："我们对这位同仁的才干太过了解，以致于不需要建议他尽可能去博采他人之长，（其他人）已经成为了他天生的参谋，如同他们是他领导的神圣而艰难事业的合作者一样。"[250]巴黎总部在信中还特别强调克里克的职务超过了拉班："正如你们所见随信附上的传信部敕令，克里克先生将拥有拉班先生所有的一切权力，具宗座监牧之衔，这（头衔）是他的前任（指拉班——译者注）所没有的。"[251]

### （三）第三次进藏活动始末

关于此次进藏活动，克里克写给巴黎长上的信有三封：一封是在出发前，于 1853 年 2 月 24 日写自撒依克哈；一封是在到达阿波尔部落后，于 1853 年 3 月 22 日写自阿波尔村庄明波（Mimbo）；另一封是从阿波尔部落返回阿萨姆后，于 1853 年 4 月 11 日写自撒依克哈。除此之外，1854 年 2 月 1 日，克里克还给在巴黎对他进行医术培训的布斯盖医生写了一封信，详细讲述了他此次进藏活动的经过和结果。下文主要将基于这四封信对克里克的第三次进藏活动进行考述：

### 1. 出发

1853 年 2 月 24 日，克里克收到了巴黎外方传教会写自 1852 年 12 月 22 日的来信以及传信部任命他为宗座监牧的敕书，他于当天回信巴黎总部。信中写道："我于今晨收到（你们于）1852 年 12 月的来信，通过它（即来信——译者注），你们告诉了我你们给予我的新职位。她（指"宗座监牧"之职位——译者注）将会比放在我旁边的、完全为我下一次出发（进藏）准备好的米袋还要沉重。……你们将这把剑交给了我，我接受她，我将用我对上帝的热忱、慈悲、服从以及热爱来磨砺她。"[252]此时，克里克已经做好了准备出发前往阿

---

249 A. M. E., vol.65, lettre des directeurs du Séminaire des M.E.P. à M. Krick et M. Bernard, le 22 décembre 1852, p.19.

250 A. M. E., vol.65, lettre des directeurs du Séminaire des M.E.P. à M. Krick et M. Bernard, le 22 décembre 1852, p.19.

251 A. M. E., vol.65, lettre des directeurs du Séminaire des M.E.P. à M. Krick et M. Bernard, le 22 décembre 1852, p.20.

252 A. M. E., vol.556, lettre de M. Krick aux directeurs du Séminaire des M.E.P., le 24

波尔人部落："我目前不向你们提任何问题，因为我就要出发了，在（阿波尔人居住的）山区，我不需要任何权利。"[253]此时，从欧洲派来的传教士布里尚未到达撒依克哈。克里克之所以没有等待布里同行，而是决定先行出发前往阿波尔部落，主要是因为季节不等人。克里克曾在 1852 年 5 月 10 日写给巴黎长上的信中汇报说，在阿萨姆东北部旅行的最佳季节是 12 月至来年 3 月末，最多也就四、五个月的时间。[254]等待布里就意味着可能错失今年进藏的好季节，他说："布里先生（1853 年）1 月 2 日曾于（印度）本地治理写信给我，他很有可能到达加尔各答已经有几天的时间了。可是，加尔各答离撒依克哈还有 300 法里。我将前往阿波尔人部落，一切都准备好了。等待布里有可能失去一年（当中最佳的进藏时机），我会在一个不错的地方停下来，等待亲爱的同仁（布里前来）同我汇合。"[255]

1853 年 2 月末，克里克从撒依克哈出发，前往阿波尔部落。根据克里克的描述，阿波尔部落分布于"阿萨姆边境沿底杭河一直延伸到（中国）西藏"的喜马拉雅山麓。[256]对此次阿波尔部落之行，克里克在写给布斯盖医生的信中也做了交代，他说："去年（即 1853 年——译者注），我前往探访喜马拉雅山脉中的 Padams 部落，外界称之为'阿波尔'，意为'非朋友'（Non-amis），因为他们野蛮并且好战。"[257]克里克明确表示，如果此次沿底杭河谷尝试进藏不能成功的话，他将转而再次尝试从布拉马普特拉河谷（实为洛希特河谷——笔者注）返回"他曾短暂居留过"的西藏。[258]

## 2. 进驻明波村

1853 年 3 月初，克里克到达阿波尔人部落地带。[259]两年前，英国少校维治前往与阿波尔人谈判之际，克里克就曾跟随一同前往并与阿波尔人有过接

février 1853, pp.463-464.

253 A. M. E., vol.556, lettre de M. Krick aux directeurs du Séminaire des M.E.P., le 24 février 1853, p.464.

254 A. M. E., vol.556, lettre de M. Krick aux directeurs du Séminaire des M.E.P., le 10 Mai 1852, p.258.

255 A. M. E., vol.556, lettre de M. Krick aux directeurs du Séminaire des M.E.P., le 24 février 1853, p.464.

256 A. M. E., vol.556, lettre de M. Krick aux directeurs du Séminaire des M.E.P., le 24 février 1853, p.467.

257 A. M. E., vol.556, lettre de M. Krick à M. Bousquet, le 1er février 1854, p.493.

258 A. M. E., vol.556, lettre de M. Krick aux directeurs du Séminaire des M.E.P., le 24 février 1853, p.465.

259 A. Launay, *Histoire de la Mission du Thibet,* tome 1, Paris, les Indes savantes, 2001, p.186.

触。但是，由于阿波尔人对英国人的抵触以及缺乏愿意带路的向导，克里克当时未能踏上阿波尔部落土地半步。克里克称，19 世纪初占领阿萨姆以来，英国人对阿波尔部落及其所在的底杭河沿岸做过多次探察，这造成了阿波尔部落与英国人之间的紧张关系："英国人占领阿萨姆 29 年以来，好几位（东印度）公司派遣人员曾经尝试进入（阿波尔部落），旨在探究是否存在可能开辟与（中国）西藏之间的通商道路，尤其是为了探究英国人所知道的底杭河——香江（Siang）是否真的是由东向西（de l'Est à l'Ouest——原文）穿越西藏的著名的藏布河，这一直困扰着这一世纪及上两个世纪的地理学家。但是 Padams 部族（即阿波尔部族——译者注）的人说：'如果我们让一个英国人不管以什么借口进来，很快尾随他来的就是一支部队。'"[260]由此可见，阿波尔部族十分惧怕英国人，为防止"一支"英国部队进入而拒绝放任哪怕是"一个"英国人进来。据克里克的描述，对于阿波尔部落居住区域的地理、历史及风俗习惯，当时外界要么是很不了解，要么是存在很多误解，造成这一状况的原因有两个：其一，阿波尔部落是一个没有书面语言的野蛮部落，根本没有地理学、历史学之类的学科；其二，截止克里克进入阿波尔部落之前，没有任何一个欧洲人被接纳进入这个部落。[261]

　　这一次，在颇费周折之后，克里克得以进入一个叫明波的阿波尔村落，在写给布斯盖医生的信中，他对进入明波村的情况作了如下描述："当我来到山脚下，18 位年轻人前来接我，……最年轻的两位站在小路的两旁，在我经过时，他们洒下两把叶子，这是在净化我并将我身上所有的魔力驱散；走出森林，来到他们的田野，我需要通过他们竖起的一个拱廊，她（指拱廊——译者注）上面布满了箭、弓、（身上）穿满了弓箭的魔鬼。我问其含义，人们对我说：'这是为了阻止恶的神灵同你一起来到我们的土地上'；进入村庄之际，还要通过一个为同样目的而设置的更夸张的（拱廊），妇女们坐在门槛上看我经过，孩子们和狗喊着叫着带领我走进一间公共房屋，那里所有的男人都在等我。我一进去，他们就开始喊三声乌拉，能有多恐怖就有多恐怖。这些叫喊声如同炮声在房间里回响，我停在门槛上完全晕头了。人们很快向我解释，说这是为了赶跑那些胆敢跨过那两道路障的坏心人。"[262]由克里克进入明波

---

260 A. M. E., vol.556, lettre de M. Krick à M. Bousquet, le 1er février 1854, p.494.

261 A. M. E., vol.556, lettre de M. Krick à M. Bousquet, le 1er février 1854, p.494.

262 A. M. E., vol.556, lettre de M. Krick à M. Bousquet, le 1er février 1854, p.495.

村庄的复杂程序来看，对克里克这一"闯入者"，阿波尔人怀有非常深的戒备之心。

第二天，一个由六位首领主持的、全村人参加的大会得以召开，好几番大讨论过后，首领们又单独进行了讨论，之后他们过来对克里克说："Migon（王——原文），我们确定您是带着和平的指令来的，我们相信您心口如一，我们允许您深入部落内部。"[263]但是克里克并不打算继续前行，而是请求明波的村民允许他住下来，因为他要在此地等待新同仁布里前来同他汇合。

阿波尔人同意克里克留下来，前提条件是克里克要为他们治病。阿波尔人提出这一要求并非因为他们知道克里克会一些医术，而是因为克里克宣称自己是神职人员，而阿波尔人正是依靠宗教人士来治疗疾病："他们当中没有医生，也没有外科医生，这可能是世上绝无仅有的，……原因就是：他们认为一切内外疾病均由一个坏的神灵或者一个恼怒的神灵引起。在这一理念之下，医学是没有用的。所有对疾病的治疗，就是使原因远离，或者是平息神灵的恼怒，或者赶走坏的神灵。神职人员会被请来做祭祀、祈祷并驱魔。疾病治愈了，这一好的结果归功于祭祀或者驱魔，如果相反……神职人员将宣称神灵高于他的能力。"[264]克里克在信中这样描述阿波尔人的神灵观："他们的神灵数以百万计，森林中每一株稍微粗壮的树木、跌落过程中盘旋或者低语的水、山脉、村庄都充满了神灵。有好的（神灵）和坏的（神灵），一些大，另外一些小，（一些）弱，（另外一些）强。他们害怕它们，世界上任何东西都不能使他们违抗他们假定的一个神灵的意志，如果一块石头从山上落下，这就是一个神灵所为；如果一片树叶从树上落下，这是一位神灵在游走；如果风在山间或者一棵大树枝叶间吹过，这是一群神灵……神职人员们被用于平息神灵或者战胜恶的神灵，做的越好的神职人员越是厉害。"[265]克里克的第一批病人是阿波尔人当中的疑难杂症患者。据克里克信中所述，起初，所有来尝试他治病威力的病人对他充满了怀疑，随后的 8 天时间里，他治愈了一位 20 岁和一位 40 岁的"胳膊腐烂"的病人，还消除了一位年轻男子身上的浮肿，这在阿波尔人当中引起了轰动，所有的人都跑来找他看病。[266]

263 A. M. E., vol.556, lettre de M. Krick à M. Bousquet, le 1er février 1854, p.495.

264 A. M. E., vol.556, lettre de M. Krick à M. Bousquet, le 1er février 1854, p.496.

265 A. M. E., vol.556, lettre de M. Krick à M. Bousquet, le 1er février 1854, p.497.

266 A. M. E., vol.556, lettre de M. Krick à M. Bousquet, le 1er février 1854, p.496.

### 3. 危机的产生与暂时化解

但是，克里克很快便面临被驱逐的危险。克里克在写给布斯盖医生的信中这样描述他所遇到的危机状况，有一天，村庄的首领急匆匆赶来对他说："一些梅里斯（Méris，是阿萨姆邦的一个部落，已经臣服英国政府——原文）传言说你是一个英国间谍，应该怀疑你的威力，因为你可以，据说，仅仅使用你的意志就可以将我们的食物转换成毒药。如果我们收留你，这里将遭受大不幸。昨夜，居民们坚决要烧毁你的房子，我用我所有的权力反对他们（这样做）并答应他们会让你离开。"[267]在写给巴黎长上的信中，克里克也述及这一危机状况："他们传言说我是英国间谍，说一支部队已经组建，说我是危险的，如果收留我，我将是针对整个村庄的诅咒，说我不是人，而是巫师，可以将食品转化成毒药，甚至还说我吃人"[268]由此可见，"英国间谍"的负面影响一直伴随着克里克，使他根本无法完全取得当地人的信任。

克里克离开的时间被定在第二天。但是，另外一位首领在当晚十点来找克里克，对他讲："最终，我们让所有这些愚蠢和胆小怕事的人们明白了他们怯懦的可笑之处，取而代之将你赶走，应该将你留下来治疗我们的病人。另外，你不是我们的神父吗？不是神父在一个久远的年代给我们带来了十字架的恩惠吗？你又来到我们当中，在走遍了全世界之后，当你完全掌握了我们的语言之后，谁知道你不会对我们施予新的恩惠呢？留下来和我们在一起，这是今天全村人的愿望。"[269]被驱逐的危机由此得以暂时化解，克里克也因此坚定地认为是医术救了他，他甚至遗憾自己太晚意识到医术的重要性："去年在米族（僜人）中，如果当时我就知道在西藏实践这些（医疗）技术的话，我也许还待在那里呢。"[270]

在阿波尔人当中的行医活动使克里克被驱赶的危机得以暂时化解，同时，克里克在行医过程中也看到了医术对于传教的帮助，他因此再次请求巴黎总部提供医药支持："野蛮人就像野兽，当人们从它的脚上去除一根刺时，它知道是对它好，正是通过对这一躯体的恩惠，我可以进入到它的灵魂，正是那些

---

267 A. M. E., vol.556, lettre de M. Krick à M. Bousquet, le 1er février 1854, p.501.

268 A. M. E., vol.556, lettre de M. Krick aux directeurs du Séminaire des M.E.P., le 24 évrier 1853, p.469.

269 A. M. E., vol.556, lettre de M. Krick aux directeurs du Séminaire des M.E.P., le 24 février 1853, p.469.

270 A. M. E., vol.556, lettre de M. Krick aux directeurs du Séminaire des M.E.P., le 24 février 1853, p.471.

残疾的躯体追随着基督和他的使徒们。这也是为什么我请求你们，让人给我准备一个装满外科医用工具和蛮荒地带所需要的各种药品的箱子，一切都按顺序布置好、摆放好，使我在需要时能很容易就取出药品"。[271]克里克要求这医药箱一定要结实并便于携带；此外，克里克还提醒巴黎总部，不要忘记给他准备柳叶刀等外科手术用具以及一个装备齐全的工具袋；对于药品的选择，克里克请求长上们特别注意："别忘了我既不是医生，也不是植物学家，这里也没有在法国容易找到的家庭自制药剂，（因此）药品需要就其使用和功效、学名和俗名标示出说明书，他们要很好地被装在盒子或者瓶子当中，因为亚洲的潮湿很快就会毁坏所有来自欧洲的东西。"[272]尼克医院的布斯盖医生曾于 1851年给克里克邮寄过一箱天花疫苗，无奈由于在路上耽搁了太长的时间，疫苗全部失效；克里克此次委托巴黎总部向布斯盖医生再要一箱疫苗，同时希望尼克医院的修女们能参与这箱疫苗的准备工作，并点名一位名叫约瑟芬的修女为他准备一个简短易懂的说明书，以便他查询了解药物以及使用方法。[273]

### 4. 克里克被驱逐

正当克里克在阿波尔人当中的行医活动得以顺利进行之际，明波村一场火灾的发生和两头牛的丢失使他再次面临被驱逐的危机："我从早到晚治疗那些四处召唤我的病人和残疾人，（这）柔化了这些野人们的心，恐惧甚至开始转化成完全的信任。此时，附近发生了一场火灾，人们都在田间或者去打猎了，两间房子被烧毁。第二天，距我最近的邻居丢失了两头犏牛，一头是被老虎吃掉了，一头跌落山崖。……不用对你说，所有的祸事都被归咎于我的出现"。[274]最终，在一个星期五，整个村庄在首领的带领下前来要求克里克第二天离开明波。此时，克里克认为撤离是明智的选择，因为他甚至已经感受到了死亡的威胁："我认为谨慎起见还是离开，因为，如果死亡来临的话，这一（进藏传教的）使命就完蛋了，而我希望的是，有一天他们能很高兴再见到一位传教士来到他们当中。我坚信他们会怀念我，因为我生而为其他所有的人

271 A. M. E., vol.556, lettre de M. Krick aux directeurs du Séminaire des M.E.P., le 24 février 1853, pp.471-472.

272 A. M. E., vol.556, lettre de M. Krick aux directeurs du Séminaire des M.E.P., le 24 février 1853, p.472.

273 A. M. E., vol.556, lettre de M. Krick aux directeurs du Séminaire des M.E.P., le 24 février 1853, p.473.

274 A. M. E., vol.556, lettre de M. Krick aux directeurs du Séminaire des M.E.P., le 24 février 1853, p.479.

（服务），我留在那里的印象全部对我有利，当恐惧过去之后，人们只会讲起我在那里做的（医疗）慈善活动，尤其因为那是无偿的。"[275]1853 年 3 月 11 日，克里克依依不舍地离开了明波，这个他刚刚待了十天左右的阿波尔村庄。[276]

### 5. 返回撒依克哈

克里克在返回撒依克哈之后很快就病倒了，患上了一种在印度被称之为"阿萨姆丛林热"（fièvre des jungles de l'Assam）的疾病。为了尽快恢复健康，克里克离开撒依克哈前往瑙贡疗养，却因此与到达撒依克哈的布里失之交臂。[277]在瑙贡治病期间，由于迟迟未收到巴黎总部的回复，克里克于 1853 年 9 月 20 日写信以表达自己内心的不满和无助："似乎你们所有的人都无限期地度假去了，因为我们既听不到声音也没有消息……你们把我丢入无经验之中，甚至不回答我提出的问题，我生病了，丝毫得不到巴黎（总部）的建议，贝尔纳先生执意避免用他的建议帮助我，他说巴黎的先生们厌倦了他，他失宠了，说他会在第一时间抓住机会离开修会，我只有尽我所能安抚他。布里先生初来乍到，很有可能随时准备对我说：'我同您想法一致'。最终，我只有上帝和玛丽与我同在……布里离开法国已经 13 个月了，我却还无缘见到他，我迟迟不能拥抱这位亲爱的同仁"。[278]尽管如此，克里克对进藏活动保持了他一如既往的积极态度："贝尔纳先生和我，我们将前往撒依克哈同布里先生汇合，我希望布拉马普特拉河上新鲜纯净的空气能强健我的体魄，我便可以重拾力量和健康，敢于同布里先生（一起）上路，上帝置我们年轻的传教会于诸多严酷考验当中，但是，应该希望我们持续不断的努力最终会被冠于一个令人满意的成功。"[279]同年 10 月 15 日，克里克再次写信给巴黎总部，在表达他前往撒依克哈同布里汇合迫切愿望的同时，道出再次尝试进藏的迫切性以及他对成功怀有的极大信心和决心："阿萨姆是一个非常不健康的地区，这是又一个促使我们赶快到喜马拉雅山脉中获得一个落脚点的原因。我们的传教会从一开始便经受诸多考验，但是，应该希望有一天她

275 A. M. E., vol.556, lettre de M. Krick aux directeurs du Séminaire des M.E.P., le 24 février 1853, p.480.

276 A. Launay, *Histoire de la Mission du Thibet*, tome 1, Paris: les Indes savantes, 2001, p.191.

277 A. Launay, *Histoire de la Mission du Thibet*, tome 1, Paris: les Indes savantes, 2001, p.192.

278 A. M. E., vol.556, lettre de M. Krick aux directeurs du Séminaire des M.E.P., le 24 février 1853, pp.484-485.

279 A. M. E., vol.556, lettre de M. Krick aux directeurs du Séminaire des M.E.P., le 24 février 1853, p.484.

会开花并给予（我们）百倍的回报……请放心，我们会尽己所能以求成功，并且我们准备为了上帝的荣耀贡献整个生命，所有的人，甚至是医生，都对我说，只有离开阿萨姆一段时间我才能康复，但是我回答他们说，如果我离开（阿萨姆），那就是要去（中国）西藏，而不是要去孟加拉，如果我死了，另外一个（传教士）会来代替我。"[280]

克里克最终战胜了疾病，于 1853 年 11 月末写信告知布里，他和贝尔纳即将前往撒依克哈，希望布里能到布拉马普特拉河上迎接他们。12 月 10 日，克里克、贝尔纳和布里，西藏传教会的三位传教士在布拉马普特拉河的一个小岛上汇合，之后他们一同前往撒依克哈，为下一次进藏活动做准备。

## 四、第四次进藏活动始末及其影响

### （一）第四次进藏活动及克里克、布里被杀

1854 年 1 月 16 日，克里克在写给长上的信中宣布，他即将开启第四次进藏尝试活动："我的健康，多亏了上帝，已经恢复，我认为我已经足够结实以开启第四次（进藏活动）尝试。应该希望，这一次，将会有一个令人满意的结果，事情已经拖了太长时间。"[281]克里克在同一封信中告诉总部，此次进藏活动他将由布里陪同前往，贝尔纳则留在撒依克哈，为他们准备并输送进藏所需的物资。此外，克里克还对此次进藏活动的向导和路线做了简单交代，他在信中说："今天上午来了一位蛮族人首领，他愿意带我们到（中国）西藏去"。[282]这位蛮族首领正是 1851-1852 年克里克进藏活动期间的一位向导——坤撒（Khroussa），此次他不仅答应将两位传教士带到中国西藏，还答应在他们落脚之后充当他们的信使。[283]

1854 年 2 月 19 日，克里克出发开启了第四次进藏活动，于同年 7 月 29 日到达沙玛。在 1854 年 7 月 29 日写给巴黎长上的信中，克里克向他们讲述

---

280 A. M. E., vol.556, lettre de M. Krick aux directeurs du Séminaire des M.E.P., le 24 février 1853, p.489.

281 Lettre de M. Krick aux directeurs du Séminaire des M.E.P., le 16 janvier 1854, in *relation d'un voyage au Thibet en 1852 et d'un voyage chez les Abors en 1853 par M. L'abbé Krick*, Paris: D'Auguste Vaton, 1854, p.203.

282 Lettre de M. Krick aux directeurs du Séminaire des M.E.P., le 16 janvier 1854, in *relation d'un voyage au Thibet en 1852 et d'un voyage chez les Abors en 1853 par M. L'abbé Krick*, Paris: D'Auguste Vaton, 1854, p.203.

283 A. Launay, *Histoire de la Mission du Thibet*, tome 1, Paris, les Indes savantes, 2001, p.193.

了他和布里此次到达沙玛时的情况："我们刚刚到达沙玛，两年前我待过三个星期的那个西藏村庄。布里先生和我，我们身体很好，只是我们路途劳顿。我们不知道这一次当地政府会有何举动，由于我们才刚刚到达不到一刻钟，然而我们的向导们却想马上离开。"[284]在这封信中，克里克还向长上们述及他们接下来的计划："我们将尽力在这里或者周围定居下来，以便与阿萨姆保持通信。如果这不可行的话，我们将尽我们所能前往拉萨或者前往同罗勒拿汇合，形势和上帝将指引我们。下一次（写信），我将有幸向你们讲述我们旅途的细节。先生们，是时候汇集你们强大的祈祷，为了如此伟大事业的成功。"[285]但是，克里克和布里既没能在沙玛定居下来，也未能前往拉萨或者前去汇合罗勒拿，因为他们很快便被一支僜人给杀死了。

## 五、英印政府及孟加拉天主教界对克里克、布里被杀事件的反应

克里克、布里遇害之际，他们的阿萨姆仆人兼翻译因为及时躲藏起来而幸免于难，留在撒依克哈的贝尔纳正是从这位有幸逃生的仆人那里获知了两位传教士遇害的确切消息。[286]1854年11月11日，贝尔纳首先写信给一名叫宾革尔特（Pingault）[287]的天主教徒，向他宣布了克里克和布里可能被杀的消息以及可能导致这一事件的原因："可怜的克里克神甫，可怜的布里神甫，非常有可能他们已经不在了。昨天崇秦派他的儿子来告知我他们死亡的传言，……听说他们是被一些僜人杀死的，头目是一位名叫卡伊撒（Kaïssa）的人，这个人的儿子几年前在德布格尔（Debrooghur，今印度迪布鲁格尔 Dibrugarh-译者）溺水身亡，据说他们野蛮的行径就是为了给这个人的死亡复仇。"[288]宾革尔特很快将这一消息告知孟加拉宗座代牧主教卡若，后者于1854年11月26日写信将这一噩耗报告给印度政府总督达尔乌吉（Dalhousie）的秘书库尔特耐

---

284 A. M. E., vol.556, lettre de M. Krick aux directeurs du Séminaire des M.E.P., le 29 juin1854, p.530.

285 A. M. E., vol.556, lettre de M. Krick aux directeurs du Séminaire des M.E.P., le 29 juin1854, pp.530-531.

286 A. Launay, *Histoire de la Mission du Thibet,* tome 1, Paris, les Indes savantes, 2001, p.196.

287 宾革尔特是瑙贡的一位虔诚的天主教徒，他曾经非常热情地接待过到瑙贡传教的克里克。参见 A. Launay, *Histoire de la Mission du Thibet,* tome 1, Paris: les Indes savantes, 2001, p.120.

288 A. M. E.vol.556, la lettre de M. Bernard à Pingault , le 11 novembre 1854, p.549. In 《The Bengal Catholic Herald》, CalcuttA, Saturday, the 2 decembre 1854.

（Courtenay）先生，信件主要包含以下三方面的内容：1. 向达尔乌吉强调两位天主教神父被杀信息的确切性；2. 强调两位被杀的天主教神父均为英属阿萨姆政府所熟识和关注；3. 强调两位被杀的天主教神父是法国公民，属于巴黎外方传教会，特别受法国政府庇护，称法国政府"将会为（英属）印度政府就上述悲剧事件所做的任何关注都会表示称赞"。[289]很显然，卡若主教希望就此促使英印政府关注这一事件并进行干预。

1854 年 11 月 29 日，印度总督达尔乌吉和他的秘书库尔特耐回信卡若主教，库尔特耐在信中表示："总督已经得知并深切关注这一发生在阿萨姆传教会两位（法国）传教士身上的暴行……（我）确保（英印）政府将认真调查这一事件，如同是英国公民牵涉其中，一旦事实调查清楚，我们将抓紧时间向政府汇报并采取任何可行的措施。"[290]印度总督达尔乌吉也写信恳请卡若相信，英国政府将会"视这一事件如同自己公民或者雇员被牵涉其中，将竭尽全力主持正义"；但同时他也强调"阿萨姆所归属的孟加拉政府并未收到有关此事件的官方报道"，而且据说这些不幸的传教士是被英属印度"边境外"的野蛮部落杀死的，因此这一事件是否真实尚存怀疑，因此，目前"什么可以做，还是什么都不能做，面对藏匿在野山老林中赤贫的野蛮人，现在还不可能讲定。"[291]

巴黎外方传教会克里克和布里两位神父被杀事件在孟加拉天主教界引起了极大的震动。1854 年 12 月 2 日，加尔各答《孟加拉天主教信使报》（《The Bengal Catholic Herald》）第 23 期不仅将上文提及的所有信件予以刊登，还以《阿萨姆—西藏天主教传教会》为题对此事件进行了长篇报道。报道称，两位法国传教士被杀的消息来源于阿萨姆—西藏传教会首领贝尔纳和阿萨姆政府官员德郎乌日尔德（Delanougerede）[292]的两封信，根据这两个人的信，克里克和布里被杀是因为僜人迷信地将他们部落一位年轻人的溺水身亡归咎于传教

---

289 A. M. E.vol.556, la lettre de Mgr Carew à M.Courtenay, le 26 novembre 1854, pp.548-549. In《The Bengal Catholic Herald》, CalcuttA, Saturday, the 2 decembre 1854.

290 A. M. E.vol.556, la lettre de M.Courtenay à Mgr Carew, le 29 novembre 1854, p.550. In 《The Bengal Catholic Herald》, CalcuttA, Saturday, the 2 decembre 1854.

291 A. M. E.vol.556, la lettre de M. Dalhousie à Mgr. Carew, le 29 novembre 1854, p.550. In 《The Bengal Catholic Herald》, CalcuttA, Saturday, 2 décembre 1854.

292 实际上，德郎乌日尔德也是从贝尔纳处获知克里克和布里被杀的消息，参见，A. M. E.vol.556, la lettre de Delanougerede à Augier, le 16 novembre 1854, p.550. In 《The Bengal Catholic Herald》, CalcuttA, Saturday, 2 décembre 1854..

士们在他们村庄的出现。[293]此报道中最值得关注的是，它对英印政府对待法国传教士被杀事件的态度进行了预估："我们相信，就这一事件，印度的英国政府，当收到克里克和布里先生被谋杀的官方消息并落实后，应该会进行干预，至少会采取相应的措施以防止下一次再有类似悲剧发生，实际上，我们认为这是必然的……。"[294]正是印度总督达尔乌吉及其秘书库尔特耐的那两封信促使他们作出这一有利于西藏传教会的预判："我们在这一期报纸上发表的、最尊贵的印度总督及其才华横溢、彬彬有礼的私人秘书写给孟加拉大主教的信中充满了（对被杀法国传教士）同情的言辞，这让我们（对英国政府的干预）更加深信不疑。"[295]这一报道预计英印政府一定会干预此事件，称这不仅是因为英法之间当时是同盟关系，也符合英国当时在亚洲的利益扩张，报道称："实际上，不仅仅现存的吉兆——英法两国之间良好和谐的盟友关系——使我们可以作此期望，而且，在我们看来，英国政府在印度和中国的利益要求它从上述前一个国家（指印度——译者）到达后一个国家（指中国——译者）经由西藏开辟一条安全的陆路通道。依据最近出版的关于（中国）西藏及其常住居民的大量令人关注的记述，出自尊敬的古伯察以及尊敬的克里克两位先生之手，我们几无怀疑，那个区域（指中国西藏——译者）如果被置于英国保护之下，不仅仅很容易使福音传播事业收益，还可以造就一个英联邦的同盟国或者附属国。"[296]由此可见，当时英国出于殖民利益觊觎中国西藏，这在印度的宗教界已经不再是什么秘密。

事实上，不管是出自何种动机，英印政府的确很快便出手干预法国传教士被杀事件。在给卡若主教写信不久后，印度总督达尔乌吉命驻阿萨姆英军部队的达尔顿（Dalton）少校和艾登（Eden）中尉带兵前往僜人部落并将卡伊撒抓捕归案。[297]当时巴黎外方传教会在阿萨姆只剩下了贝尔纳一位传教士，他迅速将这一消息写信报告了巴黎总部："英印政府已经尽其所能对谋杀进行复仇，

293 A. M. E.vol.556, t*he Catholic Mission of Assam and Thibet,* p.547. In《The Bengal Catholic Herald》, CalcuttA, Saturday, the 2 decembre 1854.

294 A. M. E.vol.556, t*he Catholic Mission of Assam and Thibet,* p.548. In《The Bengal Catholic Herald》, CalcuttA, Saturday, the 2 decembre 1854.

295 A. M. E.vol.556, t*he Catholic Mission of Assam and Thibet,* p.548. In《The Bengal Catholic Herald》, CalcuttA, Saturday, the 2 decembre 1854.

296 A. M. E.vol.556, t*he Catholic Mission of Assam and Thibet,* p.548. In《The Bengal Catholic Herald》, CalcuttA, Saturday, the 2 decembre 1854.

297 A. Launay, *Histoire de la Mission du Thibet,* tome 1, Paris: les Indes savantes, 2001, p.197.

对于他们自己的国民也不过如此，如同法国政府对待我们一样。"[298]鉴于英国人一直以来以及以后对法国传教士的帮助和支持，贝尔纳建议巴黎外方传教会设法以法国政府的名义向英印政府总督达尔乌吉及其属下金肯斯、达尔顿、艾登等致于感谢："如果你们能让法国政府向这几位先生致于感谢的话，我认为这一措施将会产生最好的效果，因为，如果他们当中的某几位受到几个他们认识的我们的（传教）同仁友谊的驱动，确定会很高兴能有一个机会向法国证明他们的情感"[299]

## 六、外方传教会巴黎总部的宽赦态度

然而，巴黎外方传教会的长上们并不赞成英国人插手这一事件，他们尤其反对英印政府严惩杀死克里克和布里的僜人，基于本教会自创会以来便设定的"避免涉及政治"的会规，他们要求阿萨姆—西藏传教会尽量与政治撇清关系，以避免政治干预破坏传教士们在蛮族部落中作为宗教使徒的虔诚及慈悲形象。为此，巴黎外方传教会的长上们专门写信给孟加拉主教卡若，首先就主教本人及英印政府对本会传教士被杀事件的关注表达了谢意，同时非常明确地表示不希望英印政府介入这一事件："我们已经在《天主教信使报上》读了，怀着深深的感激，那封阁下垂顾写给印度总督私人秘书的充满好心善意的信，……关于我们亲爱的传教同仁克里克与布里先生被僜人杀事件，以及这位杰出的官员（指印度总督私人秘书库尔特耐——译者）热情的答复。但是，在十分感激能受到（英印政府）如此保护之余，我们不能忘记的是，我们是传教士，克里克和布里，死在谋杀者白刃之下的同时，将如同他们交趾（Cochinchine）、东京（Tonkin）及其他地方的传教同仁一样，为这些可悲的人们请求的不是人类的复仇，而是上帝为杀自己的刽子手所请求的宽恕。出于对他们身后名声的尊重，只应该让他们曾经路过的那些蛮族部落记住慈悲的、怀有使徒热忱的殉道者，以及他们所属修会纯粹的宗教性质，他们一直以来都努力使之（指传教修会——译者）摆脱哪怕是最微小的政治视角的怀疑，这让我们认为有充分的理由不希望英国政府的介入其中。"[300]

---

298 A. M. E., vol.556, lettre de M. Bernard aux directeurs du Séminaire des M.E.P., le 19 Mars 1855, p.622.

299 A. M. E., vol.556, lettre de M. Bernard aux directeurs du Séminaire des M.E.P., le 19 Mars 1855, p.622.

300 A. M. E., vol.65, lettre des directeurs du Séminaire des M.E.P. à Mgr. Carew, le 22 janvier1855, p.92. In A. Launay, *Histoire de la Mission du Thibet*, tome 1, Paris: les

不管是否还存在其他更深层次的原因，至少从字面上来看，外方传教会巴黎总部坚持"拒绝任何政治力量介入本会传教活动"，拒绝由英国政府替被杀死的法国传教士们复仇。极有可能受此影响，被捕后被法官判以绞刑的卡伊撒后来被改判为流放。1855 年 9 月 15 日的《孟加拉天主教信使报》刊登了相关消息："我们得知阿萨姆罗马天主教神父们的谋杀者们被严厉审讯，他们的罪行也得以确认。审判他们的法官判处他们极刑，但是，诉讼的进程存在变数……好像，被杀神父所属的宗教修会（即巴黎外方传教会——译者）特别呼吁印度政府正义要得以温和主持，不管被控诉的人的罪行如何，生命应该被宽恕。这种"仁慈至上"似乎契合总督的考虑，他已经暂缓处决罪犯，将他们从绞刑减缓为流放。"[301]

克里克、布里被杀事件虽然未对天主教会重返西藏传教计划产生毁灭性的影响，却使该会再次将目光由洛希特河沿岸的"野蛮的"僜人部落转向底杭河流域的阿波尔人部落，贝尔纳在他 1854 年 12 月 21 日写给孟加拉主教卡若的信中说："我打算几天后为我们亲爱的传教会做一次新的尝试：我将不会经由僜人部落，（东印度）公司的官员们反对我那样做；我将非常愿意尝试一下阿波尔人部落……。"[302]

## 第四节　贝尔纳主导的喜马拉雅山脉南麓最后的进藏活动

拉班返回欧洲之后，留在高哈蒂的贝尔纳也一直在筹谋进藏活动。他声称在英属阿萨姆行政官金肯斯的帮助下，自己曾经拜访过一位拉萨政府派到阿萨姆的"要员"（haut personnage），这位西藏官员拒绝了贝尔纳提出的进藏请求，说："我们的长官会割掉我的脑袋，如果我将你们带到我们那里（指西藏——译者）。"[303]这使贝尔纳暂时打消了前往中国西藏的想法，去往瑙贡牧养那里的天主教徒。直到获知克里克和布里被杀的消息，贝尔纳才返回撒依克哈。

Indes savantes, 2001, p.197.

301 A. M. E.vol.556, M*ission of Assam and Thibet*, p.713. In《The Bengal Catholic Herald》, CalcuttA, Sunday, le 19 Mai 1855.

302 A. M. E., vol.556, lettre de M. Bernard à Mgr. Carew , le 21 décembre 1854, p.586. In 《The Bengal Catholic Herald》, CalcuttA, Sunday, the 13 january 1855.

303 A. M. E., vol.556, lettre de M. Bernard aux directeurs du Séminaire des M.E.P., p.266.

## 一、贝尔纳经由阿波尔部落的进藏活动

### （一）出发前的筹谋

1854年，克里克和布里在中国西藏沙玛（Sommeu）被一帮僜人杀死。这一事件发生后，阿萨姆的英国官员反对贝尔纳再次前往僜人部落，这一进藏路线被彻底弃用。此时，贝尔纳原本打算离开撒依克哈前往下阿萨姆（le bas Assam），重新尝试经由不丹进藏，一位年轻的阿波尔人的来访使他改变了主意。这位年轻人自称是克里克两年前去过的阿波尔村庄——明波之首领的儿子，他表示对克里克、布里之死感到很悲伤，向贝尔纳展示了几件自称是克里克送给他们的礼物并邀请贝尔纳前往明波。[304]

英印政府派驻撒依克哈的上阿萨姆（le haut Assam）行政官达尔顿（Dalton）并不赞成贝尔纳接受这位阿波尔人的邀请，据他所知，阿波尔部落正准备找英印政府的麻烦，他们已经放话出来，说如果外国神父胆敢到他们山中去，就会借机给英国东印度公司制造麻烦，达尔顿由此推断，阿波尔人很有可能会拘禁法国神父，然后以释放传教士为条件要挟英印政府让与权益；达尔顿言称，英印政府对阿波尔部落的控制远不如对僜人部落的控制，一旦贝尔纳被拘禁，英国人将毫无办法解救他，他因此建议贝尔纳放弃前往阿波尔部落的打算；作此建议的还有英军指挥官汉内（Hannay）少校以及撒依克哈周边的几位土著首领。[305]贝尔纳称他就此进行了艰难的抉择："我在令人痛苦的焦虑当中度过了几天，我不能适应错过良机的想法，离开了也许我就再也不会回来了，某种东西告诉我之后会遗憾没有遵从自己最初的想法。"[306]内心极度挣扎之后，经过与英国官员以及土著首领们长时间的讨论，贝尔纳坚持要前往阿波尔部落，他的计划是："首先看是否可能经由阿波尔部落山脉进入（中国）西藏，或者至少，在遇到困难的情况下，……看是否阿波尔人愿意允许我留在他们当中。"[307]贝尔纳坦言他"几乎完全放弃了立即进入（中国）西藏的打算"，因为他一个人的冒险不是"谨慎之举"，他宁愿"在这些民众（指阿波尔人——译者）当中立足，开展传教活动并一步步靠

---

[304] A. M. E., vol.556, lettre de M. Bernard à M. Albrand, Dacca, le 29 juin 1855, p.739.

[305] A. M. E., vol.556, lettre de M. Bernard à M. Albrand, Dacca, le 29 juin 1855, pp.740-741.

[306] A. M. E., vol.556, lettre de M. Bernard à M. Albrand, Dacca, le 29 juin 1855, p.741.

[307] A. M. E., vol.556, lettre de M. Bernard à M. Albrand, Dacca, le 29 juin 1855, p.741.

近（中国西藏）边界。"[308]贝尔纳对进藏活动部署的这一调整同巴黎总部之前对进藏策略的调整保持了一致的步调，也得到了周围人的肯定，大家都认为，如果他"仅仅满足于到达（中国）西藏最外围的几个村庄，将不会有任何风险"。[309]

## （二）明波之行

1855 年 1 月 4 日，带着曾经陪同克里克、布里进藏的仆人兼翻译、一些钱财以及作为礼物的盐和珍珠，贝尔纳乘坐独木舟沿底杭河逆流而上前往阿波尔部落。[310]据贝尔纳本人描述，底杭河上的行程异常艰难，一位旅行者的生命平均每天要面临"20 次的威胁"。[311]出发几天后，贝尔纳到达了 1853 年克里克曾经去过的阿波尔部落村庄——明波。

到达明波后，贝尔纳对阿波尔村民们讲，他来这里的目的是打算去中国西藏，僜人杀死了他的两位同仁，使他不敢再到凶恶的僜人当中去，听很多人说阿波尔人很善良，于是前来同他们交朋友；贝尔纳还请求村民告诉他，这里是否有一条穿越山脉通向喇嘛王国——中国西藏的道路，要是没有的话，是否可以允许他在明波落脚，建一座房子以接待一些之后前来同他汇合的传教同仁。[312]对于通往西藏的道路，贝尔纳得到的答案是：有一条道路从这里通向中国西藏，由于从来没有去过那里，并不知道有多远，只知道这条路因为山和积雪而非常难走；对于贝尔纳想留在明波的打算，他们认为贝尔纳是自由的，因此"不会对此有任何反对"。[313]听闻此言，贝尔纳非常高兴，开始在村子里四处散发礼物，不料村民们却很快就改变了主意，不再同意贝尔纳落脚明波，要求他在这里待几天之后就必须离开并返回他的国家，并且永远不能在此拥有住处，他们做此决定的理由是："英国人不允许他们待在阿萨姆，他们便不允许贝尔纳待在明波"。[314]鉴于此，贝尔纳一再解释自己与英属印度公司无任何瓜葛，一再保证自己并非英国间谍，而是上帝委派同阿波尔人交朋友并给他们带来益处的；但是，这些都没有说服阿波尔人同意他留下来，贝尔纳因此被迫离开明

308 A. M. E., vol.556, lettre de M. Bernard à M. Albrand, Dacca, le 29 juin 1855, p.741.
309 A. M. E., vol.556, lettre de M. Bernard à M. Albrand, Dacca, le 29 juin 1855, p.741.
310 A. M. E., vol.556, lettre de M. Bernard à M. Albrand, Dacca, le 29 juin 1855, p.741.
311 A. M. E., vol.556, lettre de M. Bernard à M. Albrand, Dacca, le 29 juin 1855, p.742.
312 A. M. E., vol.556, lettre de M. Bernard à M. Albrand, Dacca, le 29 juin 1855, p.747.
313 A. M. E., vol.556, lettre de M. Bernard à M. Albrand, Dacca, le 29 juin 1855, p.748.
314 A. M. E., vol.556, lettre de M. Bernard à M. Albrand, Dacca, le 29 juin 1855, p.749.

波返回阿萨姆。[315]

## （三）贝尔纳的思考

对比贝尔纳与克里克两人的明波之行，两者的经历极为相似：他们最初都得以进入阿波尔村庄，似乎都受到了阿波尔人某种程度上的欢迎，之后很快便被怀疑是英国间谍，在此情况下，无论他们做任何解释和辩白都不能改变最终被驱逐的结果。因此，贝尔纳认为，从一开始阿波尔人对他和克里克有的就只是一种"表面上的热情"（l'apparence bonne réception），目的是从他们手上获得礼物："如果说他们称呼我们（即贝尔纳和克里克——译者）为神父（padres——原文），似乎是在克里克先生到我来的这同一个村庄（指明波——译者）旅行之后，他（指克里克——译者）给他们很多礼物并许诺其他的（礼物），……我的确认为他们对我们表面上的热情只是从我们这里得到礼物的一种手段。"[316]也就是说贝尔纳已经意识到，阿波尔人并非真正欢迎他和克里克，一旦想要的礼物得手之后，他们就会被阿波尔人当成"英国间谍"予以驱逐。此外，贝尔纳还对克里克所言"阿波尔人有可能是基督徒的后裔"这一猜测提出质疑。前文述及，根据阿波尔人额头、下巴等处类似十字架形状的图案，克里克曾经判断他们可能是基督徒的后裔。从明波返回撒依克哈之后，贝尔纳在写给长上的信中对克里克的这一观点提出强烈质疑："阿波尔人如同其他人根本没有（基督）宗教（信仰），以他们某些人额头上的符号为据（就说他们是基督徒的后裔），我真的不认为这一观点可以经受住严格的考察，他们说他们自己对（基督）宗教一无所知，说他们曾经是基督徒是没有根据的，因为，没有其他任何宗教信仰的情况下，他们是不可能那么快就把父辈信仰的宗教丢得无影无踪。至于说他们额头上的标记，四条平行线几乎不能被称之为十字架，另外，他们当中很少有人有（这一标记），至于嘴唇上和下巴上的标记，因其数量众多及其不规则性，很难被认知为（基督）宗教标记，我认为这只是一种纹身。"[317]贝尔纳同样亲历阿波尔部族，对阿波尔人身上的图案有不同于克里克的解读，不排除一种情况的存在，即克里克根据阿波尔人身上的图案称他们当中有基督教信仰，是在牵强附会宗教界关于"喜马拉雅山脉一带生活有基督徒后裔"的传说。

---

315 A. M. E., vol.556, lettre de M. Bernard à M. Albrand, Dacca, le 29 juin 1855, p.750.

316 A. M. E., vol.556, lettre de M. Bernard à M. Albrand, Dacca, le 29 juin 1855, p.757.

317 A. M. E., vol.556, lettre de M. Bernard à M. Albrand, Dacca, le 29 juin 1855, p.757.

#### （四）离开阿萨姆前往大吉岭

1855 年 3 月，巴黎长上写信给贝尔纳，指示他再一次从阿萨姆前往僜人部落尝试进藏。同年 7 月 9 日，贝尔纳在回信中表达了他对由此路线进入中国西藏成功可能性的担忧："几天前，我收到了你们三月份的来信，……你们似乎打算（让我）再次尝试僜人部落的那条路，我完全准备听从你们的指令，去满足你们哪怕最小的愿望，但是，我很担心我们永远都不会成功地在阿萨姆打开一条通往我们亲爱的（西藏）传教会的路，这也是（东印度）公司（Compagnie——原文）所有官员的观点。"[318]同一封信中，贝尔纳提出前往大吉岭（Darjeling）："大吉岭，这是一个英国疗养地，……人们告诉我，有望在那里找到在我看来现在迫切所需的——一个我可以停留并学习藏语的村庄。"[319]

巴黎总部随后肯定了贝尔纳的上述观点，他们写信告诉他，说给他派去了一位新同仁，同时建议他同这位新同仁要一起避免太过冒失的尝试，他们认为，同力求进入中国西藏这一任务相比，为后来者们开辟一条可行的进藏道路更为重要。[320]面对 5 年多以来西藏传教会在南亚方向进藏活动事务上难于有所突破的被动局面，巴黎外方传教会不得不对这一方向的进藏计划做出调整，暂时放弃从阿萨姆挺进中国西藏的打算，决定另辟进藏道路，这反映在贝尔纳后来写给同仁的一封信中："在阿萨姆待了 5 年，我们从未能在那怕有一个西藏人的村庄立足，我还失去了两位同仁，克里克和布里先生，（他们）被一帮强盗杀死了，得知先生们的死讯，巴黎长上们命我撤出阿萨姆尝试另一条（进藏）道路……"[321]

## 二、新的进藏计划及喜马拉雅山脉南麓最后进藏活动的失败

### （一）新的进藏计划

克里克和布里被杀后，西藏传教会南藏一部只剩下了贝尔纳一位传教士。巴黎外方传教会因此新派一位名叫奥古斯特·德高丹（Auguste Desgodins，即

---

318 A. M. E., vol.556, lettre de M. Bernard aux directeurs du Séminaire des M.E.P., le 9 juillet 1855, p.697.

319 A. M. E., vol.556, lettre de M. Bernard aux directeurs du Séminaire des M.E.P., le 9 juillet 1855, p.696.

320 A. Launay, *Histoire de la Mission du Thibet,* tome 1, Paris: Les Indes Savantes, 2001, p.265.

321 A. M. E., vol.556, lettre de MM. Bernard et Desgodins à Mgr. Thomines Desmazures, le 21 avril 1858, p.1004.

丁德安）的传教士[322]前往印度。德高丹于 1855 年 7 月 18 日在法国勒阿弗尔（Le Havre）上船启程，于 1856 年 1 月 22 日到达加尔各答，与前来接应他的贝尔纳汇合后，二人一同前往大吉岭。[323]

在大吉岭，通过走访居留当地的英国政府官员和欧洲居民，两位传教士获得了不少关于从周边国家和地区进入中国西藏道路的相关信息，详细情况反映在德高丹于 1856 年 2 月写给巴黎长上的一封信中：

1. 经由锡金进藏。据贝尔纳和德高丹探知的信息，尼泊尔和不丹之间有一条路可以通往中国西藏，这条路的优势在于距离短、路况好，劣势在于这条路要经过锡金，而锡金王公很有可能会拒绝传教士们通过；离开大吉岭前往加尔各答接应德高丹之前，贝尔纳就已经写信给锡金王公，希望对方允许传教士们经过锡金前往中国西藏；返回大吉岭后，贝尔纳和德高丹准备再次写信给锡金王公，然后，一边等待答复，一边学习藏语。[324]

2. 经由尼泊尔进藏。这条路上的自然困难似乎不大，但是，由于尼泊尔与中国西藏之间正在发生战争，加尔各答政府通过法国领事请求贝尔纳与德高丹不要尝试走这条路进藏。[325]

3. 经由阿格拉东北部的西姆拉，穿过拉达克，到达中国西藏的最西端。优势在于，走这条路传教士们不会遭遇来自政府的抵制，而且这条路已经有好几位旅行家走过；劣势在于，这条路很艰险，并且会使传教士们大大地远离西藏传教会的中心——拉萨。[326]

4. 经由喀什米尔进藏。道路是畅通的，只是沿途很荒凉，而且非常遥远。[327]

---

322 奥古斯特·德高丹（DESGODINS, Auguste），1826 年 10 月 16 日出生于法国墨兹（Meuse），1850 年 5 月 25 日晋铎，1854 年 9 月 25 日进入巴黎外方传教会，1855 年 7 月 15 日从法国出发前往中国西藏传教。参见 Notice bibliographique de Desgodins, Archives des Missionnaires des M.E.P., N.675.

323 A. M. E., vol.556, lettre de M. Desgodins aux directeurs du Séminaire des M.E.P., le 8 février 1856, p.725.

324 A. M. E., vol.556, lettre de M. Desgodins aux directeurs du Séminaire des M.E.P., le 8 février 1856, p.725.

325 A. M. E., vol.556, lettre de M. Desgodins aux directeurs du Séminaire des M.E.P., le 8 février 1856, p.726.

326 A. M. E., vol.556, lettre de M. Desgodins aux directeurs du Séminaire des M.E.P., le 8 février 1856, p.726.

327 A. M. E., vol.556, lettre de M. Desgodins aux directeurs du Séminaire des M.E.P., le 8 février 1856, p.726.

5. **经由缅甸进藏**。缅甸国王曾向巴黎外方传教会驻香港总务处当家神父李博表示，他愿意出资护送西藏传教会的传教士们经由缅甸进藏，但是，考虑到他们当前的任务是"由印进藏"，贝尔纳和德高丹不准备选择这条路线。[328]

在以上诸线路当中，贝尔纳和德高丹首选经由锡金进藏的路线，他们表示："我们将向锡金王公再次提出恳求，我们将通过各种途径努力使这位小王子接纳我们；幸运的话我们将能够让他明白我们既不是英国人，也不是任何一个政府的外交官；如果我们被断然拒绝，我们将考虑前往西姆拉亲自探索那里的道路。"[329]

## （二）喜马拉雅山脉南麓最后的进藏活动

### 1. 锡金、尼泊尔的进藏活动

要想从锡金进入西藏，首先要进入锡金。但是，锡金国王（Rajah du Sikim）于1857年1月写信正式答复贝尔纳和德高丹，拒绝了他们进入锡金的请求。尽管一再辩解自己不是英国人，贝尔纳和德高丹还是一如既往地被当做了英国间谍，从而无法打开锡金的大门。[330]贝尔纳向巴黎长上们汇报："1856年德高丹在大吉岭同我汇合，我们在那里做了近一年徒劳的尝试，锡金政府与英国政府的糟糕关系不允许任何一个欧洲人进入（锡金）这个国家。"[331]

贝尔纳和德高丹又寄希望于尼泊尔。他们向当时同在大吉岭的英国官员胡格森以及尼泊尔国王的兄弟询问进入尼泊尔的可能性。胡格森答复说，尼泊尔与英国人之间有一个协议，据此协议英国侨民可以进入尼泊尔，但是尼泊尔不大可能会同意贝尔纳与德高丹进入尼泊尔，因为他们是法国人；而尼泊尔国王的兄弟则直接回绝了这一请求，并且拒绝给出理由和解释。[332]。

### 2. **经由拉达克进藏——南亚方向最后的进藏活动**

考虑到经由锡金和尼泊尔进藏无望，巴黎总部的长上们接受阿格拉传教

---

328 A. M. E., vol.556, lettre de M. Desgodins aux directeurs du Séminaire des M.E.P., le 8 février 1856, p.726.

329 A. M. E., vol.556, lettre de M. Desgodins aux directeurs du Séminaire des M.E.P., le 8 février 1856, p.727.

330 A. Launay, *Histoire de la Mission du Thibet, t*ome 1, Paris: Les Indes Savantes, 2001, p.267.

331 A. M. E., vol.556, lettre de MM. Bernard et Desgodins à Mgr. Thomines Desmazures, le 21 avril 1858, p.1004.

332 A. Launay, *Histoire de la Mission du Thibet, t*ome 1, Paris: Les Indes Savantes, 2001, p.267.

会神父摩尔莫（Mermes）的建议，命贝尔纳和德高丹放弃大吉岭，前往拉达克。[333]两位传教士于 1857 年 1 月 26 日离开大吉岭，出发前往拉达克；途中于 1857 年 5 月 5 日行至阿格拉，受阻于当地爆发的印度人起义，直到 10 月 21 日才得以离开，于 11 月 10 日到达西姆拉，12 月 10 日离开西姆拉继续向前行，于 1858 年 1 月 6 日到达拉达克一个叫 Chini[334]的地方。[335]

贝尔纳和德高丹在 Chini 收到一些重要信件，分别写自巴黎外方四川传教会主教马伯乐、巴黎外方传教会驻香港总务处当家神父李博以及巴黎总部的长上。通过这些信件他们得知，西藏传教会第一位宗座代牧主教——杜多明（Thomine Desmazures）已经于 1857 年 5 月到任，同时，这位新上任的主教要求贝尔纳和德高丹放弃南亚方向的进藏尝试活动。[336]在 1857 年 10 月 5 日写给巴黎长上阿尔布朗（Albrand）的一封信中，西藏传教会主教杜多明透露了他从印度撤出西藏传教会传教士的原因："克里克和布里（进藏）尝试的糟糕结局带来了坏处，让（中国）军警（police，指清廷驻藏官兵——译者）更加活跃更加多疑，再加上之前古伯察、秦噶哔以及罗勒拿的被捕，据说打箭炉的官府至今仍然保留着这位同仁（即罗勒拿——译者）的画像。因此，我写信给阿萨姆的先生们（指贝尔纳和德高丹——译者），请求他们不要再做任何进藏尝试，他们为进入（中国）西藏而向三个边境政府（指锡金、尼泊尔和拉达克——译者）所做的官方申请及措施，必然会被西藏（地方）政府知道，这会大大增加我们的（进藏）困难。"[337]

多方来信转达同一指示，特别是巴黎总部的长上们也来信命贝尔纳和德高丹必须立即离开印度前往中国四川。这意味着，巴黎总部站在了新上任的西藏传教会主教杜多明这一侧，同意完全放弃南亚方向的进藏计划。八年的艰苦尝试即将付之东流，贝尔纳不能接受这样的结果。为请求上级改变这一决定，同意他们继续在南亚一侧尝试进藏，贝尔纳于 1858 年 4 月 21 日写信给巴黎

---

333 A. M. E., vol.556, lettre de MM. Bernard et Desgodins à Mgr. Thomines Desmazures, le 21 avril 1858, p.1005.

334 据贝尔纳的一封信讲，Chini 是拉达克的一个小村庄。参见 A. M. E., vol.556, lettre de M. Bernard à Mgr. Thomines Desmazures, le 13 Mai 1858, p.1032.

335 A. M. E., vol.556, lettre de M. Bernard à M Chamaison, le 19 février 1858.

336 A. M. E., vol.556, lettre de MM. Bernard et Desgodins à Mgr. Thomines Desmazures, le 21 avril 1858, p.998.

337 A. M. E., vol.556, lettre de Mgr. Thomines Desmazures à M. Albrand, le 5 octobre 1857, p.852.

外方西藏传教会主教杜多明，陈述他和德高丹现在所处的拉达克地区对于进藏的有利条件：

（1）拉达克对法国传教士们非常友好。贝尔纳称，他和德高丹现在处在一个友好的地方，拉达克的居民是单纯的农耕者，没有粗暴对待他们，相反还显示出对他们的恭敬，贝尔纳"相信很快就可以视他们为朋友"。[338]

（2）拉达克已经是藏区。贝尔纳称，他们现在所在的地区完全属于藏区，风俗、宗教以及语言如同中国西藏中部一样；他还听说，拉达克当地有数不清的喇嘛和活佛，或者散布在整个地区，或者共同生活在大喇嘛寺当中，而且当地可能有同拉萨一样的大型图书馆；贝尔纳丝毫不怀疑这些图书馆对他们将是开放的，"如同 20 年前它们向年轻的匈牙利人克勒斯·乔玛开放一样，他在那里完成了他的藏文语法书和词典"；贝尔纳称他和德高丹所在的地方离乔玛进行了几年学习的卡纳木（Kanam）只有两天的路程，将没有什么能够阻挡他们到乔玛待过的同一所喇嘛寺当中落脚。[339]

（3）拉达克地区与印度平原和中国西藏之间有相对便利的交通。从平原到中国西藏有一条英国政府修的道路，载重的牲畜走这条路并不太费劲；另外，东印度公司的官员们还会修另一条很好的道路，"在上面人们将可以驱车前行，同平原以及从平原到法国的交通很便利，最多 14 天或者 15 天我们就可以收到从加尔各答来的信件……"。[340]

（4）拉达克当地生活资源丰富。当地的农业、牧业及水果物产丰富，"葡萄树生长良好，在那里可以制作葡萄酒，这一点对于一个传教会来说恐怕不容小觑。"[341]贝尔纳此话意在指出，拉达克当地盛产的葡萄酒可以给传教会提供足量的弥撒用酒。

（5）阿格拉传教会还可以将当地邻近中国西藏的地区划归巴黎外方传教会。贝尔纳称："所有我们走过的地区以及其他很多地方都属于阿格拉宗座代牧区，我确信它（指阿格拉宗座代牧区——译者）不会不愿意至少将邻近（中

---

338 A. M. E., vol.556, lettre de MM. Bernard et Desgodins à Mgr. Thomines Desmazures, le 21 avril 1858, p.999.

339 A. M. E., vol.556, lettre de MM. Bernard et Desgodins à Mgr. Thomines Desmazures, le 21 avril 1858, p.1000.

340 A. M. E., vol.556, lettre de MM. Bernard et Desgodins à Mgr. Thomines Desmazures, le 21 avril 1858, p.1002.

341 A. M. E., vol.556, lettre de MM. Bernard et Desgodins à Mgr. Thomines Desmazures, le 21 avril 1858, p.1003.

国）西藏的一些地盘划分出来（给我们传教会）。"[342]

在贝尔纳看来，唯一对他们不利的积雪也不是不可克服的困难："至今，我们只发现唯一的一个困难，就是在三个月当中，我们全方位被积雪所困，但是这只是周期性的，我们知道它们什么时候开始，什么时候结束，没有什么能够阻止（我们）采取针对性的措施。"[343]

贝尔纳在信中还向杜多明讲述了他们的行动计划："我们决定前往三四天路程开外的地方，那时我们就已经到达（中国）西藏（边境），不是在边境的另一侧，据说中国政府不会让我们通过（边境），但是已经完全是在边境上了，那里我们认为没有人敢找我们的麻烦，如果万一有这种情况发生，我们只用几个小时就可以到达英国人的地盘上。……我们希望，在边境上一个有喇嘛寺的村庄，租用或者购买一块足够建一座我们的小房子的地块，在那里，一开始就找几个孩子来，在上帝的帮助下教化他们，同时我们自己也学习当地的语言和风俗。我们所能预见的没有什么是对这一计划不利的，这就是我们能承诺的，安全、自由……我们可以承诺成功……。"[344]在信件的末尾，贝尔纳意味深长地说："主教大人，以上就是我认为承上帝之命需要让您了解的，在放弃这些在我们看来好像首次出现了成功机会的地区之前，在我们投入到这一事业当中8年以来……"。[345]

### 卡纳木

写给杜多明主教的信发出几天后，贝尔纳和德高丹于1858年4月23日离开Chini前往卡纳木。之前，贝尔纳对卡纳木充满了期望，认为它是西藏传教会的希望所在，他说："卡纳木，好几年以来我所有心愿向往的福地；卡纳木，克勒斯·乔玛学习过藏语的地方，他编写他的（藏文）语法书和字典的地方；卡纳木，如同拉萨在（中国西藏）中部一样，是（中国西藏）西部的佛教之都。那里的一切都是（中国）西藏的，有人对我说，我应该可以在那里找到（中国）西藏最大的喇嘛庙之一以及一个佛教机构（藏书）最丰

342 A. M. E., vol.556, lettre de MM. Bernard et Desgodins à Mgr. Thomines Desmazures, le 21 avril 1858, p.1006.

343 A. M. E., vol.556, lettre de MM. Bernard et Desgodins à Mgr. Thomines Desmazures, le 21 avril 1858, p.1003.

344 A. M. E., vol.556, lettre de MM. Bernard et Desgodins à Mgr. Thomines Desmazures, le 21 avril 1858, pp.1000-1001.

345 A. M. E., vol.556, lettre de MM. Bernard et Desgodins à Mgr. Thomines Desmazures, le 21 avril 1858, p.1007.

富的图书馆之一。如果我们能够到达那里，我在印度平原上就反复念叨过，我认为我们的传教会就会最终得以建立。"[346]到达卡纳木之后，现实却令贝尔纳大失所望，他说："不得不承认，卡纳木和其他地方一样让我们感到沮丧，首先当地居民根本不讲藏语，他们懂（藏语），却只在同不会讲他们语言的人交谈时才使用（藏语）；（那里）的确有一个喇嘛庙，住有三十个左右的喇嘛，似乎他们经营的世俗事务等同于，甚至少于宗教事务，设施简陋并且非常肮脏。喇嘛们对我们一点都不亲切，他们的长上对我们没有表现出丝毫的热情……喇嘛们并不愿意让我们看他们的图书馆，我在晚上设法进入里面……我没能看见书，通过对两个据说是装书的柜子体积的判断，藏书的数量远远低于我们所听说的。显然卡纳木不能给我们提供任何优势，应该再向前行。"[347]

此时，德高丹不再同意贝尔纳继续前行的提议，他认为继续前行不仅违背上级的指令，而且是徒劳无益之举，因此他选择听从杜多明主教的命令，打算离开贝尔纳返回印度平原，继而从中国东南沿海潜往内地以同那里的西藏传教会传教士们汇合。[348]德高丹离开后，贝尔纳继续向中国西藏边境进发，不久后再次接到巴黎外方传教会长上信件，命他立即放弃南亚方向的一切进藏活动；他最终选择了服从，经由西姆拉返回孟加拉。[349]后来贝尔纳并没有前往中国，而是以健康状况不佳为由请求并被获准加入缅甸传教会，从此彻底告别他服务了九年多的西藏传教会。[350]

# 小　结

随着德高丹离开印度前往中国四川以及贝尔纳加入缅甸传教会，巴黎外方西藏传教会暂时停止了在南亚方向的一切进藏尝试活动。从 1849 年拉班、

---

346 A. M. E., vol.556, lettre de M. Bernard aux directeurs du Séminaire des M.E.P., le 7 Mai 1858, p.1017.

347 A. M. E., vol.556, lettre de M. Bernard aux directeurs du Séminaire des M.E.P., le 7 Mai 1858, pp.1017-1018.

348 A. Launay, *Histoire de la Mission du Thibet,* tome 1, Paris: Les Indes Savantes, 2001, p.280.

349 A. Launay, *Histoire de la Mission du Thibet,* tome 1, Paris: Les Indes Savantes, 2001, pp.280-282.

350 A. Launay, *Histoire de la Mission du Thibet,* tome 1, Paris: Les Indes Savantes, 2001, p.282.

贝尔纳和克里克离开法国前往印度阿萨姆邦，到 1858 年贝尔纳和德高丹离
开印度，巴黎外方西藏传教会的传教士们用了九年多的时间试图从南亚方向
进入中国西藏。他们沿喜马拉雅山脉南麓、从东部的阿萨姆到西部的拉达克，
开展了数次艰苦的进藏活动。期间，尽管巴黎总部和南亚方向的传教士们一
再调整进藏方案，直至后来不再期望直接前往中国西藏拉萨传教，他们依然
未能进入中国西藏，甚至没有达到在中国西藏外围的边缘地带落脚的目标。
期间，首领拉班不堪进藏任务重负临阵脱逃，克里克和布里在进藏途中命丧
僭人之手，剩下的两名传教士贝尔纳和德高丹最终也不得不接受上级的命令
撤离印度。自此，可以说巴黎外方西藏传教会南亚方向的进藏尝试活动均以
失败而告终。这一失败结局究其根源，在于当时喜马拉雅山脉南麓地带土著
部族及中国西藏地方官民对西方企图入藏势力的强烈抵制，也再度证明了近
代西方宗教势力进入中国西藏实施宗教归化徒劳无功之实。

# 第六章　云南方向的进藏活动

　　前文述及，巴黎外方西藏传教会在喜马拉雅山脉南麓方向的进藏活动开展得如火如荼。与此同时，在该会传教士罗勒拿的主持之下，中国内地的进藏活动也得以再度开启。再次开展进藏活动，罗勒拿将先行前往清政府驻防稍显松弛的滇西北藏区，以在最大程度上避免被清廷官兵再次查捕。1852 年，从广东潜至云南后，罗勒拿从位于滇西北的大理出发，一路向西向北，横跨奔流在横断山脉之间的澜沧江、怒江，最终成功进入西藏东南部察隅一带。受巴黎总部调整进藏传教策略的影响，进入西藏地界的罗勒拿未继续向西藏首府拉萨进发，而是在察隅门空崩卡地方购置土地、建造房屋并秘密开展传教活动，以期建成巴黎外方西藏传教会在中国西藏的第一个传教堂口。

## 第一节　进藏活动前的准备

### 一、落脚点准备

　　前文述及，鉴于西藏传教会传教士们不能马上进入中国西藏到达拉萨，为使他们能够落脚近藏地带，以为之后开展进藏活动做准备，巴黎外方传教会总部请求罗马教廷赋予这些传教士们在川滇藏交界地区开展传教活动的权力。这样做的目的是，为西藏传教会的传教士们在川滇藏交界地带谋求一个进藏之前的落脚点。1851 年 9 月 17 日，传信部谕令："在确定属于未来拉萨宗座代牧区的地域内，出征（进藏）的首领及其助手可以使用（你们请求的）这些权力，直到（拉萨）宗座代牧主教就职……在属于四川、云南代牧区的地域内，他（指进藏传教士——译者）只能在突发情况下使用这些权力，除非他方便向上述传教会（指四川、云南传教会——译者）的宗座代牧主教们请求准许。如果他有必要长时间在上述地域内逗留并为当地的教徒主持圣事，就必须就此向上述宗座代牧主教们（指四川、云南代牧主教——译者）请求准许或者向传信部求助。"[1]自此，巴黎外方西藏传教会的传教士有条件地获得了在川滇藏区进行传教活动的权力。巴黎外方传教会随后开始着手挑选由中国内地再次开展进藏活动的传教士。

## 二、人事准备

罗勒拿一直抱有高涨的进藏传教热忱，并且在首次进藏过程中积累了宝贵的实战经验，从这个角度上来说，罗勒拿应当是从中国内地再次尝试进藏传教士之最佳人选。尽管如此，巴黎总部却并不急于决定派遣罗勒拿再次进藏。一方面，他们让罗勒拿留在广东代牧区工作以待命，另一方面则开始在其他传教士当中物色从中国内地开展进藏活动的合适人选。他们考虑过一位在缅甸传教的、热爱旅行的传教士巴尔博（Barbe），还考虑过云南代牧区的两位传教士肖沃（Chauveau，即后来西藏传教会第二任主教丁盛荣）和余佑（Huot），最终却都不了了之。[2]其中原因不得而知。

在派遣罗勒拿再次进藏事宜上，巴黎总部表现出的犹豫不决与四川主教马伯乐对罗勒拿的排斥态度有很大关系。这反映在巴黎总部于 1852 年 3 月 21 日写给罗勒拿的一封信中："我们久闻您的传教热忱，如果说在谨慎方面还不尽人意的话，时间和经验会使您获得（谨慎的经验），我们对您做如此评价的根据是四川就您的第一次（进藏）尝试提供给我们的信息。"[3]这位向巴黎总部提供"罗勒拿不够谨慎"信息的正是巴黎外方四川传教会主教马伯乐。马伯乐一直以来都反对天主教会在当时重返中国西藏传教，当初他派遣罗勒拿进藏是迫于教会上层的压力不得已而为之。看到冒然向西藏腹心拉萨突进的罗勒拿如他所料被清廷逮捕并驱逐，马伯乐写信回巴黎总部，严厉指责罗

1　A. M. E., vol.256, p.618 et P.624. In A. Launay, *Histoire de la Mission du Thibet*, tome 1, Paris: Les Indes Savantes, 2001, p.105.

2　A. Launay, *Histoire de la Mission du Thibet*, tome 1, Paris: Les Indes Savantes, 2001, p.105.

3　A. M. E., vol.556A, lettre des directeurs du Séminaire des M.E.P. à M. Renou , le 21 Mars 1852, p.347.

勒拿的进藏活动是"一种真正的疯狂，一种鲁莽，一种抗命"。[4]马伯乐是巴黎外方四川传教会的代牧主教，他对罗勒拿的负面评价在很大程度上左右着巴黎总部对罗勒拿的信任程度，也使得巴黎总部对再次派遣罗勒拿进藏持犹豫不决的态度。

巴黎总部在重启从中国内地进藏计划的时间和传教士人选方面一直举棋不定，直到罗勒拿被遣返广州近三年之后的 1851 年，巴黎外方香港总务处当家神父李博托其助理姆尼库（Mounicou）转告罗勒拿，称如果罗勒拿想返回自己"魂牵梦绕的地方（即中国西藏——译者）"，李博可以派他前往中国西藏并会为此承担一切责任。[5]这让罗勒拿一时陷入矛盾之中。在他看来，再次进藏的指令应该直接由巴黎总部下达给他，而不是出自一位当家神父之口；并且，与这一指令同时到达的，还应该有执行这一任务相应的一系列权力；他因此回绝了李博神父，表示将按照巴黎总部之前的指令继续留在广东代牧区工作。[6]

不过，罗勒拿很快就改变了主意，他决定接受李博的建议重启进藏尝试活动。他在写给巴黎总部的一封信中就此做了如下解释："最终，考虑到李博先生再惯常不过的就是按照你们的指令行事，他向我做出如此重大的一项建议，他应当只是你们意图的传达者，你们不认为应该直接通知我，当是出于某种不为我所知的原因；另外，考虑到我的心一直向往这片我愿意传播基督之名的土地（指中国西藏——译者），看着我的日子在广东传教会毫无用处地流逝，我认为我不能再拖延接受李博先生的建议了。"[7]其实，妨碍巴黎总部直接向罗勒拿下达进藏指令的仍然是四川主教马伯乐。1846 年，罗马教皇将拉萨宗座代牧区教务委托给巴黎外方传教会经营，当时指定由巴黎外方四川主教马伯乐代为筹划西藏教务。然而，马、罗二人的关系却在罗勒拿首次进藏尝试活动的失败后彻底决裂。在此情况下，巴黎总部既无法调和马伯乐与罗勒拿之间的矛盾，说服马伯乐再次派遣罗勒拿进藏，也不能无视马伯乐的存在，直接向罗勒拿下达进藏命令，当是出于此种原因，才不得不选择由距离广东代牧区最近的当家神父李博来向罗勒拿传达进藏指令。

---

4　A. M. E., vol.556, M. Renou aux directeurs du Séminaire des M.E.P. Hong-Kong, le 29 août 1849, p.51.

5　A. M. E., vol.556A, M. Renou aux directeurs du Séminaire des M.E.P., p.185.

6　A. M. E., vol.556A, M. Renou aux directeurs du Séminaire des M.E.P., p.185.

7　A. M. E., vol.556A, M. Renou aux directeurs du Séminaire des M.E.P., p.186.

罗勒拿庆幸李博尚未改变主意，在他看来，有了当家神父的支持，他便可以拥有到达中国西藏所需要的一切物质条件；当然，着手创建一个传教会，只有物质支持是不够的，罗勒拿因此请求巴黎总部和罗马教廷授予他到西藏传教的宗教权力。[8]罗勒拿于 1851 年 12 月 1 日离开广州，以期潜回中国西南地区，从那里的四川或者云南再次尝试前往西藏拉萨传教。

## 第二节　罗勒拿离粤赴滇

### 一、离开广州前往重庆

实际上，1851 年底离开广州之前，罗勒拿就已经基本确定此次进藏活动将放弃川藏线，改由云南入藏。罗勒拿做此选择的首要原因是，考虑到清廷在滇藏一侧的驻防较为松弛，这条路线更安全，其次是因为那里更靠近印度阿萨姆邦，有可能同在南亚一带活动的传教同仁们取得联系。罗勒拿在写给巴黎总部的信中说："根据我所获得的有关当地的信息，汉官在西藏南部一个驿站都没有，因此，这一次我将从那里开始。这条路将使我靠近阿萨姆，谁知道我不会找到途径与（阿萨姆）我的同仁们取得联系呢？我将首先前往云南，在那里找到一条（通往西藏）南部的路，即使（路）不好走却至少是安全的。"[9]此时，西藏传教会另外一位传教士肖法日（Fage）[10]寄居云南已有三年之久，他正那里等待着罗勒拿前来汇合。

罗勒拿于 1851 年 12 月 1 日离开广州，经过 80 多天的长途跋涉，于 1852 年 2 月到达重庆（Tchông-Kin），他随即前往拜访了在当地主持教务的巴黎外方传教会神父范若瑟（Desflèches）。

### 二、四川代牧副主教范若瑟对西藏传教会的支持

范若瑟不是一位普通传教士，而是当时四川传教会的副主教，领衔西尼特（Mgr. Sinite），其主要工作为协助马伯乐主教管理当时四川省的传教活动。与

---

8　A. M. E., vol.556A, M. Renou aux directeurs du Séminaire des M.E.P., p.186.

9　A. M. E., vol.556A, M. Renou aux directeurs du Séminaire des M.E.P., p.188.

10　肖法日原本由巴黎总会派往中国以加入新成立的西藏传教会。他于 1847 年 8 月 1 日离开法国，到达香港时，恰逢罗勒拿在察木多被捕。在与罗勒拿汇合的计划搁浅后，肖法日便被暂时转派云南代牧区。参见 A. Launay, *Histoire de la Mission du Thibet,* tome 1, Paris: Les Indes Savante, 2001, p.203.

马伯乐主教一贯谨慎保守的传教风格不同，范若瑟属于当时对天主教传华持积极乐观态度一派。1846 年 3 月 27 日，罗马教廷谕令设立包括中国西藏拉萨、中国贵州、高丽（Corée 今朝鲜半岛——笔者注）、日本在内的四个宗座代牧区，与马伯乐就此所表现出的谨慎态度相比，范若瑟对教廷此举非常赞同。1846 年 11 月，他就此写信给巴黎外方传教会的长上们，信中说："这一新的计划（指罗马教廷设立四个宗座代牧区的计划——译者），如果得以实施，将对我们（传教会）的传教事业带来巨大好处。"[11]紧接着，信中他针对贵州和拉萨两个新设宗座代牧区提出了一项意见：建议将川东归入贵州代牧区，将川南归入拉萨代牧区，他的理由是："如果这些代牧区不做如此规划，会给拉萨宗座代牧主教带来非常大的不便，（致使他）在好几年之内都不能有所作为。比如说，西藏宗座代牧主教到哪里落脚呢？他在哪里接收他（新到来）的传教士们呢？他又到哪里去找能够给他提供传教和洗礼等（宗教）活动服务的人手呢？一些汉人神甫将对他非常有用，谁又能让与（一些汉人神甫给）他呢？对于贵州也是一样的。"[12]范若瑟积极为新设立的拉萨代牧区的建设出谋划策，这同马伯乐对同一事务的消极态度形成了鲜明对比。

在西藏传教会由滇进藏计划的筹谋和实施过程中，范若瑟对该会的支持也得以充分地体现。在罗勒拿尚未从广州启程之前，范若瑟就曾写信给巴黎外方云南代牧区主教袁蒲索（又名袁棚索，即菲洛迈利 Phlomélis 主教），建议后者支持西藏传教会在云南一侧开展进藏活动。[13]罗勒拿于 1852 年 2 月到达重庆（Tchông-Kin）后，范若瑟建议他不要在重庆做太长时间逗留，而是立即启程前往云南大理（Ta-li），因为据他所知，每年四月都会有大量藏民前往那里参加一个传统大集市（la grande Foire），范主教认为这是一个不容错过的同藏民取得联系的好机会。[14]此外，由滇进藏计划开启之际，西藏传教会的另外一位传教士肖法日也曾得到范若瑟不少的帮助。肖法日，全名让·夏尔·法日（M. Jean-Charles Fage），1824 年 10 月 6 日生于法国科雷兹省的拉蒂涅克（Ladignac de Corrèze），1845 年 8 月 16 月进入巴黎外方传教会，1847 年 5 月 29 日晋铎，

11 A. Launay, *Histoire de la Mission du Thibet,* tome 1, Paris: Les Indes Savante, 2001, p.176.

12 A. Launay, *Histoire de la Mission du Thibet,* tome 1, Paris: Les Indes Savante, 2001, p.176.

13 A. M. E., vol.556A, Fage à Mgr. Desflèches, le 21 novembre 1851, Longky, p.231.

14 A. M. E., vol.556A, Renou à M. Libois , le 28 février 1852, pp.243-245.

同年9月从法国出发，计划前往中国西藏传教；到达中国之际，恰逢清政府刚刚将擅闯西藏的罗勒拿逮捕，鉴于在当时进藏的不可能性，肖法日不得不暂时潜伏在袁蒲索管辖的云南代牧区内活动。[15]在中国内地进藏计划重启之际，滞留云南代牧区的肖法日希望能够早日离开云南进藏传教，不料云南主教袁蒲索以传教人手不够为由加以阻碍；为此，范若瑟曾多次写信给袁蒲索从中斡旋。[16]肖法日在写给范若瑟的信中这样表达他对范若瑟的感激："我对您怀有无穷的感激。您精打细算利用一切出现的机会，都要就我亲爱的西藏传教会给我写上至少几行。如果我们最终能够出现在这个依然完全置身于撒旦控制之下的可怜的地区（指中国西藏——译者），您可以因曾经贡献其中而感到自豪，更何况这（成功）依赖于您；并且，如果我们不把大部分的辛苦和祈祷归功于您，我们将是非常地忘恩负义。"[17]从此，对罗勒拿和肖法日在云南一侧即将开启的进藏活动，范若瑟更加密切关注并予以鼎力支持。

## 第三节　由滇赴藏活动准备

### 一、罗勒拿一行在云南藏区的活动

#### （一）区域知识的构建与交通路线的基本确定

在一封1852年7月8日写给巴黎总部的信中，罗勒拿告知长上们，他已经于1852年4月末到达云南大理。在那里他不仅成功与肖法日汇合，还遇见了一些前来大理参加集市的藏民商贩以及一些来大理附近鸡足山（la montagne aux pieds de Poule——原文）朝圣的藏民。[18]从这些商贩和藏民口中，罗勒拿打探到了一些关于滇西北藏区的信息。罗勒拿描述这一地区："南接云南（汉地），东邻四川（藏区），……在澜沧江以西，它与西藏接壤。占据此地的部族当中最大的是藏民部族，服饰、语言、宗教、风俗均为藏式。此地域的南部有其他部族，如摩梭（Mo-so/Moso）、傈僳（Li-sou/Lyssou）、民家（Min-kia，今天的白族——译者）等，语言风俗各异。（此地宗教中）红教喇嘛占主导，黄

---

15 A. Launay, *Histoire de la Mission du Thibet,* tome 1, Paris: Les Indes Savantes, 2001, p.204.

16 A. M. E., vol.556A, Fage à Mgr. Desflèches, le 21 novembre 1851, Longky, p.231.

17 A. M. E., vol.556A, Fage à Mgr. Desflèches, le 10 juillet 1852，Longky, p.267.

18 A. M. E., vol.556A, Renou aux directeurs du Séminaire des M.E.P., le 8 juilllet 1852, p.257.

教喇嘛也有一些寺院并在民众当中有不小的威望。"罗勒拿称："根据同藏商们的交谈，对于我来说很容易（在这一地域上）获得一个路线图，或者前往拉萨，或者与我第一次旅行的路线汇合（然后再前往拉萨）。"[19]可以看出，在了解相关信息后，罗勒拿已基本上确定从大理先行前往毗邻西藏东南部的滇西北藏区，但是，尚不能确定之后是从这一地域寻找一条路直接前往拉萨，还是前往滇藏线和川藏线交汇的地方，然后再循着川藏线前往拉萨。罗勒拿此时所表现出的犹豫，与他对这一地区的了解尚不够深入有关。

　　随着获得的信息日渐丰富，在随后写给范若瑟的一封信中，罗勒拿对这一地带做了更为详细的描述："据说，这一地区有两个行政中心，东面是中甸（Tchong-tien），……在丽江（Likiang）以北，……西面是维西（Ouisi），在丽江西北，（维西）城位于金沙江和澜沧江之间……人们正是经由维西从云南前往拉萨，在我刚刚提到的那两条河之间走大约10天的时间，然后跨过澜沧江，进入西藏；从维西向北走8天的时间，一直在澜沧江和金沙江之间，就会到达阿墩子（A-Ten-Tsé，今云南德钦——译者），隶属维西，这是非常核心的一个商业桥梁，从那里经由巴塘、理塘可以很容易到达打箭炉……（到达）北部的南墩（Lan-ten）、察雅（Tchaya）、察木多以及拉萨……。"[20]从地理位置上来看，这一地区南接云南，向西跨过澜沧江可直接进入西藏辖地，向北可经由理塘、巴塘到达打箭炉，进而经由察雅、察木多前往拉萨；在未来是连接西藏传教会与四川、云南传教会乃至于欧洲的关键区域。随着地域认识的不断深入，罗勒拿对丽江以北的维西、中甸及阿墩子一带产生了强烈的兴趣。

　　尽管罗勒拿的进藏计划此时依然依托在两条路线之上，但是，出于躲避进藏沿途清廷驻守官兵盘查的考虑，罗勒拿已经开始表现出他更倾向于这两条路线中前一条路线。对此，他说："尽管从维西到澜沧江的路上（也）有一些士兵把守，（但是）警戒似乎比四川一侧要松弛些，出了维西就不再有文官（mandarins civils），剩余的路上只有一些小级别的武官（petits mandarins militaires）。"[21]

　　为了谨慎起见，罗勒拿此次并未冒然前往他"想占据的区域"，而是派遣两位仆人先行出发探路。这两位仆人此番前往探路，不仅为西藏传教会在金沙

19　A. M. E., vol.556, Renou aux directeurs du Séminaire des M.E.P., le 8 juilllet 1852, p.305.

20　A. M. E., vol.556A, Renou à Mgr. Desflèches, le 12 juillet 1852, p.284.

21　A. M. E., vol.556A, Renou à Mgr. Desflèches, le 12 juillet 1852, pp.284-285.

江西岸一个叫拉普（Lapou）的村庄购买了一间房屋，在返回之际，还将出售该房屋的主人带回来为他们充当日后的翻译和向导。[22]罗勒拿非常兴奋，他就此向巴黎长上们汇报："先生们，你们很容易明白，这一小小的开端给我们带来了何等喜悦，我们终于可以希望西藏传教会在云南边境上可以有一个安全的落脚点了，……从那里我们可以很容易与外界联系，并可以经由一些看起来没有四川那么危险的道路，一步步进入西藏腹地（到达拉萨）……"。[23]

## （二）以经商名义开启进藏活动

1852 年 7 月 8 日的信中，罗勒拿告诉巴黎的长上们，自己将在 9 月份启程，开启西藏传教会云南一侧的进藏尝试活动。在此之前，派去探路的人已经在拉普购买了房屋。1852 年 9 月 22 日，罗勒拿化装成商人，与两位传道员、一位基督徒商人以及那位答应做他们向导和翻译的拉普人，带着准备好的一部分商品，离开大理向拉普进发。[24]罗勒拿一行的计划是先到拉普落脚并在那里开展一定的藏语学习。

从大理出发 11 天后，罗勒拿一行顺利到达拉普。到达后，罗勒拿却并没有按照原计划在此落脚，而是决定离开。在 1852 年 12 月 3 日写给巴黎长上的信中，罗勒拿就其中原因做了如下解释："住下来会产生一些我经济状况不允许的花费，并且不确定这里将来是否会属于西藏传教会。我无望找到一个能够教授我（藏文）书籍的老师，尽管村庄的首领对我很好，较长时间的逗留对于现在来说似乎不太谨慎。"[25]可见出于经济及藏语学习上的考虑，也是出于谨慎，罗勒拿一行最终决定离开拉普前往阿墩子。

## （三）东竹林寺学习藏语

从拉普到阿墩子有 9 天的路程，行进至第 6 天时，罗勒拿一行来到一座"驻有 500 位喇嘛"的喇嘛寺院——东竹林寺（Tong-tchou-lin）。据罗勒拿在 12 月 3 日写给巴黎长上的信中所言，这一寺庙的活佛同意教授罗勒拿藏语口

---

22 A. M. E., vol.556, Renou aux directeurs du Séminaire des M.E.P., le 8 juillet 1852, pp.305-306.

23 A. M. E., vol.556, Renou aux directeurs du Séminaire des M.E.P., le 8 juilllet 1852, p.306.

24 A. M. E., vol.556, Renou aux directeurs du Séminaire des M.E.P., le 8 juilllet 1852, p.310.

25 A. M. E., vol.556, Renou aux directeurs du Séminaire des M.E.P., le 8 juilllet 1852, p.310.

语和书面语，交换条件是罗勒拿将自己随身携带的一枚望远镜赠送给他；罗勒拿因此做出决定，自己和一位传道员留在东竹林寺学习藏语，另外两人则继续去往阿墩子，一边出售商品，一边打探他们进藏活动所需要的信息。[26]

　　一直以来，罗勒拿都强调藏语学习的重要性，也一直在寻找学习藏语的好机会。他对这位活佛藏语老师评价很高："直到现在，我都未曾遇到过真正的藏语老师，因为之前教我的那些人，要么是不懂（藏文）书面语言，要么就是只懂一点点皮毛，以至于他们写给我的藏语错误百出。这一次，我遇见了一位真正的藏语老师。他的藏文语法很棒，对古典书籍也非常了解，这在当地极其少见。"[27]在东竹林寺，罗勒拿不仅学习了藏文语法，还同他的活佛老师一起翻译了一本藏文字典。在此期间，罗勒拿言称，他与喇嘛寺所有的首领都和谐相处，所有人都不知道他到底是谁，都没有想到他刻苦学习藏语的目的是为了"摧毁他们（指藏民——译者）的无知和迷信"。[28]

## 二、向巴黎总部的几点请求

### （一）请求将维西、中甸和阿墩子三地划为西藏传教会的传教区域

　　此时，在云南大理附近传教的一位巴黎外方云南传教会传教士肖沃（Chauveau，后来的西藏传教会第二任主教丁盛荣）提醒罗勒拿，西藏传教会与云南传教会之间迟早会出现传教属地管辖争议。[29]肖沃的这一提醒不是没有道理。尽管维西、中甸及阿墩子辖区内生活有不少藏民，但是从行政区划上来看，这一区域隶属于云南管辖，而非西藏。按照教会内部的约定俗成，该地域内的传教权当属于先期来到这里开展传教活动的巴黎外方云南传教会。西藏传教会作为后来者，如若想在这一区域内"合法"传教，必须首先向罗马教廷提出相关申请。因此，罗勒拿请求巴黎总部代为向罗马教廷申请确定西藏传教会在云南一侧的边界，将云南宗座代牧区内的中甸、维西和阿墩子三地划归西藏传教会。对此，罗勒拿给出了两点理由：1. 虽然从行政区划上来看，这一区

26 A. M. E., vol.556, Renou aux directeurs du Séminaire des M.E.P., le 8 juilllet 1852, p.311.

27 A. M. E., vol.556, Renou aux directeurs du Séminaire des M.E.P., le 8 juilllet 1852, p.311.

28 A. M. E., vol.556, Renou aux directeurs du Séminaire des M.E.P., le 8 juilllet 1852, p.312.

29 A. M. E., vol.556, Renou aux directeurs du Séminaire des M.E.P., le 8 juilllet 1852, p.306.

域不属于拉萨政府管辖，但是该地区的居民包含有大量的藏民，当地的语言文化也主要是以藏语言和藏文化为主；2. 这三个隶属云南行政管辖的地方如同隶属四川行政管辖的理塘、巴塘及明正土司（即打箭炉——笔者注）等地一样，对于西藏传教会来说都非常重要，是该传教会与四川、云南以及拉萨等地之间来往的交通枢纽。[30]

肖法日亦持相同观点，与罗勒拿向巴黎总部提出申请有所不同，他转而求助四川副主教范若瑟，希望后者能够帮助他和罗勒拿实现将维西、中甸和阿墩子划归西藏传教会的目标。1852 年 7 月 12 日，肖法日写信给范若瑟，告知对方他已经到达"藏民朝圣者众多"的云南省西北部，在同一些藏民朝圣者长时间交流之后，他与罗勒拿达成共识，认为非常有必要将维西、中甸和阿墩子三地划归西藏传教会，信中他说："所有的人都断言，中甸、维西和阿墩子是云南和西藏之间（交通）的枢纽。这三个地区，对于我们最具重要性……位于云南境内。如果菲洛迈利主教（云南主教袁蒲索——译者）知道这一点，我认为极有可能他会主张（云南教区）对这三个地区的管辖权，效仿希望将四川教务深入西藏的马格祖拉主教[31]。而且，如果维西、中甸和阿墩子归云南（教区），后果是什么呢？我认为进入西藏，已经那么困难的，将几乎成为不可能。"[32]很显然，肖法日担心云南代牧主教袁蒲索会效仿四川主教马伯乐反对西藏传教会进藏传教，继而把控住对西藏传教会很重要的维西、中甸和阿墩子三地，那对西藏传教会将会产生非常不利的影响。

肖法日还认为，退一步，即使西藏传教会的传教士们能够进入西藏并到达拉萨，不占据上述三个滇藏之间的交通枢纽，他们将无法与外界联络，因为无论是现在的云南代牧主教袁蒲索还是之后有可能继任的肖沃，出于维护本教会利益的"自私本性"，他们都不会帮助西藏传教会，他说："肖沃成为（云南）代牧主教的情况下，我们可能也不能对他有较之于其前任（指袁浦索——译者）更多的期待，自私还没有完全得以从这些被虫蛀了的脑袋中消除，每个人首先想到的是自己。因此，西藏传教会必须依靠自己而非别人，我认为，应当

---

30 A. M. E., vol.556, Renou aux directeurs du Séminaire des M.E.P., le 8 juillet 1852, p.307.

31 罗勒拿曾经多次表示希望将位于四川上川南的雅州（今四川雅安）、打箭炉（今四川康定）等四川藏区划归西藏传教会，马伯乐对此一直持拒绝态度，罗勒拿和肖法日可能将马伯乐的拒绝认为是他也想插手西藏教务。

32 A. M. E., vol.556A, Fage à Mgr. Desflèches, le 12 juillet 1852, pp.316-317.

将她（即西藏传教会——译者）的管辖范围扩展至汉地边界（即扩展至汉人集聚区域——译者）……"[33]

## （二）请求对西藏传教会传教士去除经商禁令

罗勒拿一行在滇藏的活动最终还是不可避免地引起了当地官府的警觉，此时，商人的身份暂时对他们起到了保护作用。罗勒拿在写给巴黎总部长上们的信中说："我（派出去）的那两个人从阿墩子返回了，我们被（官府）当做了商人，……阿墩子的汉官宣称，那些前来拜访我的士兵是由他们派来调查我的。……他们最开始认为我是云南总督暗中派来的一位汉官。我的人在阿墩子从事的小生意让人们以为我是来当地立足的商人。"[34]在罗勒拿看来，正是商人的身份使得他的处境转危为安，成功通过了汉官的检查。罗勒拿还在随后写给四川副主教范若瑟的信中也表达了同样的想法。他对范若瑟说："我们来到当地，不可避免地引起了中国官府的注意。他们知道我在学习藏语并研究藏语书籍，这尤其使他们惊讶。他们派了一些间谍来调查我。要不是我的人做的一些小生意掩饰了我来到当地的（真正）目的，我都不知道在我身上会发生什么。"[35]这促使罗勒拿想进一步强化其商人的身份，以最大限度上避免被清廷官府查捕的危险。但是，当时天主教会禁止传教士们从事经商活动，罗勒拿的打算同这一规定之间相互抵触。为此，罗勒拿请求巴黎总部代向罗马教廷提出申请，请求对西藏传教会的传教士们去除经商禁令，他说："这里有一个困难可能需要你们请求罗马解除。我们将十分困难进入（中国西藏），除非以商人的身份，但是商人要有一些商品，因此，我们不得不做点小买卖……"。[36]罗勒拿解释说："这不是对神父们禁止的真正意义上的商业活动，因为这只是一个借口。然而为了更加安全，我希望你们请求罗马（对西藏传教会传教士）免除（经商禁令），如果这对于方便我们进入（中国西藏）地区内部成为必须的话。"[37]罗勒拿请求被准许经商，这不仅仅是为了更容易进入西藏，同时也是为了更好地立足西藏，他说："一些商品（对于西藏传教会来说）是必需的，甚至当

33　A. M. E., vol.556A, Fage à Mgr. Desflèches, le 12 juillet 1852, p.317.

34　A. M. E., vol.556, Renou aux directeurs du Séminaire des M.E.P., le 8 juilllet 1852, p.314.

35　A. M. E., vol.556A, Renou à Mgr. Desflèches le 4 décembret 1852, p.321.

36　A. M. E., vol.556, Renou aux directeurs du Séminaire des M.E.P., le 8 juilllet 1852, p.309.

37　A. M. E., vol.556, Renou aux directeurs du Séminaire des M.E.P., le 8 juilllet 1852, p.309.

我们毫无被驱逐的危险立足当地之时，因为在西藏，大部分生活必需品的购买都是通过物物交换。这是一个新的理由，（请）允许传教士们将他们的一部分盘缠换成商品，否则他们会经常陷入困境之中。"[38]为此，罗勒拿迫切希望教会上层能够针对西藏传教会的传教士们去除经商禁令。

### （三）请求加大对西藏传教会传教资金及人手的投入

考虑到商人的身份对进藏传教活动存在诸多有利之处，罗勒拿请求巴黎总部提供资金，支持他在阿墩子开一家店铺。他表示，如若不能得到总部及时的资金支持，他们将被迫终止此次进藏活动，暂时撤退以等待更好的进藏时机，他说："如果我有足够的资金，可以使我们在附近地区所有商人都要去的大理集市上以及其后在阿墩子开设的店铺里看起来像大商人，我就能非常安宁地待在这里，思虑一些前往拉萨的方法……这使得我们需要 500 到 600 两白银，要是没有这笔钱，……我就必须撤退。"[39]在此基础之上，罗勒拿进一步请求全面增加对西藏传教会传教资金的投入，他表示："这（指进藏传教活动——译者）是一个我们目前尚不能考虑实施的计划，不知道你们如何决定西藏（传教会）的命运，（我们）没有资金，因为我们仅限于我们有限的盘缠，这对于这样的远征（指前往西藏拉萨传教——译者）严重不足。"[40]同时，罗勒拿还请求增派传教士加入西藏传教会："不知道你们是否会派来其他的传教士，是时候派来（新的传教士）了，如果传教活动最终要开展的话。如果你们要派遣（传教士）的话，我希望（这些传教士）强壮、勇敢、正直，并且擅长学习一门需要他们像学习中文一样深入学习的语言（即藏语——译者），鉴于要翻译一些解释宗教的著作。"[41]

## 三、撤回黄家坪

### （一）杳无回音

罗勒拿在 1852 年 7 月 8 日以及 12 月 3 日的信中，向巴黎总部提出将云

---

38 A. M. E., vol.556, Renou aux directeurs du Séminaire des M.E.P., le 8 juilllet 1852, p.309.
39 A. M. E., vol.556, Renou aux directeurs du Séminaire des M.E.P., le 8 juilllet 1852, p.314.
40 A. M. E., vol.556, Renou aux directeurs du Séminaire des M.E.P., le 8 juilllet 1852, p.309.
41 A. M. E., vol.556, Renou aux directeurs du Séminaire des M.E.P., le 8 juilllet 1852, p.309.

南代牧区管辖教务的维西、中甸及阿墩子划给西藏传教会、允许西藏传教会传教士经商、寄送资金支持他在阿墩子开设店铺、增加传教资金及人手等请求。之后，罗勒拿继续待在东竹林寺，一边学习藏语一边等待教会上层的回复。他的基督徒仆人们则以商人的身份继续到周边地区活动，在出售商品的同时，打探一些关于西藏的信息。但是，直到1852年年底，罗勒拿都未收到来自巴黎方面的任何回复。罗勒拿为此而焦灼不堪。

范若瑟曾于1852年9月23日给罗勒拿写信，提醒他要耐心等待罗马和巴黎的回复。信中称："不要太过期望巴黎的来信，什么都不会，如同我之前说过的那样，在1853年5月（最早——原文）之前被决定……为了避免等待中的失望，请预先想到罗马的决定（有可能）会同我们1854年的信使在（1854年）4月份一起到达重庆。耐心、耐心、耐心……"。[42]此外，在西藏传教会接收不到来自欧洲资金支持的情况下，范若瑟答应罗勒拿将尽力提供他们所需要的一切资金；同时，范若瑟希望罗勒拿和肖法日为他保守秘密，他说："只是我希望你们保守秘密，甚至是对云南，至少在（资金）数量上；在你们写给四川的信中什么话都不要说。马格祖拉主教不支持西藏传教会，他要是感觉到我在与他对着干，就会将我打入反对阵营，你们很清楚（这一点）。"[43]不同于四川和云南两个代牧主教对西藏传教会的不支持，范若瑟称会尽其所能给罗勒拿和肖法日提供支持和帮助："我请求你们注意我写给你们的信中，……我对你们以同仁相待，而不是以一种我本来就没有的优越感。你们是同仁，处于贫困当中的（同仁），（我们）隶属于同一个传教修会，正是这一原因促使我与你们保持联系，激励我帮助你们，用我权限范围内的所有资源。"[44]在同一封信中，范若瑟嘱托罗勒拿和肖法日在收到欧洲的答复之前不要急于进藏："这一（回复）迟到是坏事儿吗？可能不是。善良的主可能是想让你们不要首先去翻越那些荒无人烟的山脉，而是在你们周围有汉藏混血甚至是纯粹的藏民地带开展传教活动。我认为，如果停留在这个区域，你们在一年之后能归化两到三个家庭，（这样的话）你们就算是为西藏传教会做出了很大的贡献……"。[45]

似乎是因为太过急于收到欧洲的回复，罗勒拿就此不断地写信向范若瑟询问。1853年3月28日，范若瑟再次写信劝诫罗勒拿，建议他在耐心等待罗

42 A. M. E., vol.556A, Mgr. Desflèches à Renou et Fage, le 23 septembre 1852, p.297.
43 A. M. E., vol.556A, Mgr. Desflèches à Renou et Fage, le 23 septembre 1852, p.297.
44 A. M. E., vol.556A, Mgr. Desflèches à Renou et Fage, le 23 septembre 1852, p.297.
45 A. M. E., vol.556A, Mgr. Desflèches à Renou et Fage, le 23 septembre 1852, p.297.

马的回复的同时，先在云南代牧区内开展一定的传教活动："你们知道在罗马事务的处理不是法国式的，会有延误……这种情况下，应该要等待那些必须的文件，直到 1854 年 5 月信使们的到达。我对你们讲这些，是为了让你们有耐心，而不是每一天都处在一种持续的、艰难的期盼之中。在上述期限之前，不要一听到犬吠就以为是罗马的谕令到达，也不要再向天际张望，……总之，耐心！先在菲洛迈利主教所辖的藏区内做一些有用的事……"。[46]

前文述及，巴黎总部早已对进藏方案作出调整，基本上放弃了直接前往中国西藏首府拉萨开展传教活动的目标，范若瑟劝说罗勒拿和肖法日不要急于进入西藏，而是考虑先待在云南藏区开展一定的传教活动，可见范若瑟对教会长上们的进藏方案调整非常赞同。但是，上文可见，在"由滇进藏"活动开启之后，罗勒拿写给教会的信中依然是在谋划如何前往西藏拉萨，这让范若瑟甚是担心，他写信提醒罗勒拿不要冒然前往拉萨，罗勒拿回信安抚范若瑟说："请阁下放下对我前往拉萨的担心。在内心深处，我的确希望看到有一天我能到达那里，但是我认为时机尚未成熟。……我将努力遵从朋友们的一致建议，首先在汉藏边界建立一个稳固的据点，之后从那里前往（西藏）地区内部。"[47]由此可见，当时不仅只有巴黎总部已经意识到直接前往拉萨传教的不可能性，包括罗勒拿、范若瑟等在内的多位传教士均已经完全意识到这一点，由此可见，当时的巴黎外方传教会内部自上而下正在逐步达成一种共识：西藏传教会的传教士们要首先在汉藏交界处落脚建堂并开展传教活动，之后再择机前往西藏首府拉萨开展传教活动。

但是，由于欧洲路途遥远，再加上当时通讯条件的种种限制，巴黎总部写给罗勒拿的回信迟迟未被送达。罗勒拿曾向巴黎总部这样表达他的无奈："有几封来自欧洲的信，但是我没有找到哪一封是写自你们（指巴黎长上们——译者）的。（你们的）这一沉默折磨着我并使我惊讶，尤其是因为我给你们写了好几封信，或者在之前，或者在我离开广州后，任何一个（你们的）回复都还没有到达我这里。"[48]

## （二）撤回黄家坪

在对欧洲回信的漫长等待期间，罗勒拿在东竹林寺学习藏语的活动开始

46 A. M. E., vol.556A, Mgr. Desflèches à Renou et Fage, le 28 Mars 1853, p.356.

47 A. M. E., vol.556A, Renou à Mgr. Desflèches, le 12 février 1853, p.345.

48 A. M. E., vol.556, Renou aux directeurs du Séminaire des M.E.P., le 15 février 1854, p.503.

日渐引起周边汉官的警觉："我的（藏语）学习就这样一直持续到 11 月中旬。在 500 位喇嘛当中，他们一直对我表现出令我满意的尊重。那些一直与我相安无事的汉官们看在眼中。然而，这些汉官对我还是表现出了许多担忧。他们弄不明白我学习藏语书籍的热情。这对于他们来说显得尤为惊讶，尽管（他们）遇到过许多藏语讲得好的汉人，却没有一个会去学习阅读藏语书籍，因为他们认为这对于经商毫无用处。"[49]当地开始出现许多关于罗勒拿身份的传言，有的人担心罗勒拿是广西叛乱分子（当指太平天国起义军——笔者注）派来为推翻当前政府做秘密准备的人，又有人说罗勒拿是一位负有秘密使命的高级汉官，好几拨士兵被派来观察罗勒拿，汉官们也开始陆续前来拜访他。[50]

当地汉官的警觉让罗勒拿很是害怕。在此情况下，为了转移汉官们的注意力，也为了同大理的传教同仁们商议对策，罗勒拿认为有必要终止他此番在东竹林寺的藏语学习，返回云南大理附近的黄家坪。对此，他这样解释说："我在喇嘛寺中度过已有一年之久，持续地致力于（藏文）语言学习，终于我可以相当容易地（用藏语）表达关于宗教（指天主教——译者）的主要观点和想法，我达到了将自己关在活佛的房子里所设定的目标。……我看到他们（指汉官——译者）一直对我如此延长在当地的逗留而感到焦虑。另外，我也需要再次见到我的同仁们，以就我所处困境向他们征询建议。"[51]因此，罗勒拿于 1852 年 12 月 18 日撤回大理黄家坪，暂时终止了他"由滇入藏"的首次进藏活动。

不过，在东竹林寺学习藏语期间，随着与周边汉藏民众交流的不断深入，罗勒拿的进藏方向更加趋于清晰具体："就在我（在东竹林寺）学习藏语期间，我不放过任何一个从汉民和藏民那里深入了解我所需要的关于藏地信息的机会。根据我打探到的所有信息，确定从澜沧江向西走一天的路程，便可以进入西藏地界。"[52]罗勒拿非常确定这一地区完全位于西藏地界之上："（这一地区）绝对在任何汉官管辖之外，无论是四川（汉官）还是云南（汉官），所有的土官均直接率属于拉萨，只向它（指拉萨政府——译者）纳税。这个地区……由

49 A. M. E., vol.556, Renou aux directeurs du Séminaire des M.E.P., le 15 février 1854, p.501.

50 A. M. E., vol.556, Renou aux directeurs du Séminaire des M.E.P., le 15 février 1854, p.501.

51 A. M. E., vol.556, Renou aux directeurs du Séminaire des M.E.P., le 15 février 1854, p.504.

52 A. M. E., vol.556, Renou aux directeurs du Séminaire des M.E.P., le 15 février 1854, p.502.

一些拉萨直接派来的官员管辖，（这些官员）三年一轮值。"[53]此外，罗勒拿还进一步了解到，该地区主要是北面的察洪（Tsarong，今西藏察隅县察瓦弄乡一带）和南面的察隅（Dza-u，今西藏察隅县一带）；并且，从察隅出发很快就可以到达印度的阿萨姆邦。[54]

# 第四节　进入西藏建立崩卡教点

## 一、进藏前的准备

### （一）巴黎的回复

#### 1. "商人"身份的允准以及巴黎总部对罗勒拿的任命和嘱托

巴黎总部于 1853 年 3 月 21 日同一天给罗勒拿写了两封信，主要是针对罗勒拿之前提出的逐项请求作出答复。这些回信于 1854 年 1 月才到达罗勒拿手中，比范若瑟估计的 4、5 月份的到达时间提前了三到四个月。其中一封由当时的巴黎外方传教会神修院院长巴朗（Barran）署名。在这封信中，巴朗以巴黎总部的口吻告诉罗勒拿，他提出的做"小买卖"（petit commerce）的要求，如果仅仅是作为西藏传教会进入西藏的有效手段的话，就不会在罗马遇到任何驳斥，一旦巴黎总部接到罗马的许可通知，就会立即将之转寄给罗勒拿。[55]除此之外，巴朗在信中告知罗勒拿，称他已经于 1851 年被罗马教皇任命为西藏宗座监牧（Préfet Apostolique du Thibet），由他领导西藏传教会"从云南进入西藏的远征"（l'expédition du Thibet par Iunnan），即从云南一侧开展进藏活动。[56]尽管巴朗在信中指出，对罗勒拿的这一任命是出于巴黎总部的信任以及圣座的期待，但是，他同时也表达了对罗勒拿"热忱有余、谨慎不足"的担忧。巴朗说："我们久闻您的传教热忱，如果说谨慎方面不太

53　A. M. E., vol.556, Renou aux directeurs du Séminaire des M.E.P., le 15 février 1854, p.502.

54　A. M. E., vol.556, Renou aux directeurs du Séminaire des M.E.P., le 15 février 1854, p.502.

55　A. M. E., vol.556A, le directeur du Séminaire des M.E.P. Barran à Renou, le 21 Mars 1853, pp.348. 1853 年 6 月 23 日，巴黎总部将罗马关于这一请求的批准文书寄给罗勒拿。参见 A. M. E., vol.556A, le directeur du Séminaire des M.E.P. Barran à Renou, le 23 juin 1853, p.393.

56　A. M. E., vol.556A, le directeur du Séminaire des M.E.P. Barran à Renou, le 21 Mars 1853, p.347.

尽如人意，时间和经验会造就之。我们提请您注意这一点，主要是依据您第一次（进藏）尝试后四川（主教马伯乐）传递过来的信息……您和我们必须确保您投入到这一事业当中去的谨慎。要知道，亲爱的同仁，慢慢地前进胜过急速的倒退，奠定坚实的基础去一点一点建设一个堂口胜过冒失的尝试，（后者）能引起一时的轰动，之后的失败却可能将（进藏的）道路封锁一个世纪。"[57]因此，巴朗在信中要求罗勒拿在集思广益的基础上谨慎行事，他说："让我来很好地建议您，亲爱的同仁，您应该与您可敬的使徒同仁（指肖法日——译者）在思想和行动上保持完美的一致。当你们之间有不同见解之时，将天主放在你们中间，双方都相信他并请求他（帮助决定）；你们还可以尽量借助于肖沃主教和余佑神父的建议，让人和物都服务于（进藏活动）尝试的谨慎，以更好地完成她（指进藏活动——译者）。"[58]之前进藏活动中遭遇的种种挫败使巴黎总部在进藏活动策略部署上不得不慎之又慎。

另一封写给罗勒拿的信也是以巴黎总部的名义发出，由当时的长上之一勒格雷鲁瓦（Legrégeois）执笔，信中要求罗勒拿在进藏活动上不仅要谨慎，还要集思广益，切忌独断专行：

先生及亲爱的同仁：

上一个邮包当中接到的您于（1852 年）7 月 8 日的来信，我们赶忙回复您，无需告诉您我们对您（进藏）尝试的成功抱有最强烈的兴趣。天主愿意给予您必需的谨慎和智慧，以（使您）很好地引领她（指进藏活动——译者）。我们希望您不辜负我们在这一点上对您的信任，并且，在您与肖法日协商之前不要做任何重要的决定，因为您只是以一种临时的方式作为行动的首领并负责权力的转达，除此之外，面对（进藏活动）这样一件重大事务，尤其是在其开端之际，周围才智出众之人多多益善。

我们将向罗马教廷请求允许你们借助一种小买卖来方便你们进入（中国）西藏并与当地人之间进行联系。正是出于此种目的，我们授权李博先生寄给您 300 皮阿斯特（Piaste），这笔钱，加上您从西尼特主教（即范若瑟——译者）处领取的那些钱，将作为你们（做

---

57 A. M. E., vol.556A, le directeur du Séminaire des M.E.P. Barran à Renou, le 21 Mars 1853, p.349.

58 A. M. E., vol.556A, le directeur du Séminaire des M.E.P. Barran à Renou, le 21 Mars 1853, pp.348.

小生意）的小资本，由您同肖法日先生共同支配。

随信附上权力文书，请您转交给肖法日先生。

先生及亲爱的同仁，请接受我们恭敬的、忠心的情感！

勒格雷鲁瓦[59]

## 2. 扩大西藏传教会传教区域问题的搁置及其原因

在 1852 年 7 月 8 日写自大理的信中，罗勒拿曾提出请求，希望巴黎和罗马将原本属于云南传教会的中甸、维西及阿墩子三地划归西藏传教会传教势力范围。在这之后的 1852 年 12 月 3 日，罗勒拿在东竹林寺再次写信向巴黎总部提出同样的要求。巴黎总部于 1853 年 10 月 19 日的回信当中，明确回绝了罗勒拿的这一要求。信中称："不要以任何一种方式操心你们（西藏）传教会的边界，……边界的问题，如果有一天我们必须关注它，也只能是当（进藏传教）事业开始运行并且稳定下来（的时候）"[60]因为"现在（进藏传教活动）情况尚未完全明确，要解决她（即解决传教边界问题——译者），将会引发一堆目前尚未出现的困难，并且会为一些对于目前来说一点儿都不重要的事务消耗本可以更好利用的时间。"[61]巴黎总部提醒罗勒拿："你只需要关注你们努力的目标，即在中间地带（即川滇藏交界地带——译者）为我们的圣教建立一个据点，以此作为你们到达西藏的阶梯。……请相信到时候，基于各方的好意，她（指传教边界问题——译者）会非常容易解决。"[62]

其实，罗勒拿可能有所不知，虽然巴黎总部没有答应将西藏传教会传教势力范围扩大至川滇藏区，但是，早在 1851 年，巴黎总部就曾筹谋以使西藏传教会的传教士们获得在川滇藏区开展传教活动的权力。当时，由于"担心来自马格祖拉主教（即马伯乐——译者）的拒绝"，巴黎总部便向罗马教廷直接提出申请，请求赋予西藏传教会传教士们在川滇藏区开展传教活动的权力。[63]1851 年 9 月 17 日，传信部作出答复，部分批准了巴黎外方传教会上述请求："在确定未来属于拉萨宗座代牧区的区域内，进藏活动的首领及其传教士们可以持续地使用其传教权力，直到管理他们的宗座代牧就任为止；在属于四川

59 A. M. E., vol.556A, le Conseil des M.E.P. à Renou, le 21 Mars 1853, pp.351-352.
60 A. M. E., vol.556A, le Conseil des M.E.P. à Renou, le 19 octobre 1853, p.423.
61 A. M. E., vol.556A, le Conseil des M.E.P. à Renou, le 19 octobre 1853, p.423.
62 A. M. E., vol.556A, le Conseil des M.E.P. à Renou, le 19 octobre 1853, p.423.
63 A. M. E., vol.256, M. Legrégeois au Saint-Père, 31 août 1851. In A. Launay, *Histoire de la Mission du Thibet* Tome 1, Paris: Les Indes Savantes, 2001, p.104.

和云南代牧区的地域内，传教士只能在偶然情况下开展传教活动；如果传教士长时间待在属于四川和云南代牧区的地域内并为信徒们主持圣事，就必须向上述宗座代牧征得同意或者求助于教廷圣部。"[64]在巴黎总部看来，鉴于四川主教马伯乐和云南主教袁鹏索对进藏传教一贯持有的不支持态度，当时提出将位于滇藏之维西、中甸及阿墩子三地划入拉萨宗座代牧区，这一要求是不现实的也是不可行的，必然会遭到以四川主教马伯乐为首的反对进藏传教一派的抵制，会给西藏传教会引来一堆原本并不存在的麻烦和困难。

### （二）范若瑟的嘱托

1854 年 1 月，巴黎总部写自 1853 年 3 月 21 日的两封信终于被送达罗勒拿手上，同时到达的还有传信部于 1851 年 9 月 17 日签发的一纸谕令，允许西藏传教会限制性地拥有在川、滇藏区传教的权力，此外还有两张文书，赋予罗勒拿和肖法日开展传教活动的权力。[65]收到巴黎总部的上述回信，并得知自己被任命为西藏宗座监牧，罗勒拿感到非常欣慰，表示会继续全力以赴开展进藏活动，他说："这些信，一直将我与西藏传教会联系在一起，的确，先生们，（这些信）极大地宽慰了我的内心。但是，她们（信件——译者）交给我的任务是那么的艰巨，以至于，我在阅读她们时唯一的强烈感觉，就是害怕辜负你们对我的信任，然而，确信上帝不会抛弃完全寄希望于他的那些弱者，我将全力以赴开始一项圣座和你们如此惦念的事业（即进藏传教事业——译者）。"[66]

得知罗马教廷授权西藏传教会传教士可以限制性地在川滇藏区传教，并且罗勒拿已经被任命为西藏宗座监牧，范若瑟于 1853 年 10 月 1 日写信向罗勒拿和肖法日表示祝贺："终于，你们的手脚被放开了，你们没有什么障碍了，这比以前强，可以希望未来还会给你们带来其他令人期待的安排，以发展你们亲爱的（西藏）传教会；亲爱的罗勒拿晋级了，他现在是宗座监牧了！这会让你们两个都感到自在……"。[67]尽管如此，范若瑟不忘提醒罗勒拿和肖法日，不要被乐观形势冲昏头脑继而冒然前往拉萨，他说："你们被赋予的这一'周游世界'的自由，不能让我改变'你们的行动要有边界'的观点。在我看来，

---

64 A. M. E., vol.556I, Décret de la Propagande, le 17 septembre 1851, p.3.

65 A. M. E., vol.556, Renou aux directeurs du Séminaire des M.E.P., le 15 février 1854, p.503.

66 A. M. E., vol.556, Renou aux directeurs du Séminaire des M.E.P., le 15 février 1854, p.503.

67 A. M. E., vol.556A, Mgr. Desflèches à Renou et Fage, le 1er octobre 1853, p.411.

（目前）没有什么迫使（你们直接）前往拉萨，甚至不要靠近它，……最好是在你们周围开展归化工作，在新教徒当中培养虔诚的、良好的传道员，替你们深入（西藏）腹地传播福音，归化几个可以接纳你们的家庭。这样一个阶梯一个阶梯地，步步为营，将西藏传教会的传教士们带入拉萨，到时候对于他们来说，在那里（即在拉萨——译者）扎根将容易得多。这些不是我个人的观点，我所遇见的同我谈及西藏（传教会）的同仁们都持这一观点。"[68]罗勒拿表示完全赞同范若瑟的观点，他回复说："阁下似乎总是在担心看到我们会一下子跑到拉萨。如果天主再给我 10 年 20 年的时间，我会抱有希望有一天漫步在这座佛教之都（指拉萨——译者），但是（现在）马上跑到那里去，那丝毫不在我的计划之中。"[69]至此，罗勒拿已经完全放弃了直接前往西藏首府拉萨传教的打算，决定在滇、藏交界之处寻找一个合适的地点落脚开展传教活动，以为之后前往西藏首府拉萨传教做准备。

## （三）最终进藏方案的确定

前文述及，考虑到当时直接前往西藏首府拉萨的巨大困难，巴黎总部要求罗勒拿首先在滇藏交界地带建立一个稳固的堂口，作为日后深入西藏腹地的跳板。罗勒拿决定听从上级的指示去建设这样一个堂口。在他看来，这个堂口应当是将来西藏传教会的传教士们与云南、四川以及欧洲之间保持联系的中转站，并且他们从那里可以深入西藏腹地。[70]关于该堂口选址，罗勒拿给出了两种方案：

1. 在云南藏区的中甸或者维西建设堂口。其优势在于，通过移入一些基督教家庭，西藏传教会很快就会建成一个落脚的堂口。[71]然而，罗勒拿坦言并不打算采取这种方案，因为"圣部会议将这一区域留给了云南传教会，或者至少非常值得怀疑的是，之后它会被划入拉萨宗座代牧区。"[72]罗勒拿认为，教廷的相关谕令决定了西藏传教会在维西或中甸创建的传教堂口只能是过渡性的，在一个位于云南教区内的过渡性堂口开展传教活动，西藏传教会的

---

68 A. M. E., vol.556A, Mgr. Desflèches à Renou et Fage, le 1er octobre 1853, pp.411-412.

69 A. M. E., vol.556A, Renou à Mgr. Desflèches, le 8 février 1854, p.490.

70 A. M. E., vol.556, Renou aux directeurs du Séminaire des M.E.P., le 15 février 1854, p.504.

71 A. M. E., vol.556, Renou aux directeurs du Séminaire des M.E.P., le 15 février 1854, p.504.

72 A. M. E., vol.556A, Renou aux directeurs du Séminaire des M.E.P., le 15 février 1854, p.522.

传教士们将是为云南代牧区而不是为拉萨代牧区工作，这是罗勒拿所不能接受的。[73]

2. 到位于怒江以西的西藏辖地内建设堂口。罗勒拿一行打算到一个"在（教务）管辖上不会产生任何争议的区域"去开展传教活动，这一区域"位于将澜沧江和潞子江（Lou-tsé-kiang，怒江——译者）隔开的那座高山的西边"。[74]罗勒拿说："那里有零星汉商，却没有一个汉官，所有的首领都直接隶属于拉萨政府管辖。"[75]罗勒拿在东竹林寺学习藏语期间曾探听到，位于澜沧江以西一天路程处的是西藏的察洪、察隅，罗勒拿这里提及的便是此地。[76]由此可见，鉴于当时深入中国西藏的种种困难，罗勒拿虽然已经放弃直接前往拉萨的打算，却不愿意在不确定属于西藏传教会的地盘上建堂传教，他认为这样做是在为其他代牧区做嫁衣，所以他坚持要首先进入中国西藏，然后再开展传教活动。罗勒拿最终决定先行前往怒江以西属于中国西藏管辖的察洪、察隅一带。

为了打消巴黎总部对传教士们安危的顾虑，罗勒拿解释说："我曾让人去探路，三位教徒已经去到过河的那边，根据他们的描述，他们到达的地方距离最近的藏寨只有四五天的时间……他们去了位居中间地带的 Lou-tsé（今怒族——译者）部族的一位首领家中，这位首领向他们保证，在他的保护之下，我们可以在当地到处走动而无危险；他甚至给我们提供了一间房子，我们愿意住多久都可以。"[77]谨慎起见，罗勒拿将先一步出发进藏，肖法日则留守后方，以待日后前来汇合："我们认为，最好我和肖法日不要同行。最终确定我将先一步行动，如果，在到达那位 Lou-tsé 首领那里之后，我发现可以继续前行直到察隅并可以在当地立足的话，我会马上派人去叫肖法日前来（汇合）。"[78]罗勒拿表示，这一进藏方案的确定并非只取决于他和肖法日两个人："做出这些决定，并不围于我们自己，肖沃和杜蒙（Dumont，当时负责黄家

73 A. M. E., vol.556A, Renou aux directeurs du Séminaire des M.E.P., le 15 février 1854, p.504.

74 A. M. E., vol.556A, Renou aux directeurs du Séminaire des M.E.P., le 15 février 1854, p.523.

75 A. M. E., vol.556A, Renou aux directeurs du Séminaire des M.E.P., le 15 février 1854, p.523.

76 A. M. E., vol.556, Renou aux directeurs du Séminaire des M.E.P., le 15 février 1854, p.502.

77 A. M. E., vol.556A, Renou aux directeurs du Séminaire des M.E.P., le 15 février 1854, p.505.

78 A. M. E., vol.556A, Renou aux directeurs du Séminaire des M.E.P., le 15 février 1854, p.505.

坪会口的方神父——译者）是我们的参谋，而且他们表示完全赞同这一计划。"[79]罗勒拿将天主教会重返中国西藏看成是一个"超出人类力量的事业"，他认为，在慎之又慎的情况下，此项事业的成功将只取决于上帝。[80]但是，此时的罗勒拿对此次进藏活动总体上还持较为乐观的态度，他在写给范若瑟的信中这样说："既然（罗马教廷将汉藏）混合地带（指川滇藏区——译者）留在了四川和云南代牧区内，这样也好，在我看来，为了避免由此产生任何争执，我们将走自己的路，直接到显然属于拉萨宗座代牧区的地域内去……我们将只针对藏民开展传教工作，一旦拥有一个落脚点，我们将马上可以设法获得一些（用于教养的）土著孩童……"。[81]

### （四）进藏路线的确定

有了 1847 年从四川冒然进藏失败的经历，此次由滇进藏活动开始后，罗勒拿一直遵从一个原则，即每去到一个地方去之前，都会先派人前往探路。结合向周围人探听到的信息以及探路人反馈回来的信息，罗勒拿得知有三种途径可以到达他们即将前往的察洪、察隅一带：

1. 从阿墩子出发的大路。这是去往察洪、察隅一带汉商经常走的一条路。这条路最大的不便就是，必须前往阿墩子的官府领护照上路，并且要在 ho-ri-tchou-ka 验照，这一护照只有在一套非常严格的审查手续之后才能发放，这对于一位欧洲人来说非常危险。[82]

2. 经过维西城的几条通道。在维西城附近有好几条通道，可以在没有护照的情况下通过，但是要走这几条通道就必须经过维西城，驻守城门的汉官关卡使这条路也不无危险。[83]

3. 位于维西辖区南面的通道。维西地界以南，有好几条便道可以通达察隅一带，而且不会遇到任何汉官。但是，走这条路就必须要经过 Lou-tsé 部族[84]居住的区域，这个部族"好抢劫"的恶名远扬，路过的人会冒被劫掠的

---

79 A. M. E., vol.556A, Renou aux directeurs du Séminaire des M.E.P., le 15 février 1854, p.505.

80 A. M. E., vol.556A, Renou aux directeurs du Séminaire des M.E.P., le 15 février 1854, p.505.

81 A. M. E., vol.556A, Renou à Mgr. Desflèches, le 8 février 1854, p.490.

82 A. M. E., vol.556, Renou aux directeurs du Séminaire des M.E.P., le 15 février 1854, p.502.

83 A. M. E., vol.556, Renou aux directeurs du Séminaire des M.E.P., le 15 février 1854, p.502.

84 罗勒拿后来得知这个所谓"野蛮、好劫掠"的"Lou-tsé 部族"其实是傈僳（Lyssous）

巨大风险。[85]

　　以上三条途径中，走第三条路虽然有被抢劫的危险，却可以使进藏传教士们几乎完全避开清朝官府的盘查，避免重蹈前次被捕的覆辙。权衡利弊，罗勒拿决定走第三条路线进藏。1854 年 2 月 8 日，罗勒拿在写给范若瑟的信中说："我派去澜沧江对岸探路的三个人回来已有 15 天了。如果他们的报告准确的话，从这里到澜沧江对岸他们到达的地方，既没有海关需要通过，也没有汉官和士兵（驻守）……需要翻越一座上面有许多盗贼（当指 Lou-tsé 部族的帮匪——译者）的高山，但是，我派去（探路）的人曾经在这些部落的首领家中住了好几天，他答应给我们几张安全通行证，借助它们我们可以安全通过，这条路最大的优势就是没有任何一个汉官（驻守），我打算走这条路，我几乎必须走这条路，为了找到一个完全独立于其他代牧区的栖身之地。"[86]在罗勒拿看来，胜利似乎已经在望，他非常乐观地对范若瑟说："如果能成功的话，我将会迈出一大步，我将会非常靠近云南以便与（那里的）同仁们保持联系，十分远离汉官而不必担心遭受他们的惊扰，没有（教区）管辖的争议，去（西藏地界内）建设一个堂口，或者为接待之后可能到来的新同仁，或者为接受（需要牧养的）孩童们。"[87]

　　虽然已经确定前往怒江以西的西藏辖地，罗勒拿依然对维西和中甸非常不舍，在他看来，这两个地区对于西藏传教会来说非常重要，他说："罗马的决定（即罗马搁置巴黎外方传教会将川滇藏区划归拉萨代牧区的请求——译者）有点打乱了我们在去年我居住过的那个地方（维西—中甸一带——译者）的计划。如果它们被划归西藏传教会，我们会给予它们最好的照料，视它们为这个传教会（西藏传教会——译者）的自然门户。现在我们不能再对之一视同仁，然而我会尽我最大努力使之不被完全抛弃，（它们）应当一直都是西藏传教会非常重要的地点，无论罗马今后在这一问题上再做出何种决定。"[88]罗勒拿关于维西—中甸地区之于西藏传教会重要性的分析似乎有先见之明，这一区域在后来被划归西藏传教会传教势力范围，成为该会在滇藏地带的传

　　部族。参见 A. M. E., vol.556, Renou aux directeurs du Séminaire des M.E.P., le 1er juilllet 1855, p.663.

85　A. M. E., vol.556, Renou aux directeurs du Séminaire des M.E.P., le 15 février 1854, p.503.

86　A. M. E., vol.556A, Renou à Mgr. Desflèches, le 8 février 1854, p.486.

87　A. M. E., vol.556A, Renou à Mgr. Desflèches, le 8 février 1854, p.486.

88　A. M. E., vol.556A, Renou à Mgr. Desflèches, le 8 février 1854, p.487.

教活动中心。

## 二、进藏沿途

### （一）出发

1854 年 2 月 27 日，在写给巴黎总部的信中，罗勒拿告诉巴朗，他打算在两天后上路，如果行程顺利的话，肖法日将在当年的复活节前后前往同他汇合；对于不让肖法日与他一同前往察洪、察隅的原因，罗勒拿再次作出解释："我们认为应该将我们分开（行动），以避免同时被抓捕的危险。如果这一不幸在我身上发生的话，至少还可以寄希望于我们当中留下来的那一个，继续你们交给我们的（进藏传教）任务。"[89]罗勒拿此次进藏活动确切的启程时间是 1854 年 3 月 4 日："仍然是商人的装扮……在 19 位一直要跟随我到达潞子江江畔（即怒江——译者）的基督徒们的陪伴下，3 月 4 日，我告别了肖法日，前往西藏地界以（在那里）等待他。"[90]很显然，罗勒拿此次进藏活动的目的地是位于中国西藏境内的潞子江畔。

### （二）迂回于澜沧江畔

#### 1. 到达澜沧江右岸

在离开黄家坪后的三天时间里，罗勒拿一行一直沿上一次前往东竹林寺的路线前进。第四天，他们离开这条路转而向西，翻越一座高山后到达兰州高原（le plateau élevé de Lan-tcheou，今云南丽江的兰坪），再沿着兰州河的一条支流前行，到达一个位于一座大山脚下名为 Ho-si-sun 的地方，在此处翻过这座高山，于 3 月 15 日到达澜沧江的左岸。在写给巴黎长上们的信中，罗勒拿这样描述他到达澜沧江江畔的情景："3 月 15 日，我们见到了湍急奔流的澜沧江。就是在这同一条河的岸边，六年前，我被汉官们捕获，在 Kiop-do（察木多，今西藏昌都——译者）小城。那里，两条小河交汇处建了这座城（指察木多——译者），（此城）由此得名 Kiop-do，即两河交汇处……这里（指罗勒拿一行现在所在之处——译者），水的深度和速度得以增加，（河流）在高耸的雪山之间穿行了 140 法里，使渡河（变得）尤为困难和危险。"[91]不难看出，六

---

89 A. M. E., vol.556A, Renou à Mgr. Desflèches, le 27 février 1854, p.523.

90 A. M. E., vol.556, Renou aux directeurs du Séminaire des M.E.P., le 1er juilllet 1855, p.659.

91 A. M. E., vol.556, Renou aux directeurs du Séminaire des M.E.P., le 1er juilllet 1855, p.660.

年前曾在澜沧江上游察木多被清廷逮捕并驱逐，这一遭遇使察木多给罗勒拿留下了深刻印象，也正是前次在察木多遭遇的进藏尝试失败使罗勒拿此次改由云南进藏，以避开严密驻守川藏线汉官的查捕。

由于之前派去探路的人已经接洽好当地的一位土著首领，到达澜沧江左岸后，在这位首领的帮助下，罗勒拿一行乘小船从澜沧江左岸渡到右岸的永昌府（Yen-tchouan，今云南保山）。[92]永昌府位于将澜沧江和潞子江分隔开的山脉脚下。为了尽快远离滇藏边界的汉官，罗勒拿一行原本打算于永昌翻越澜沧江和潞子江之间的高山，再跨越潞子江到达藏地。[93]但是这一计划的实施遇到了困难。除大雪封山不能翻越之外，当地人告诫罗勒拿，在永昌翻山会遭遇山脉西麓"非常野蛮的"傈僳人（Lyssous）的劫掠，非死即被俘为奴，就连那位给罗勒拿提供帮助的土著首领都表示，不敢让他们在此处翻山。[94]这位首领建议罗勒拿留在当地经商，他确信罗勒拿一行就是商人。对此，罗勒拿不无自豪地说："一直以来他都将我们当成是商人，不知道我们追寻的真正财富是世界上最宝贵的'心灵的救赎'。"[95]

罗勒拿最终决定放弃于永昌城翻山的计划，决定另外寻找其他合适的翻山地点。根据在东竹林寺学习藏语期间打探到的信息，罗勒拿知道沿澜沧江逆流而上很快便会遇到一些藏寨，他甚至知道云南商人沿这一方向前往西藏所走的那些主要道路的名称，但是，由于这些干道被清兵严控把守，只允许持有护照的人通行，而这正是罗勒拿一行的软肋所在；在此情况下，罗勒拿只有考虑走一些能够翻山的小路；然而比较糟糕的是，罗勒拿只知道存在一些这样的小道，但是对这些小路的位置、距离等情况一概不知，就连当地人也无法给他提供任何相关信息。[96]

### 2. 折回澜沧江左岸

罗勒拿一行在到达永昌20天后离开此城，准备沿澜沧江而上探寻一些可

92  A. M. E., vol.556, Renou aux directeurs du Séminaire des M.E.P., le 1er juilllet 1855, p.660.

93  A. M. E., vol.556, Renou aux directeurs du Séminaire des M.E.P., le 1er juilllet 1855, p.662.

94  A. M. E., vol.556, Renou aux directeurs du Séminaire des M.E.P., le 1er juilllet 1855, p.663.

95  A. M. E., vol.556, Renou aux directeurs du Séminaire des M.E.P., le 1er juilllet 1855, p.663.

96  A. M. E., vol.556, Renou aux directeurs du Séminaire des M.E.P., le 1er juilllet 1855, p.663.

以翻越山脉向西的小路。离开永昌后，罗勒拿一行并未继续沿澜沧江右岸上行，而是从右岸折回左岸。对此，罗勒拿只说是因为"河流右岸的路无法行走"。[97]罗勒拿此处所说的"无法行走"可能也要归因于所谓的"野蛮傈僳人"的存在，因为当地人告知罗勒拿，在雪融季节，那些生活在澜沧江以西山上的"野蛮傈僳人"会下山劫掠澜沧江右岸的居民。[98]可能罗勒拿担心遭傈僳人劫掠，因而选择离开澜沧江右岸返回左岸。

罗勒拿一行暂时折回澜沧江左岸，沿江逆流而上，经 Siao-tien、Chou-miao，于 4 月 7 日到达 Tchong-lou；他们从当地人口中得知，在这一位置过到澜沧江右岸，依然不能向西翻越山脉，同在永昌翻山一样危险，罗勒拿一行不得不继续沿澜沧江左岸逆流北上。[99]在澜沧江左岸行走，遭遇蛮族袭击的风险虽然得以规避，遭遇汉官盘查的风险却与日俱增。4 月 13 日，罗勒拿一行来到维西辖地上一个叫 Pë-ky 的驿站。这个驿站位于维西城去往阿墩子的途中，由 40 名清兵驻守，罗勒拿一行借住的地方就在官府军营不远处，这使罗勒拿感到十分不安，他在信中说："我们走了一条最初计划中避免走的路。到达阿墩子，……我们只需要 9 至 10 天很容易的路程，但是谨慎要求我们避开这个市场（阿墩子——译者），因为驻守这个云南这边最后一个驿站的清兵不可避免要再次盘查我们。他们在我去年待在东竹林寺期间就已经这样做过了。那些认识我的商人对于我来说危险也不小。"[100]

### 3. 澜沧江左、右两岸"兵分两路"

进退两难之际，罗勒拿决定"兵分两路"：一路留在澜沧江左岸继续沿江而上，以在这一侧打探更多的道路相关信息；罗勒拿则带领另一路去到澜沧江右岸，以尽量避开左岸阿墩子附近汉官的盘查。[101]此时，Pë-ky 一位喇嘛提供的信息使罗勒拿为之一振，他说："长时间以来，我一直知道有一个噶玛派（Carma）寺院，却并不知道它的具体位置。现在，这位喇嘛告诉我，潞子江

---

97 A. M. E., vol.556, Renou aux directeurs du Séminaire des M.E.P., le 1er juilllet 1855, p.663.

98 A. M. E., vol.556, Renou aux directeurs du Séminaire des M.E.P., le 1er juilllet 1855, p.663.

99 A. M. E., vol.556, Renou aux directeurs du Séminaire des M.E.P., le 1er juilllet 1855, pp.664-665.

100 A. M. E., vol.556, Renou aux directeurs du Séminaire des M.E.P., le 1er juilllet 1855, p.665.

101 A. M. E., vol.556, Renou aux directeurs du Séminaire des M.E.P., le 1er juilllet 1855, p.666.

右岸，位于夹杂有一些藏民的 Lou-tsé 居民中间，菖蒲桶（Tcha-mou-tong，位于今云南贡山北部）寺庙距离察洪南部边缘只有一天的路程，这正是一个月以来我们付出努力和辛苦（前进）的主要方向。"[102]这位喇嘛还告诉罗勒拿，他听说有好几条路可以通向菖蒲桶，但是，他并不知道哪些路是最好走的路，不过，他知道罗勒拿一行目前距离这些路只有几天的路程，他告诉他们，沿澜沧江继续上行，就会找到一些能给他们提供所需信息的人。[103]

　　返回澜沧江右岸之后，罗勒拿遇到了一位摩梭喇嘛（lama Moso）。这位摩梭喇嘛的汉语和藏语都讲得很好，他声称自己曾在菖蒲桶的喇嘛庙里待过很长时间，该寺庙的活佛还是他的一个表兄，因此他很熟悉菖蒲桶；此外，他对罗勒拿讲自己曾经游历过察洪，在那里一位名叫茨旺（Tse-Ouang）的富裕藏民家中待过一年。[104]

　　与这位摩梭喇嘛的相遇对于罗勒拿来说意义重大，因为该喇嘛提及的这位藏民茨旺手里有一块闲置的土地，后来这块土地被罗勒拿成功租赁下来，被打造成巴黎外方西藏传教会在中国西藏的第一个传教点——崩卡。罗勒拿还从这个喇嘛和当地人的口中得知，沿澜沧江右岸向北再走 2 至 3 天的时间，就会有前往菖蒲桶最好走的路，在一个名叫巴东（Pa-tong）的地方，可以找到非常可靠的藏民或者摩梭向导，以带领罗勒拿一行前往菖蒲桶。[105]由于澜沧江右岸这段路当时非常难走，当地人建议罗勒拿返回澜沧江左岸，沿江而上至巴东相同纬度的位置，在那里再折返回右岸前往巴东；然而，罗勒拿却不能就此同当地人达成一致，他说："我们的房东很愿意将我们和其他两个人一起送到巴东，只是我们就要走的路很难达成一致，他们希望我们回到澜沧江左岸，到达巴东的高度，再渡过这条河回到右岸，这样走的话我们就可以避开一段极端难走的路。他们的理由是千真万确的，但是在我看来，我不能对他们诉说的理由还更重要得多。"[106]罗勒拿此处"不能诉说的理由"就是要避开驻守澜沧江左

102 A. M. E., vol.556, Renou aux directeurs du Séminaire des M.E.P., le 1er juilllet 1855, p.665.

103 A. M. E., vol.556, Renou aux directeurs du Séminaire des M.E.P., le 1er juilllet 1855, p.666.

104 A. M. E., vol.556, Renou aux directeurs du Séminaire des M.E.P., le 1er juilllet 1855, p.666.

105 A. M. E., vol.556, Renou aux directeurs du Séminaire des M.E.P., le 1er juilllet 1855, p.666.

106 A. M. E., vol.556, Renou aux directeurs du Séminaire des M.E.P., le 1er juilllet 1855, p.667.

岸的汉官。因此，以害怕澜沧江上的过河索桥为由，罗勒拿拒绝了当地人的这一建议，不过却并未引起他们的任何怀疑："因为我从来没有过这种滑动索桥的经历，我表现出的害怕没有让任何人吃惊，然而让我坚持不返回河对面的真正动机是避开驿站，（驿站的盘查）对于陌生的旅行者总是危险的。他们白白描画了我想走的路是一条多么危险的路，我坚持说我绝不会走这种滑动的桥，他们最终使我如愿以偿。"[107]

### 4. 巴东—茨中—菖蒲桶

经过艰难的行程，罗勒拿一行于 1854 年 5 月 1 日到达巴东，在那里找到了带领他们前往菖蒲桶的向导；由于山上的大雪尚未完全融化，他们不得不在巴东停留以等待道路开通；期间，罗勒拿让人去将先前留在澜沧江左岸的那几个人召至巴东，然后于 5 月 26 日再次上路，他们于同一天到达茨中（Tse-tchong）。[108]

他们在茨中未做停留继续向北，于 5 月 28 日转向西行进入一条峡谷，这便是之前那位摩梭喇嘛以及当地人口中所说的通往菖蒲桶的路。[109]5 月 29 日，他们攀爬到一座到达菖蒲桶必须翻越的山峰之上，罗勒拿在写给长上的信中描述了当时下山的情景，历经艰难之后迎接胜利的喜悦心情溢于言表，他说："跨越了这艰难的一步，我们愉快并迅速地下山。为了（今天）这一翻越，我们经历了那么多的探索、延误和困扰，来自汉人军队的危险得以避免，我们不用再害怕落入傈僳人之手。再用一天我们将到达此次旅途的终点，喜悦写在每个人的脸上。"[110]5 月 30 日，罗勒拿一行到达潞子江左岸，本来的计划是于当天渡江到达右岸的菖蒲桶，一场雨耽搁了行程，不过此时隔江已经可以望见位于右岸的菖蒲桶喇嘛庙；他们于 5 月 31 日乘船前往潞子江右岸："（5 月）31日，我们沿河上行两法里。尽管它（指潞子江——译者）很湍急，我们得以乘坐不错的独木舟通过，在这一过程中，我们得到一位名叫 Ogain 的四川籍喇嘛的帮助，我们是第一次遇见他，他后来给我们提供了更为重要的服务。半小时

---

107 A. M. E., vol.556, Renou aux directeurs du Séminaire des M.E.P., le 1er juilllet 1855, p.667.

108 A. M. E., vol.556, Renou aux directeurs du Séminaire des M.E.P., le 1er juilllet 1855, p.667.

109 A. M. E., vol.556, Renou aux directeurs du Séminaire des M.E.P., le 1er juilllet 1855, p.667.

110 A. M. E., vol.556, Renou aux directeurs du Séminaire des M.E.P., le 1er juilllet 1855, p.670.

的行程后，我们到达菖蒲桶……。[111]据罗勒拿讲述，菖蒲桶位于滇藏交界处，居民以 Lou-tsé 人为主，杂居有一定数量的藏民，从菖蒲桶往北行走一天的路程，就可以到达中国西藏境内的察洪一带。[112]

## 三、进入西藏并创建崩卡教点

### （一）进入西藏察洪置地

到达菖蒲桶之后，罗勒拿并未立即前往北边儿的察洪地区（今西藏察隅），而是考虑在此为西藏传教会购置一块土地。1855 年 7 月 1 日写给巴黎长上们的信中，罗勒拿说："我们需要，在我们前进到更远的地方之前，有一个点，在那里我们能够与云南有相对容易的联络，以及经由它（指云南——译者）与欧洲（联络）。"[113]据罗勒拿称，菖蒲桶喇嘛庙的活佛同时也是当地的行政长官，掌握着菖蒲桶地区的政治和经济命脉；这位活佛手中有好几块因缺乏人手而闲置的土地需要出租，罗勒拿前去考察并看中了其中几块土地，但是罗勒拿想从活佛手中租得土地并未成功；据罗勒拿自己说，活佛本人更愿意将土地租给汉人；此外，一些对活佛有影响力的人从中作梗，使罗勒拿在菖蒲桶置地的计划搁浅。[114]罗勒拿在菖蒲桶租地失败反映出当地人已经开始警觉他们并非汉人。

就在罗勒拿菖蒲桶租地遇到阻力之际，曾经帮助他渡过潞子江的那位名叫 Ogain 的川籍喇嘛找到他，告知察洪一位名叫茨旺的富裕藏民有一块急于出租的闲地，建议罗勒拿前往察洪租下这块土地。[115]罗勒拿并非首次听说这位茨旺，之前进藏途中，澜沧江畔遇到的一位摩梭族喇嘛就曾经向罗勒拿提到察洪这位富裕藏民茨旺。罗勒拿信中称，茨旺是察洪当地四富户之一，他的财产

111 A. M. E., vol.556, Renou aux directeurs du Séminaire des M.E.P., le 1er juilllet 1855, p.671。这位名叫 Ogain 的喇嘛后来给罗勒拿一行所提供的重要服务，指的是他之后帮助罗勒拿成功地从藏民茨旺手中租得崩卡山谷，而正是在这崩卡山谷，罗勒拿和肖法日建成了巴黎外方西藏传教会在西藏的第一个传教点。参见 A. M. E., vol.556, Renou aux directeurs du Séminaire des M.E.P., le 1er juilllet 1855, p.675.

112 A. M. E., vol.556, Renou aux directeurs du Séminaire des M.E.P., le 1er juilllet 1855, p.671.

113 A. M. E., vol.556, Renou aux directeurs du Séminaire des M.E.P., le 1er juilllet 1855, pp.674-675.

114 A. M. E., vol.556, Renou aux directeurs du Séminaire des M.E.P., le 1er juilllet 1855, p.675.

115 A. M. E., vol.556, Renou aux directeurs du Séminaire des M.E.P., le 1er juilllet 1855, p.675.

主要是一些不动产和 60 多位奴隶。[116]得知此情况后，罗勒拿决定，一方面派人回到云南大理黄家坪接肖法日前来菖蒲桶；另一方面自己则择日前往察洪，尝试在那位藏民茨旺手中租到合适的土地。[117]

按照罗勒拿的描述，察洪与菖蒲桶之间只隔着一座高山，中间的路程只有一天之多。察洪是 Song-Ga-Kien-Dzong（清代中叶的桑昂曲宗，今西藏察隅县一带）下辖的 7 个县之一，其东面和南面接云南维西地区，可以被视为是当时西藏地区的最东南边缘。罗勒拿称，除了最南面的两个 Lou-tsé 村庄之外，察洪的居民基本上均为藏民，行政长官驻门空（Menkong）。[118]

1854 年 9 月 21 日，罗勒拿离开菖蒲桶寺，次日经松塔（Songta，今西藏察隅察瓦乔乡松塔村）到达龙普（Longpou，今西藏察隅县察瓦弄乡龙布村），在那里见到了茨旺。罗勒拿在信中这样描述他和茨旺的初次接触："茨旺并不知道我此行的真实目的，然而他据传闻得知我在菖蒲桶有过租地交涉，他认为这是一个将他自己土地租出去的好机会，在我和他第一次会面之际，他便提出要将土地租给我。"[119]可能是出于谨慎，也有可能是为了吸取在菖蒲桶租地失败的教训，罗勒拿并不急于答应茨旺，表示租地事宜之后再议。[120]此时，罗勒拿请求茨旺允许他在他家住上几个月，罗勒拿在写给巴黎长上的信中强调，他仍然是以经商的名义做此请求，因为他不能在此，如同不能在其他地方一样，讲出他们此行的真实目的。[121]茨旺答应了罗勒拿的请求，将自己住处旁边一套闲置的房屋提供给罗勒拿居住："一处两居室的房屋，茨旺在建成他的大房子之前就住在那里，她被指定为我们的居所，正合我意，因为我可以时不时地在这里为归化我亲爱的藏民们举行弥撒"。[122]

罗勒拿对承租茨旺家土地表现出犹豫，这反而可能刺激了茨旺出租土地

116 A. M. E., vol.556, Renou aux directeurs du Séminaire des M.E.P., le 1er juilllet 1855, p.677.

117 A. M. E., vol.556, Renou aux directeurs du Séminaire des M.E.P., le 1er juilllet 1855, p.675.

118 又称扣定或者们倥，位于今西藏察隅县察瓦弄乡境内。

119 A. M. E., vol.556, Renou aux directeurs du Séminaire des M.E.P., le 1er juilllet 1855, p.677.

120 A. M. E., vol.556, Renou aux directeurs du Séminaire des M.E.P., le 1er juilllet 1855, p.677.

121 A. M. E., vol.556, Renou aux directeurs du Séminaire des M.E.P., le 1er juilllet 1855, p.677.

122 A. M. E., vol.556, Renou aux directeurs du Séminaire des M.E.P., le 1er juilllet 1855, p.677.

给他的欲望。几个星期后，茨旺再次找到罗勒拿商议租地事宜，罗勒拿因为自己生病了，便派遣仆人前往考察茨旺要出租的这块儿土地；之后，罗勒拿很快便与茨旺签订了租地契约："根据他（仆人——译者）的汇报，我认为这块地符合我的要求，几天后，我们便签订了租约。一份契约在茨旺及其子孙一方和我以及我的合伙人一方之间签订。圣方济各（le Saint François-Xavier）节日那天，我取得了这块名叫崩卡（Bonka）的土地，上面将建成我们在（中国）西藏的第一个传教堂口。"[123]

## （二）创建西藏传教会在中国西藏第一个传教堂口——崩卡

据罗勒拿的描述，崩卡是位于龙普以东一天路程处两座山脉之间的一段山谷，长约 5 到 6 法里，西边的山脉将它与潞子江隔开，东面的山脉则将它与澜沧江隔开。[124]据罗勒拿称，崩卡以前属于松塔的 Lou-tsé 人与阿本（Aben）的藏民共同所有，一直被耕种并盛产小麦；后来茨旺因为债务与崩卡的所有者们产生了纠纷，最后发展至流血冲突；案子最终被诉至桑昂曲宗的代本那里，诉讼以两个村庄将崩卡全权让与茨旺而结案，茨旺也因此成为崩卡山谷的唯一主人，但是后者却因为劳动力的缺乏而不得不使之荒芜。[125]

罗勒拿获得崩卡山谷之际，杉树、杨树以及荆棘杂草早已取代了当年生长旺盛的小麦，拓荒崩卡山谷便成了当务之急。当时罗勒拿十分缺乏垦荒所需的人力物力。罗勒拿对能够租得崩卡山谷感到十分欣喜，他认为这里非常合适建立西藏传教会在中国西藏的第一个传教堂口。他在写给巴黎长上的信中这样写道："这有点灰暗的自然前景丝毫没有使我感到窘迫，更确切地说是被完全消除了，被一种想法，即我终于实现了开启此次西藏旅行之初所设定的目标之一：为后来的传教士们准备一个落脚点，在一个能够使我们容易与云南及西藏其他地方往来的地点上，（建立）一个安静的居所，在那里我们能够引入一些我们可以用于福音归化的成人，并依照我们的圣教抚育我们能获得的、尽可能

---

123 A. M. E., vol.556, Renou aux directeurs du Séminaire des M.E.P., le 1er juilllet 1855, pp.677-678.劳内的《西藏传教会历史》一书记载，罗勒拿同茨旺签署的这份儿租约是永久性的；传教士每年向茨旺及其女婿阿比尔（Apil）付租金 15 两银子，约 130 法郎。参见 A. Launay, *Histoire de la Mission du Thibet,* tome 1, Paris: Les Indes Savantes, 2001, p.233.

124 A. M. E., vol.556, Renou aux directeurs du Séminaire des M.E.P., le 1er juilllet 1855, p.678.

125 A. M. E., vol.556, Renou aux directeurs du Séminaire des M.E.P., le 1er juilllet 1855, p.678.

多的孩童。崩卡在我看来具备了以上所有优势。"[126]

罗勒拿所言崩卡作为西藏传教会第一个传教点的所有优势主要体现在以下三个方面：

其一，崩卡的地理位置极好，使传教士们能同云南和西藏其他地方保持安全便捷的往来："崩卡山谷南接菖蒲桶，翻过它东面的山脉，将之同澜沧江分开的那座（山脉），便是云南的边界，一位擅长步行的人可以在一天之内到达（云南）。向北走……三法里之外，在藏族村寨阿本（Aben）附近有一条大路，……通过这条路，可以到达西藏所有的核心（城镇）或者进入云南。"[127]

其二，崩卡所在地区距离印度阿萨姆邦较近，使西藏传教会在两地的传教士汇合在一起成为可能。他向巴黎的长上们汇报说："我们距离阿萨姆非常近，显然这将是西藏传教会一个非常大的优势，如果我们（指在云南的传教士和在阿萨姆邦的传教士——译者）能汇合在一起。根据我从一些来自中间地带（指崩卡所在地区同印度阿萨姆邦之间的地带——译者）部族的人那里获得的信息，……我不认为不可能到达阿萨姆东端，无论如何，我们距离（阿萨姆）只有30多法里。"[128]地处西藏东南的察洪的确距离印度阿萨姆邦并不太遥远，但是它们之间的距离也应该远不止30法里。有一点需要说明，即租得崩卡山谷之际，罗勒拿尚不知道从印度阿萨姆邦开展进藏活动的克里克同布里已经被杀。

其三，崩卡可以使罗勒拿以经营农场为名发展传教事务。如果说装扮成商人有助于罗勒拿顺利进入中国西藏，那么化身为农场主则是罗勒拿立足中国西藏非常必要的一种手段。西藏传教会创建之初，罗勒拿非常需要有一个"安静的居所"以接收新派往西藏的传教士并尽快开展传教活动。罗勒拿到达察洪后发现，当时在藏地如同在汉地，根本不敢公开传教。罗勒拿在写给巴黎长上的信中说："在现实情况下，在我看来，欧洲传教士在藏地传播福音并不比在汉地（传播福音）存在更多的可能性，（汉藏）两级政府对所有外国人的警惕性是同等的。"[129]因为："英国人对撒依克哈的征服，他们（指英国人——译

126 A. M. E., vol.556, Renou aux directeurs du Séminaire des M.E.P., le 1er juilllet 1855, p.680.

127 A. M. E., vol.556, Renou aux directeurs du Séminaire des M.E.P., le 1er juilllet 1855, p.678.

128 A. M. E., vol.556, Renou aux directeurs du Séminaire des M.E.P., le 1er juilllet 1855, pp.685-686.

129 A. M. E., vol.556, Renou aux directeurs du Séminaire des M.E.P., le 1er juilllet 1855, p.680.

者）对尼泊尔的控制，……这使西藏当局加倍警惕所有的外来人。"[130]此外，因为会触动西藏藏传佛教的宗教利益，欧洲传教士们的在藏福传活动会招致阻击。罗勒拿说："（西藏）当局的担忧，还要加上喇嘛们的宗教狂热；……为了对抗传播以他们（即信奉藏传佛教的喇嘛们——译者）物质利益毁灭为结果的教义的那些外国人，还有什么样的风暴他们不可能激起呢？"[131]在此情况下，罗勒拿的计划是，先悄无声息地归化一些藏民，然后派他们去向他们的同乡传教；他认为这样做远比一位外国人出去传教容易得多；在这一福传计划当中，罗勒拿尤其认为尽可能多地牧养孩童很重要，这些孩童成年后可以充当传教者、信使、向导，甚至其中会有几个可以培养成司铎。[132]用于牧养孩童的购买很难不引起当地政府的警觉，崩卡田产恰恰可以为罗勒拿提供一个解决这一问题很好的办法，他可以借耕种田产为名招募大量的劳动人手，包括孩童，继而伺机在这些人当中开展天主宗教归化活动。除此之外，崩卡四周荒芜人烟使罗勒拿一行可以远离外界的监管而随意行动。[133]

总之，罗勒拿对崩卡山谷非常满意，他向巴黎的长上们汇报说："崩卡对于我们很有用……等我们建好一座房子，崩卡还可以方便我们接收新派来的传教士。他们在里面学习（藏文）语言及当地的书籍，这是首要的、必不可少的工作。我前面提到过，那条附近的路方便我们同云南和西藏其他地方往来。因此，尽管一开始我们缺少很多东西，能找到这第一个落脚点，我认为是上帝给予我们的特殊保护。"[134]

随后的几年里，罗勒拿利用崩卡山谷的偏僻和荒芜，借拓垦为由招募劳动力，逐渐将一批人集聚在崩卡，然后从这些人当中发展望教者并设法对其实施宗教归化。1857年7月20日，罗勒拿写信给巴黎外方传教会驻香港总务处当家神父李博，向他汇报了近两年崩卡的发展："我们继续与汉藏两地官府和平共处……我们之前就意识到要利用这一（有利）形势为第一个传教点打下基

---

130 A. M. E., vol.556, Renou aux directeurs du Séminaire des M.E.P., le 1er juilllet 1855, p.680.

131 A. M. E., vol.556, Renou aux directeurs du Séminaire des M.E.P., le 1er juilllet 1855, p.680.

132 A. M. E., vol.556, Renou aux directeurs du Séminaire des M.E.P., le 1er juilllet 1855, p.680.

133 A. M. E., vol.556, Renou aux directeurs du Séminaire des M.E.P., le 1er juilllet 1855, p.681.

134 A. M. E., vol.556, Renou aux directeurs du Séminaire des M.E.P., le 1er juilllet 1855, p.681.

础……民众很高兴看到我们在他们当中建了一座房屋，……这座房屋不会空置，我们已经购买了4个孩童，我们刚刚又购买了4个，等到所有给予我们的救济金一到，我们能毫不费力地增加这一数量……几位上了年纪的藏民及一些新归化的汉民同我们生活在一起，我们向他们宣讲教义………我希望很快能开设几门手艺课并将两年前我们完全荒芜的山谷打造成西藏首个我主降福的美丽村庄，福音之光将从那里出发（辐射整个西藏大地）"。[135]好景不长，就在这封对未来充满美好希望的信发出后不久，崩卡教点于1858年初便遭到当地民众打毁，由此引发了关于"崩卡教案"的长期诉讼。[136]

# 小　结

　　为了吸取1847-1848年由川进藏活动失败的经验教训，1852年前后，罗勒拿决定经由清廷驻防稍显松弛的滇西北再次开启进藏活动，以避免再被中国官府查捕。1854年3月，罗勒拿从云南大理黄家坪出发向北向西，迂回于澜沧江左右两岸，成功避开了左岸设卡检查的汉官和右岸好劫掠的Lou-tsé"蛮民"，于同年9月到达位于当时中国西藏东南察洪境内的龙布村。受巴黎总部对进藏策略调整的影响，进入西藏地界的罗勒拿并未继续向首府拉萨进发，而是选择从当地藏民茨旺手中购得崩卡山谷，在此建造房屋并居住下来，假借经商和拓荒为名招募民众来此，以期在这些人当中开展传教活动并将崩卡建成巴黎外方西藏传教会在中国西藏的第一个传教堂口。至此，法国巴黎外方西藏传教会的进藏活动终于取得一些进展。遗憾的是，1858年初，崩卡堂口遭遇当地民众打毁，传教士们被迫后撤，进藏活动刚刚取得的一点儿成绩也即将消失殆尽。

---

135 A. M. E., vol.556A, M. Renou à M. Libois, le 20 juillet 1857, pp.1030-1031.
136 A. Launay, *Histoire de la Mission du Thibet,* tome 1, Paris: Les Indes Savantes, 2001, pp.230-256, pp.316-327

# 第七章　巴黎外方西藏传教会第一任主教的选拔、任命及川藏教区勘界

为重返中国西藏开展传教活动，罗马教廷于 1846 年命法国巴黎外方传教会筹建西藏传教会，命巴黎外方属下四川传教会主教马伯乐为西藏传教会选拔并祝圣主教。然而，至杜多明出任西藏传教会第一任主教，却是在 11 年后的 1857 年，其时主教府也未能进驻西藏首府拉萨，而是暂时设在四川大林坪。经过杜多明主教和川东南代牧主教范若瑟的积极筹谋，1858 年，四川和西藏两个教区之间进行了首次勘界，明确将四川上川南近藏地带划归西藏传教会，以为该会深入西藏到达首府拉萨之前谋求发展根基。

## 第一节　巴黎外方西藏传教会第一任主教的选拔和任命

### 一、巴黎外方西藏传教会主教选拔事宜的搁置及其原因

1846 年 3 月 27 日，罗马教皇格列高利十六世命巴黎外方传教会组建西藏传教会，以管理新成立的拉萨宗座代牧区。马伯乐主教管理的巴黎外方四川传教会不仅毗邻西藏，而且是巴黎外方传教会在中国最具规模和势力的教区，当出于此种考虑，罗马教皇谕令马伯乐代为西藏传教会选拔并祝圣主教。在这之后的十余年内，巴黎外方传教会曾派遣数位西藏传教会传教士尝试进藏传教，

他们先后从中国内地之四川、云南和南亚之印度、不丹、锡金、尼泊尔、拉达克等地积极开展进藏活动。然而，在此期间，西藏传教会的主教职位却一直处于空缺状态。这一状况的出现主要与马伯乐主教反对成立西藏传教会有关。马伯乐认为，中国皇帝在当时严厉禁止外国人进入中国内地，在此背景下进藏传教不可能成功，并以此为据始终拒绝为西藏传教会选拔并祝圣主教。

与四川主教马伯乐反对重返中国西藏传教计划不同，四川副主教范若瑟则是西藏传教会坚定的支持者。拉萨宗座代牧区刚刚成立后不久，范若瑟便提出应该将四川上川南近藏一部划归西藏传教会，以向其提供进藏传教活动所需人力物力资源；在西藏传教会传教士罗勒拿经由云南开展的进藏活动中，范若瑟不仅献计献策，而且还在人力和物力方面提供了很多支持。对此前文已经述及，在此不做赘述。但是，由于范若瑟只是副主教而并非主教，按照天主教会当时的会规，他不具备选拔和祝圣主教的主体资格，因此不能受命为之。上述种种原因的存在致使西藏传教会选拔和祝圣主教一事被搁置数年。在此期间，罗马教廷一直在等待转机的出现。[1]

## 二、范若瑟选拔并任命巴黎外方西藏传教会首任主教

### （一）四川代牧区"一分为二"及范若瑟升任川东南代牧主教

巴黎外方传教会自 18 世纪初入川传教，于 1753 年禀罗马教廷之命独享四川传教权。在清代中叶日趋严厉的禁教背景下，巴黎外方传教会经营的四川教务却逐渐得到蓬勃发展，至道光二十五年（1845 年），四川代牧区的教徒人数上升至 54000 之多。[2]可能是考虑到四川教区越来越庞大，1856 年 4 月 2 日，罗马教廷颁布谕令将四川教区划分为二。[3]一直以来，四川代牧副主教范若瑟就非常支持划分四川代牧区，1856 年 11 月 15 日，他写信将这一消息告知崩卡的西藏传教会传教士罗勒拿和肖法日，信中说："咱们来说一件我以前就同你们交谈过的事……你们知道有多久以来，我一直都在讲并写信支持划分四川（代牧区）……这个消息传来了，四川（代牧区）被划分为了两个代牧区，马格祖拉主教（即马伯乐——译者）保留（担任）川东、川西和川北（约 40000

---

1 A. Launay, *Histoire de la Mission du Thibet,* tome 1, Paris: Les Indes Savantes, 2001, p.287.
2 秦和平，《基督宗教在四川传播史稿》，成都：四川人民出版社，2006 年，第 15-16 页。
3 A. Launay, *Histoire de la Mission du Thibet,* tome 1, Paris: Les Indes Savantes, 2001, p.287.

教徒——原文）的宗座代牧，你们的仆人（即范若瑟本人，他将自己谦逊地比作罗勒拿和肖法日服务的仆人——译者）被任命为川南宗座代牧（约 18000 教徒——原文）。"[4]由于罗马教皇的谕令文件当时尚未寄到范若瑟手上，致使范若瑟向罗勒拿和肖法日传递的信息与实际情况存在一定偏差。四川代牧区被划分的消息十分确实，罗马教皇陴九世（Pie IX）于 1856 年 4 月 2 日就已经签署了相关谕令。但是，四川代牧区实际上是被划分为了川西北和川东南两个代牧区，由马伯乐任川西北代牧主教，范若瑟则被任命为川东南代牧主教，而不是像范若瑟所表述的那样，由他本人掌管川南教务，马伯乐则掌管川东、川北、川西教务。[5]

　　四川代牧区此次被一分为二以及范若瑟升任川东南代牧主教，这无疑将会对西藏传教会非常有利。首先，这将使长时间搁置的西藏传教会主教的选拔和祝圣事宜出现转机，随着范若瑟升任主教，具备了选拔和任命主教的主体资格，罗马和巴黎现在可以舍马伯乐取范若瑟来完成这一重要事项；其次，一直以来，范若瑟都主张将近藏之上川南属于川东南代牧区的教务辖区划给西藏传教会，包括"叙府（今四川宜宾）、嘉定府（今四川乐山）、雅州府（今四川雅安）、宁远府（今四川西昌）、泸州、资州（今四川资阳）、眉州（今四川眉山）、邛州（今四川邛崃）、打箭炉（今四川康定）、理塘、巴塘"[6]，升任川东南代牧主教使范若瑟得以主管辖上川南地区教务，该地区教务不再受制于反对进藏传教的马伯乐主教，为之后这一地区划入西藏传教会传教势力范围打下了基础。

## （二）巴黎外方西藏传教会首位代牧主教的选拔和任命

　　1856 年 4 月 2 日，罗马教皇陴九世谕令范若瑟担任川东南代牧主教，仅仅两天之后的 4 月 4 日便签署另一道谕令，命范若瑟暂时代管拉萨宗座代牧区并为西藏传教会选拔和祝圣主教。谕令原文内容如下：

　　　可敬的兄弟：

　　　　　之前，四川宗座代牧区尚未分离之际，我们就已经委托我们可敬的兄弟马格祖拉主教，……在第一时机为拉萨宗座代牧区选拔并

4　A. M. E., vol.556A, M. Desflèches à MM. Renou et Fage, le 15 novembre 1856, p.939.
5　A. Launay, *Histoire de la Mission du Thibet*, tome 1, Paris: Les Indes Savantes, 2001, p.287.
6　A. M. E., vol.556A, M. Desflèches à MM. Renou et Fage, le 15 novembre 1856, p.939.

祝圣主教。……鉴于四川（代牧区）的划分，划归川东南代牧区的地域范围的位置和性质使之得以囊括了靠近西藏的地区……我们决定……将筹建拉萨宗座代牧区事宜委托于您……我们通过这些函件委托您，依据我们的使徒权力，以我们的名义建设拉萨宗座代牧区，为此使用我们赋予您相关的、恰当的和必需的权力，旨在天主帮助之下完成这项事业；您还要选拔这个传教会的代牧主教，并以我们的名义赋予他所有必要的和恰当的权力……我们要求并且我们命令，在所有上述事宜完成之前，您亲自领导并管理拉萨传教会，对之付诸于您的关心……。[7]

收到上述谕令后，范若瑟很快便为西藏传教会选出了第一任主教，并于1857年4月20日写信将这一消息告诉崩卡的罗勒拿和肖法日，信中说："我前面的信件已经告诉你们，圣座授权我创建拉萨代牧区并为它选拔代牧主教，……在天主面前认真思考过后，我的选择落在了多米尼·德玛祖尔（Thomine-Desmazures）先生身上……"。[8]之所以如此迅速选定西藏传教会主教，范若瑟称事出有因，他说："在我所处的特殊处境中，我必须面对对立并从中脱身，我必须有一个新当选者并马上祝圣他。"[9]同时，范若瑟没有就西藏传教会主教人选向罗勒拿和肖法日征求意见，范主教解释说："在行使该权利之前，我曾经非常想就此与你们统一意见，但是，不可能等待更长时间，太过延迟有可能带来新的羁绊。我的处境和身体状况（不好），有人还在设法阻止该代牧区的创建，这使我必须赶紧完成圣座的意愿。"[10]也就是说，范若瑟并不是不想就西藏传教会主教人选向罗勒拿和肖法日征求意见，而是因为有人一直都在设法阻止西藏传教会的创建，而且由于身体状况和处境都极为恶劣，范若瑟担心再推迟西藏传教会主教的选拔会带来新的麻烦，形势迫使他不得不赶快选定西藏传教会主教，以完成教皇的意愿。

范若瑟信中提及"设法阻止拉萨代牧区创建的人"当指四川主教马伯乐。前文曾多次述及，1846年教皇谕令设立拉萨宗座代牧区以来，马伯乐就一直极力反对进藏传教，并就此同传教士罗勒拿之间产生过巨大分歧。对于范若瑟

---

7  A. Launay, *Histoire de la Mission du Thibet,* tome 1, Paris: Les Indes Savantes, 2001, pp.287-288.

8  A. M. E., vol.556A, M. Desflèches à MM. Renou et Fage, le 20 avril 1857, p.981.

9  A. M. E., vol.556A, M. Desflèches à MM. Renou et Fage, le 20 avril 1857, p.981.

10  A. M. E., vol.556A, M. Desflèches à MM. Renou et Fage, le 20 avril 1857, p.981.

来说，马伯乐不仅是巴黎外方传教会当时在西南地区资历最长的主教，之前还是他的顶头上司。一直以来，范若瑟在进藏传教事务方面站在马伯乐的对立面上，之前大力支持西藏传教会的进藏活动，现在又要违背马伯乐的意愿为该会选拔和祝圣主教。在此情况下，范若瑟在四川的艰难处境可想而知。因此，他要迅速完成罗马教皇委托给他的西藏传教会的这一重大事项，以避免夜长梦多、节外生枝。

多米尼·德玛祖尔，又名杜多明，范若瑟选定的西藏传教会首任主教，是四川传教会的一位传教士，于1849年到达中国四川开展传教活动。[11]其实，就当时的情况来看，在其他传教会传教士当中选择西藏传教会的主教似乎并不太合乎常理，因为西藏传教会有自己的传教士，除了当时在中国滇藏边境活动的罗勒拿和肖法日，还有在喜马拉雅山脉南麓活动的贝尔纳和德高丹，范若瑟对此亦并不否认，他说："的确，我本应该在西藏的（传教）同仁当中找到一位能够胜任（拉萨）宗座代牧（主教）的同仁（来担任该职）"。[12]其实，范若瑟所谓的"能够胜任宗座代牧主教的西藏同仁"当非罗勒拿莫属，原因有以下三点：

其一，截止当时，罗勒拿对西藏传教会的贡献最大。自1846年天主教会重返中国西藏传教计划形成并开始实施以来，罗勒拿不畏艰险困苦，为创建西藏传教会殚精竭虑，他既是该会首位尝试进藏的传教士，又是该会首位进入中国西藏并开创第一个藏地传教堂口——崩卡的传教士。

其二，罗勒拿在西藏传教会四位传教士中资历最长。他是西藏传教会的第一位传教士，并从1851年之后就一直担任西藏传教会宗座监牧。

---

11 范若瑟选拔并主持祝圣的这位西藏传教会的第一任主教全名雅克·勒昂·多米尼·德玛祖尔（Jacques-Léon Thomine-Desmazures），1804年2月17日出生于法国卡昂（Caen）一个富有的基督教家庭，1827年9月22日晋铎。1845-1847年间，巴黎外方满洲传教会主教方若望（Verrolles）返回法国国对罗马教廷传信部慈善事业的极大功效做巡回宣讲。多米尼·德玛祖尔陪同其走访了法国西部教区，期间，受方若望影响两度申请加入巴黎外方传教会。最初，巴黎外方传教会的长上们考虑到德玛祖尔年龄太大，担心其不能经受海外传教的辛劳，对其入会请求表示拒绝。德玛祖尔因此二度提出申请。经过医生对其进行身体检查过关之后，他才被接受加入巴黎外方传教会。之后的1847年12月16日，德玛祖尔离开巴黎前往中国，并于1849年2月6日到达四川。当选西藏传教会主教之前，他一直负责后坝场（Ho-pao-tchang）堂口教务。参见 Notice bibliographique de Jacques-Léon Thomine-Desmazures, Archives des Missionnaires des M.E.P., N. 542.

12 A. M. E., vol.556A, M. Desflèches à MM. Renou et Fage, le 20 avril 1857, p.981.

其三，罗勒拿同受命选拔西藏传教会主教的川东南代牧范若瑟关系密切。自1851年受罗马之命担任拉萨代牧区监牧以来，罗勒拿就西藏传教会的各项事务一直与范若瑟之间保持频繁的书信往来，对此前文曾多次述及，在此不多赘述。

鉴于上述诸种因素，范若瑟理应首先考虑选拔罗勒拿担任西藏传教会主教。实际上范若瑟的确也做过这样的考虑，但是，最终结果却是选择由另外传教会的一位传教士来担任西藏传教会的主教。这一结果的产生依然同四川主教马伯乐有关，这一点在劳内先生《西藏传教史》一书中曾有所透露："大主教（指范若瑟——译者）寻找他认为可以放置于新的代牧区（指拉萨代牧区——译者）之首的传教士。许多人想到罗勒拿，不知疲倦的先锋，令人满意的崩卡（堂口）的创建者，1851年以来的宗座监牧，似乎，其实，这一选择（指选择罗勒拿为主教——译者）会找到诸多有分量理由的支撑。据说范若瑟不是没有想到这一点，但是他放弃了（这一选择），因为马伯乐的一封信以及某些认为罗勒拿'有一点太过专横的'传教士们的建议。"[13]显而易见的是，除遭受马伯乐主教的反对之外，罗勒拿太过激烈的个性以及强烈的传教热忱招致周围不少传教同仁们的反对。

1857年2月17日，范若瑟正式签署了对拉萨宗座代牧主教的任命书。由于担心反对进藏传教一派制造新的障碍，谨慎起见，范若瑟对杜多明主教的祝圣仪式不得不秘密进行。[14]1857年5月3日，在两位川东南代牧区传教士艾嘉略（Delamarre，此即第二次鸦片战争时期为法使葛罗（Le Gros）充当翻译的传教士——笔者注）和秦神父（Pichon）的见证下，杜多明由范若瑟在后坝场（Ho-pao-tchang）秘密祝圣为西瑙鲍利（Sinopolis）主教。[15]自此，巴黎外方西藏传教会首任宗座代牧主教诞生。

# 第二节　1858年川藏教区勘界

## 一、教区勘界的缘起

对于一个新成立的传教会来说，不只是需要一个统领其传教活动的主教，

---

13　A. Launay, *Histoire de la Mission du Thibet,* tome 1, Paris: Les Indes Savantes, 2001, p.288.

14　A. M. E., vol.556A, M. Desflèches à MM. Renou et Fage, le 20 avril 1857, p.982.

15　A. M. E., vol.556A, M. Desflèches à MM. Renou et Fage, le 20 avril 1857, p.982.

还需要有相当数量的人力资源来落实执行传教活动。自创会之初，巴黎外方传教会便将"培养和发展本土教会"作为本会的核心会规。受此影响，除法籍神父之外，中国本土神父、传道员以及贞女在巴黎外方传教会在华传教活动中一直扮演重要角色。[16]杜多明当选西藏传教会主教之际，他手下仅有罗勒拿、肖法日、贝尔纳及德高丹四位法国神父，没有可以给他提供传教服务的中国本土神父、传道员及贞女。劳内在其《西藏传教史》一书中称："它（即西藏传教会——译者）创建在纸上和理论上，实际上，它需要全面的建设；很明显，鉴于堆积在传教使徒们面前的那些障碍，以及十年（指从 1847 年罗勒拿首次进藏活动至西藏传教会首任主教 1857 上任——译者）以来所获得的（微乎其微的）结果，这个传教会将异常艰难。这一情况没有逃脱范若瑟和德玛祖尔（即杜多明——译者）的眼睛。"[17]

其实，早在 1846 年初巴黎外方传教会受罗马之命开始组建西藏传教会之际，范若瑟就曾于同年 11 月写信给巴黎总部，建议将四川代牧区的上川南地区教务划归西藏传教会管辖，他认为只有在上川南地区为进藏传教提供充分的人力及物力资源帮助的前提下，西藏传教会才有可能最终成功进入西藏腹心地带传教。[18]一直以来，罗勒拿同范若瑟持有同样观点，他也曾多次向巴黎总部提出同样的建议，对此前文已经述及。因此，1857 年为西藏传教会祝圣主教的同时，范若瑟就决定首先将属于川东南代牧区上川南的雅州教务让与西藏传教会，他说："祝圣之后不久，西璃鲍利主教（即杜多明——译者）将前往雅州，整个（雅州）府都给他了，属于马格祖拉主教的穆坪、天全州东部、邛州以及大邑县除外。西藏代牧主教，我认为，应该居住在四川，并在我们让与他的地域内形成他的主要（传教）机构及中心（即主教府——译者），直到西藏（传教活动）完全自由为止。"[19]之所以考虑将雅州府让与西藏传教会，范若瑟的理由是："雅州是（西藏传教会）必需的中心，（从那里）经由打箭炉前

---

16  Robert Entenmann, "Linus Zhang Feng（1669?-1743）: A Catholic Lay Evangelist in Early Qing Sichuan, " *Berliner China-Hefte Chinese History and Society,* Edited by Mechthild Leutner, Lit Verlag Munster, 2005, pp.138-146., Robert Entenmann, Linus Zhangfeng（1669?-1743）: A Catholic Lay Evangelist in Early Qing, Sichuan,

17  A. Launay, *Histoire de la Mission du Thibet,* tome 1, Paris: Les Indes Savantes, 2001, p.204.

18  A. Launay, *Histoire des Missions de Chine, Mission de Kouy-tcheou,.* Tome 1, Paris: Les Indes Savantes, 1907, p.176.

19  A. M. E., vol.556A, M. Desflèches à MM. Renou et Fage, le 20 avril 1857, p.981.

往拉萨以及经由磨西、宁远府、云南到达崩卡，这是两条常走的大路……从那里直到云南塞巴斯托波利主教（Sébastopolis，肖沃主教——译者）的（传教）地盘上，比前往菲劳梅利主教（Philomélie，袁棚索，云南代牧主教——译者）那里所能遇到的困难、海关和危险要少。"[20]范若瑟将雅州府让与西藏传教会，似乎更多的是出于方便向该会输送给养的考虑。然而，在一封题为《关于界定西藏代牧区的思考》（Considérations sur les limites à donner au Vicariat ap.du Thibet）的信中，西藏传教会主教杜多明强调说明了雅州府被让与西藏传教会传教势力范围的另一重要原因："鉴于西藏完全不可以自由出入，所有被辨认出的欧洲人都会被抓捕，之前所做的所有想进入（西藏）地区核心（拉萨）的尝试，只是让当地人的警戒更加严厉并且使得其他任何尝试都不再可能，（因此）必须在汉地有一个活动的中心。正是出于此种考虑雅州被提供给了我们（西藏传教会）。"[21]

同时范若瑟认为，只是将雅州府教务让与西藏传教会是远远不够的，因为雅州府虽然地域广大，教民却很稀少，只有约 1400 名，不足以提供足够数量服务于西藏传教会传教活动的中国本土神父、传道员及贞女；因此，范若瑟认为四川传教会必须让与更多的传教地域给西藏传教会。[22]范若瑟的这一想法同样反映在杜多明《关于界定西藏代牧区的思考》这封信中，杜多明称：

> "西藏传教会……（下辖教务）地域广博，（道路）极端难行，被一些山脉隔断，使一个部落到另一个部落常常无法通行。要向他（指西藏——译者）传播福音则需要大量的传教士，因此，需要在汉地寻求办法对他们进行传教工作培训，同时教授他们藏语，如此使他们达到进入西藏的汉人的（藏语）水平。因此必须要有，在我们四川的落脚点上，足够的教徒用以培养巡察教务（的教民），以及相当安全的地点以使他们避开中国军警（查捕）。但是，西尼特主教（即范若瑟——译者）通过实地考察作出结论，雅州（的藏民）几乎全部都是极不驯服的藏民……那里的教民（约 1800 名——译者）不足以用来在教务巡察和中国风俗两方面培养足够数量的传道员，以备尽快派往西藏的各个方向。因此，他认为，再恰当不过的是，

---

20 A. M. E., vol.556A, M. Desflèches à MM. Renou et Fage, le 20 avril 1857, p.982.
21 A. M. E., vol.556A, Mgr. Thomines Desmazures, Considérations sur les limites à donner au Vicariat ap.du Thibet, le 25 avril 1857, p.985.
22 A. M. E., vol.556A, M.Desflèches à MM. Renou et Fage, le 20 avril 1857, p.982.

在让与（西藏传教会——译者）雅州府（教务）的基础之上，附加嘉定、眉州、资州以及蒲江县（除却邛州，既然马格祖拉主教希望保留这一地区——原文），总共有约 9000 教民。并且可以提供较为安全的地点以安置我们的（教务）机构并保护他们。"[23]

作为西藏传教会的代牧主教，杜多明非常清楚该会的传教核心区域在中国西藏，藏民是该会归化的目标人群。杜多明称，自己本身并不愿意西藏传教会占据四川太多的传教区域，这样做的目的只是为了更容易建设一个传教会，然后离开这里前往西藏拉萨传教。[24]现在提出请求将四川代牧区的一部分划归西藏代牧区传教势力范围，这样做实属形势所迫，目的是为将来进入西藏首府拉萨一带开展福传活动打牢基础，更何况这首先是川东南主教范若瑟的观点。就此达成共识后，范若瑟和杜多明决定一起就川西北、川东南及拉萨三个宗座代牧区的勘界问题同马伯乐主教进行商定。

## 二、教区勘界

经过协商，就川藏教区勘界问题，川西北、川东南及拉萨代牧区的三位代牧主教马伯乐、范若瑟和杜多明最终达成共识，1857 年 8 月 5 日，上述三方写信将一份拟好的协议呈送至罗马教皇。协议内容原文如下：

我们，下面署名者，宗座代牧主教们，郑重地、一致地请求我们非常圣神的教皇，1856 年 4 月 2 日和 4 日关于分割四川传教会以及按照圣座命令设立拉萨代牧区的教廷谕令持有者，俯允确定下面每一个代牧区的边界，并授予每一位宗座代牧主教在他们各自教区内拥有管辖传教会的所有常规权力和特许权力：

I. 川西北代牧区，由雅克·雷昂纳尔·贝罗书——马格祖拉主教（即马伯乐——译者）管辖，包括：（四川）西部地区，中文名字"川西"；（四川）北部地区，也就是川北；在上南部（即上川南——译者）有邛州、大邑、穆坪以及天全县东部；资州地区的资州城、龙江城（Long-Kiang）、资阳城及其辖地。这是永久性的。

II. 川东南代牧区，由约瑟夫·德福莱尔士——西尼特主教（即

23 A. M. E., vol.556A, Mgr. Thomines Desmazures, Considérations sur les limites à donner au Vicariat ap.du Thibet, le 25 avril 1857, p.985.

24 A. M. E., vol.556A, Mgr. Thomines Desmazures, Considérations sur les limites à donner au Vicariat ap.du Thibet, le 25 avril 1857, p.989.

范若瑟——译者）管辖，包括：（四川）东部——川东；（四川）南部，在下部，即下川南，除去资州及 Tche-ly-tcheou 一部划归川西北代牧区，一部分划给了拉萨代牧区，如下将要陈述。

Ⅲ. 最后，拉萨代牧区，由多米尼·德玛祖尔——西瑠鲍利主教（即杜多明——译者）管辖，（在四川）包括：四川上南部，被称为上川南（除去划给川西北代牧区的一部分）；资州地区的仁寿、井研，（以上地区——译者）在 1856 年 4 月 2 日的谕令中曾被划归川东南代牧区。[25]

罗马教皇于 1858 年 1 月 3 日颁布谕令批准了该协议，将原本属于四川代牧区的上川南一部正式划归西藏传教会传教势力范围，包括宁远府、雅州府、嘉定府、岷州府（Min-tchou，今四川眉山一带——笔者注）、打箭炉以及井研县、仁寿县、蒲江县，有 116 个教会堂口，约 15000 位教徒。[26]巴黎外方传教会总部的长上们认为，此次川藏教区勘界对西藏传教会非常有利，他们说："杜多明主教可以找到，在四川（代牧区）让与西藏（代牧区）的地域内，他经营这一传教会所需要的一切：本地神父、传道员、义工、教友家庭，他（将他们）分段安置在（进藏）路途中，（他们）将会成为新堂口的核心力量。"[27]接下来，杜多明将其主教府设置在位于上川南地区的大林坪（（Ta-lin-pin，又称"化林坪"，今四川汉源县境内），欲在此谋划开展西藏传教会之后的进藏传教活动。

# 小　结

通过范若瑟主教代为选拔和任命，法国巴黎外方西藏传教会于 1857 年终于拥有了自己的代牧主教，就此结束了该会长达数十年活动"无首"的被动局面。1858 年川藏教区勘界之后，根据教皇格列高利十六世 1846 年 3 月 27 日设立拉萨宗座代牧区的谕令，教皇陴九世 1850 年 2 月 16 日将印度阿萨姆邦划归西藏传教会传教势力范围的谕令，以及 1858 年 1 月 3 日教廷批准川藏教区勘界协议的谕令，杜多明初任主教时期西藏传教会教务辖区主要包

---

25　A. Launay, *Histoire de la Mission du Thibet*, tome 1, Paris: Les Indes Savantes, 2001, p.295.

26　A. Launay, *Histoire de la Mission du Thibet*, tome 1, Paris: Les Indes Savantes, 2001, pp.295-296.

27　A. Launay, *Histoire de la Mission du Thibet*, tome 1, Paris: Les Indes Savantes, 2001, p.296.

括三部分：中国西藏、四川上川南一部以及印度的阿萨姆邦；除罗勒拿、肖法日及德高丹之外，1858 年顾德尔（Goutelle）神父的加入使西藏传教会的法籍传教士数量增加至 4 人；同时还有 5 位中国本土神父加入西藏传教会，这五位本土神父分别是罗安德烈（André Lô）、郭奥古斯汀（Augustin Ko）、刘托马斯（Thomas Lieou）、黄马修（Mathieu Houang）以及黄查尔斯（Charles Houang）；此外，西藏传教会还拥有 11 位流动施洗员（baptiseur ambulant）以及 10 位药店义工。[28]时值第二次鸦片战争即将爆发，初具规模的巴黎外方西藏传教会即将进入一个新的历史阶段。

---

28 A. Launay, *Histoire de la Mission du Thibet,* tome 1, Paris: Les Indes Savantes, 2001, p.297.

# 第八章　杜多明主教时期巴黎外方西藏传教会进藏活动的开展与终结

第二次鸦片战争后，根据 1858 年、1860 年法国迫使清政府签订的《天津条约》和《北京条约》，外国传教团体不仅可以在中国自由游历并传教，还可以租买土地建造教堂。[1]清政府的"禁教"政策被迫"弛禁"，对于欧洲在华传教士们来说，天主教传华活动即将告别寒冬迎来春天。由此，1861 年初，巴黎外方西藏传教会一改以往的"遮掩躲藏"，高举法国国旗，公开从四川出发进藏以开展传教活动，不料却严重受阻并困于察木多（Tchamouto，今西藏昌都），主教杜多明被迫离开西藏前往北京，求助于为他们谋得传教"自由权"的法国公使团，却又意外遭到后者的"嫌弃"和抛弃。法国公使团不仅拒绝支持杜多明的主要诉求，还禁止他再度返回西藏。被迫离开中国折返欧洲后，气愤受到法国驻华公使团的"不公正"对待，杜多明先后向法国外交部和罗马教廷"言辞激烈"地提出申诉，却并未获得期望中的支持。申诉无果的杜多明无奈辞去西藏传教会主教职位，该会开展十余年的进藏活动也以失败告终。尽管法国政府通过《天津条约》《北京条约》为外国传教团谋得在华传教自由权，西藏传教会进藏活动却严重受阻察木多；教会活动受阻之际，法国公使团不但未"鼎力"相助，还让传教士们深刻感受到法国政府对他们的"嫌弃"和抛弃。此次西藏传教会进藏活动受阻事件处置过程中，法国公使团一改以往对法国在华传教团的袒护，转而选择打压之，同时却对清政府

---

1　王铁崖，中外旧约汇编（第 1 册）：北京：三联书店，1957 年，第 107 页、第 147 页。

中国表现出一种近乎于"抚慰"的态度，这不仅不被当时法国教内人士理解，迄今中外学界也对此存有诸多疑问。法国公使团此次一反常态对清政府中国表现出"友好"，究其根源在于 1860 年代较为特殊的中外国际关系以及中国西藏当时所面临的严峻国际形势，在此背景下处置巴黎外方西藏传教会进藏受阻相关事务，法国政府不但要对她在中国的政治、经济及宗教利益进行权衡并做出取舍，同时还要对她同英俄等西方强国之间的外交关系以及各自在华利益予以审慎考量并加以平衡。

## 第一节　杜多明主教引领进藏活动受阻察木多

### 一、杜多明初任代牧主教时期的西藏传教会

1857 年 5 月 3 日，在巴黎外方川东南教区主教范若瑟（Mgr. Desflèches）主持下，杜多明于四川成都后坝场（Ho-pao-tchang）被祝圣为西瑙鲍利主教（évêque de Sinople），是为西藏传教会首任代牧主教。[2]巴黎外方四川传教会传教士艾嘉略（Delamarre）当时列席了杜多明的主教祝圣仪式。[3]此后不久，艾嘉略于 1860 年应召前往充当法国公使葛罗（le Gros）的翻译，全程经历了英法联军侵犯北京的军事行动，参与英法同清政府的谈判直至《北京条约》签订[4]，他将为西藏传教会接下来开展的进藏活动提供很多支持。

杜多明出任西藏传教会代牧主教之际，该会进藏传教活动正面临着前所未有的阻力。前文述及，受限于 1844 年中法《黄埔条约》约定的五口通商口岸合法活动范围，所有在中国内地开展的进藏传教活动均被迫在秘密中进行：化装成商人的巴黎外方西藏传教会传教士罗勒拿（Renou）于 1847 年从四川秘密出发进藏，于 1848 年初在察木多被中国官府逮捕并驱逐出境[5]；之后罗勒拿于 1850 年经由广州再度潜回内地，先后两次从滇西北出发，继续化装成商人秘密开展进藏活动，于 1854 年得以偷偷潜入位于中国西藏东南边缘的察瓦

2　A. Launay, *Histoire de la Mission du Thibet*, tome 1, Paris: Les Indes Savantes, 2001, p.293.

3　A. Launay, *Histoire de la Mission du Thibet*, tome 1, Paris: Les Indes Savantes, 2001, p.293.

4　耿昇，传教士与远征军——法国传教士艾嘉略第二次鸦片战争亲历记，杭州师范学院学报（社会科学版），2005 年 7 月第 4 期，第 20 页。

5　A. Launay, *Histoire de la Mission du Thibet*, tome 1, Paris: Les Indes Savantes, 2001, pp.71-82.

弄一带；[6]由于 1848 年罗勒拿在察木多遭遇查捕驱逐，考虑到中国内地进藏传教活动的阻力，外方传教会巴黎总部于 1849 年从法国选派拉班（Rabin）带领传教士前往印度，从南亚方向开展进藏活动，经历了数度失败之后，先是首领拉班于 1852 年"逃回"法国，后有传教士克里克（Krick）、布里（Bourry）于 1854 年被杀，随着 1858 年传教士贝尔纳（Berbard）离开印度改往缅甸传教以及丁德安（Desgodins）于 1859 年离开印度前往中国，南亚方向的进藏活动彻底以失败告终；[7]经由滇西北进入西藏东南部后，罗勒拿于 1854 年在崩卡山谷（Bonga，位于今西藏自治区察隅县察瓦弄乡境内）建成了当时西藏传教会唯一一个位于西藏境内的传教点，就在杜多明被祝圣为该会主教后不久，崩卡教点于 1858 年初被当地民众打毁，由此引发了关于"崩卡教案"的长期诉讼。[8]就传教活动成果而言，当时的西藏传教会只在西藏的崩卡和云南的维西（Ouy-si）、秋那桶（Kionatong）共计有四十来位新皈依的信徒。[9]

西藏传教会主教选任事宜结束后，鉴于之前该会从中国内地和南亚开展进藏活动所遭遇的巨大阻力与数度挫折，虑及前往西藏开展传教活动尚需等待时机，在杜多明和范若瑟两位主教的请求之下，巴黎外方川西北教区主教马伯乐（Pérocheau）同意将四川传教会近藏一部划为西藏传教会传教活动范围，以作为后者在四川境内开展进藏活动准备的基地；罗马教皇于 1858 年 1 月 7 日签署谕令，将原本属于四川传教会传教辖区的上川南（邛州、大邑县、穆坪及天全州东部除外）及资州府的仁寿、井研等地划入西藏传教会传教活动范围，具体来讲包括宁远、雅州、嘉定、岷州、打箭炉五府及井研、仁寿和蒲江三县。[10]

从人事上来讲，杜多明被祝圣为主教前后，西藏传教会只有三名法国传教士：罗勒拿、肖法日（Fage）及丁德安，且丁德安尚未离开印度前来中国。原本在南亚开展进藏活动的 5 位传教士（拉班、克里克、布里、贝尔纳、丁德安）

---

6　A. Launay, *Histoire de la Mission du Thibet,* tome 1, Paris: Les Indes Savantes, 2001, pp.98-200.

7　A. Launay, *Histoire de la Mission du Thibet,* tome 1, Paris: Les Indes Savantes, 2001, pp.201-229, pp257-285.

8　A. Launay, *Histoire de la Mission du Thibet,* tome 1, Paris: Les Indes Savantes, 2001, pp.230-256, pp.316-327

9　A. Launay, *Histoire de la Mission du Thibet,* tome 1, Paris: Les Indes Savantes, 2001, p.294.

10　A. Launay, *Histoire de la Mission du Thibet,* tome 1, Paris: Les Indes Savantes, 2001, p.295.

当中，只有丁德安最后得以离开印度前往中国同西藏传教会的传教士们汇合。后来，川西北主教马伯乐手下的一位传教士顾德尔（Goutelle）申请加入了西藏传教会，再加上之后不久从法国本土派来的毕天祥（Biet）和吕项（Durand），杜多明初任主教时期西藏传教会在籍法国传教士由原来的 3 位上升至 6 位。

由于即刻开展进藏传教活动的条件尚不成熟，上任后的杜多明将其主教府设在了四川 Ta-lin-pin（当是化林坪，位于今四川泸定县境内），在汉地开展传教活动的同时，他于 1857 年末派遣一位信徒前往汉藏重镇打箭炉（Ta-tsien-lou，今四川康定）购置房产开办药房，随后其手下传教士顾德尔化装成商人带领几名信徒前往管理，以为日后西藏传教会开展进藏传教活动做接应准备。[11]

## 二、英法联军侵犯中国——西藏传教会进藏活动的契机

如上所述，杜多明于 1857 年开始担任西藏传教会代牧主教一职。随后，在四川开展传教活动的同时，杜多明并没有忘记其进藏传教的使命，派其手下信徒和传教士秘密前往川边重镇打箭炉购置房产开办药房，以为接下来进藏传教活动的开展做接应准备。

就在杜多明领导的西藏传教会秘密开展上述活动之际，以英法为首的西方列强开始在中华大地上实施侵略活动。1858 年 5 月，英法联军侵占大沽炮台，以"进攻北京"威胁清政府同他们签订了不平等的《天津条约》，其中有条款规定外国传教士可以到中国内地自由传教[12]。自此，清政府从康熙末年开始推行的天主教传华"禁教"政策开始走向全面"弛禁"。1860 年，英法联军攻入北京，迫使清政府于同年 10 月交换《天津条约》并签订不平等的《北京条约》，其中包含"归还以前'禁教'期间没收的天主教资产"、"允许传教士租买土地、建造教堂"等有利于天主教传华活动的条款[13]。英法在第二次鸦片战争期间所取得的胜利及其衍生出的不平等条约《天津条约》、《北京条约》，为外国传教团体扩大其在华传教活动迎来了契机，西藏传教会籍此在政策层面获得了前往中国西藏传教的"自由"权利。

1861 年初，在结束其法国公使团翻译工作后，曾经列席杜多明主教祝圣

---

11 A. Launay, *Histoire de la Mission du Thibet*, tome 1, Paris: Les Indes Savantes, 2001, p.300.

12 王铁崖，中外旧约汇编（第 1 册）：北京：三联书店，1957 年，第 107 页。

13 王铁崖，中外旧约汇编（第 1 册）：北京：三联书店，1957 年，第 147 页。

仪式的艾嘉略从北京返回四川，他带回来一封法国公使布尔布隆（Bourboulon）写给西藏传教会主教杜多明的信，信中称："我们的奥古斯丁皇帝在他登上王位的那一天就决定效忠于国家政治和天主教，（法国）国王陛下的政府刚刚大张旗鼓地，通过签署北京条约，于去年10月25日，掌管了（在华）保教权。法国，以其'罗马天主教会长女'的身份，已经庇护了，经年以来以其持续的关切，（天主）福音传播事业，在（中国）这一遥远的地方。十字架，整个天主宗教的骄傲和希望，从她被埋葬的废墟中竖立起来，在整个广袤（中华）帝国的首都（北京），就在法国国旗首次出现在那里的时候。今天，装饰着一座老教堂的屋脊，她被隆重竖立在北京最高建筑物当中，向中国政府以及受到震撼的中国民众宣示（天主教信仰自由）。这两个标志，一个是我们古老的信仰（天主教），另一个是我们伟大的国家（法兰西），被不可分割地联结在（法国）皇帝政府强大的教会之下。"[14]由此，布尔布隆不禁向杜多明感叹："这难道不是如此多故却又充满各种奇迹的本世纪内最稀奇的事件之一吗？这难道不是一页辉煌的篇章，要添加到天主教在世界上不断进步的历史当中，或者（添加）到由法国给（天主教这一）真正文明所提供的显著服务的年鉴当中去吗？"[15]为此，他向杜多明发出呼吁："该你们（行动）了，主教大人，以及您可敬的（传教士）合作者们，将这些误入歧途的（中国）民众带向光明和上帝；至于我们这些（法国）皇帝政府的官员们，唯一（需要做）的就是悉心看守你们并保护你们，因为唯有我们能以强大且被敬重的（法国）皇帝的名义发声。"[16]在给杜多明捎去这封信的同时，艾嘉略还给西藏传教会的罗勒拿和肖法日带回了进藏护照，这两张护照由法国全权公使葛罗同恭亲王（Prince Kong）奕䜣共同签发，以官方文书的形式在政策层面保障该会享有进藏传教的自由权利。在1861年3月2日写信给罗勒拿的信中，艾嘉略说："我迫不及待抓住有利时机以唤起您对我的记忆并向您奉上我诚挚的问候。从北京返回（成都）有一个月了，我在那里为法国大使（葛罗）担任翻译，我给您带来一份由他颁发给您的护照，上面盖有（咸丰）皇帝之兄恭亲王（奕䜣）的印章。从此之后你们就有了自由穿梭于西藏并在那里传教的完全自由。您的护照已经被呈交至四川总督，他也是中国（派驻）西藏的代理钦差大臣。他表现出十分关注天主教及其传教士们……我是多么的难过，对于您数年以来（因为"禁教"）所遭受的、

14  A. M. E., vol.556B, Bourboulon à Mgr. Desmazures, le 31 Mars 1861, p.839.
15  A. M. E., vol.556B, Bourboulon à Mgr. Desmazures, le 31 Mars 1861, pp.839-840.
16  A. M. E., vol.556B, Bourboulon à Mgr. Desmazures, le 31 Mars 1861, p.841.

来自于某些人的恶意及不公正……肖法日先生一定会向您详细讲述或者写信给您（告知）英法联军对中国军事征服的所有情景，他是从（成都）这里得知的这一切。"[17]艾嘉略无疑是十分支持进藏传教的，在他看来，得益于英法联军刚刚在中国所完成的军事征服，法国传教士们从此就可以"自由穿梭"于中国西藏并"完全自由"地在那里传教。天主教传华活动完全挣脱了清朝"禁教"政策的禁锢，这在当时正逐渐成为外国在华传教士们的一种共识。

虽然目前尚未寻获上述颁发给罗勒拿及肖法日的法文护照原文，但是，在巴黎外方传教会档案馆藏的第556B卷中保存有一页中文护照，内容关乎传教士在四川藏区打箭炉、巴塘等地自由建堂传教，原文如下[18]：

> 大清执政大臣及各省文武官员边疆大吏自此以后教士＿＿＿公在四川打箭炉巴塘等处省内来去传教居住无论何处租赁田地建造天主堂屋宇均听其便丝毫不可留难当以贵礼相待并往随时照料切勿袖手旁观庶臻妥协为此本大臣给发此照。

继罗勒拿和肖法日的护照之后，法国公使布尔布隆（Bourboulon）还签发了杜多明主教的护照，并于1861年8月11日将之从北京寄到四川，编号为第170号[19]，其原件内容如下：

> 法国驻中国公使团　第170号
>
> 以法国国王的名义
>
> 根据天津条约的第8条款，由法国皇帝同中国皇帝于1858年6月27日共同签署的，我们，（法国）全权特使，请求中国及其附属国文武、中央及地方、上级及下级政府部门放任杜多明大人阁下，法国人，西藏宗座代牧西瑙鲍利主教自由通过，在其前往云南、四川及西藏省之际，＿＿＿府及＿＿＿县在需要之际给予他帮助和保护。
>
> 这张护照发放自法国驻中国公使团外交公署
>
> 北京，1861年8月11日
>
> 法国驻中国全权公使布尔布隆（Bourboulon）

为进一步给西藏传教会进藏传教活动寻求保障，除了上述证照，艾嘉略还

17　A. M. E., vol.556B, Delamare à Renou, le 2 Mars 1861, p.789.

18　A. M. E., vol.556B, p.593.

19　A. M. E., vol.556B, p.899.

从当时的四川总督处帮助杜主教获得一份护照，内容如下[20]：

护照。我们，Tsong，西藏朝廷特使（即驻藏大臣——译者），代掌四川总督之印，同时行使政府职责，给予一张护照。现有一位大法国的著名老爷自北京前往西藏专门为传播天主之宗教，（这宗教）它以劝人为善为准则；现在，除了由名为和硕（Ho-che）的恭亲王和顺天府（Chouen-tien-fou，即北京）行政长官盖章批准的那些护照之外，我们再发放一个盖有（四川官府）大印的护照给大法国著名的老爷——杜多明（Tou-to-min）——保存在手中。我们命令我们整个管辖范围内地方的所有文武官员，认真给予其帮助和保护，以客待之；以使这位著名大老爷，他所到之处，城市、农村、海关、狭路等等，来去自由，丝毫不受阻止或者妨碍。如果他们得知其遇到困难，他们应该迅速采取措施将其解脱出来。如果有时，就宗教事务，他求见当地官员，上述官员应该随即接见他并且不能拒绝。

当他要建造其教堂，庆祝仪式，诵读祈祷及完成其宗教的任何其他礼仪，要提防粗俗蠢货或者不明真相的一些文人发难于他并挑起事端。借此向来自远方的人们表达由热情支配的情感。

这就是为什么我们要发放这份护照，非常有必要的护照。这个护照被交到杜多明的手中，由（四川）总督于咸丰十一年农历七月十五。

同时，针对"崩卡教案"诉讼以及西藏传教会进藏活动，四川总督还向打箭炉厅下达如下命令[21]：

政府命令，

我，（四川）总督，朝廷要人，书面下达命令。

法庭上人们见证了这位法国（天主）宗教传播者（肖法日），负责西藏（教务的），通过信件毕恭毕敬地请求我下令命我的官员受理其诉讼。

我，我认为应该满足其请愿……我清楚地预先告知西藏的朝廷特使（即驻藏大臣——译者），他需要审查事实并付诸于细心，就像我自己在接待诉讼之前仔细审查它们一样。

---

20　A. M. E., vol.556B, p.1187.
21　A. Launay, *Histoire de la Mission du Thibet,* tome 1, Paris: Les Indes Savantes, 2001, p.334.

兵部尚书通知我们说法国人已经同中国签订了和平条约，和谐现在已经全面实现。因此要向所有人宣称他们需要遵守条约，（条约）被保存在法庭内。现在及未来，当有法国国籍的（天主）宗教传播者们，前往西藏的，Tin（即打箭炉——原文）的官员将是进出（西藏）的关卡；如果来了一位法国传教者要通过，Tin 应该准备好将之通知所有文武官员，以使他们悉心戒备，以免途中的（天主教）传播者们落入蛮族偷窃者们之手，避免他们被蛮族民众歧视，这有可能会导致（中法之间）一场新的战争。让我们表现出保护外国人的最良好意愿。

因此我命所有官员、并借这些信件敦促（打箭炉）Tin 官员预先告知所有文武官员，让他们认真遵照条约，让他们不敢反驳我们目前这一命令。

咸丰十一年农历七月二十一。

上述两份文件，加上之前法国公使布尔布隆写给杜多明主教的信件，以及由中法双方共同签发的进藏护照，这些官方文书证明，在 1860 年、1861 年，中国政府不仅有权力准许西藏传教会的传教士们前往西藏，并且中国政府有义务保护他们并保证他们在西藏自由开展天主教传播活动，而且法国公使团代表法国政府切实承诺帮助、支持并保护西藏传教会传教士们开展进藏传教活动，在 1861 年 3 月 31 日写给杜多明的信中，法国公使布尔布隆曾明确表示过，法国政府已经借助战争和条约为西藏传教会谋得进藏传教自由权，接下来，他们法国公使团的这些"（法国）皇帝政府的官员们"唯一需要做的就是"悉心看守"并"保护"西藏传教会的传教士们，因为唯有他们"能以强大且被敬重的（法国）皇帝的名义发声"。[22]值得注意的是，透过上述信件及证照内容还可以看出，在 1860 年代初，迫于条约相关约定，出于对战争再度爆发的担忧，清政府中央曾三令五申川藏地方各级政府，要求其竭尽全力保障法国传教团体自由进藏传教。

综上所述，英法联军在第二次鸦片战争中的胜利以及《天津条约》、《北京条约》的签订，这给西藏传教会提供了一个前所未有的开展进藏传教活动的有利时机：不仅法国公使团代表法国政府承诺要支持并保护西藏传教会自由开展进藏传教活动，而且清朝中央政府也下令命地方政府"全力"保障法

---

22 A. M. E., vol.556B, Bourboulon à Mgr. Desmazures, le 31 Mars 1861, p.841.

国传教士自由进藏传教。之前严苛"禁教"背景下，历经十余年被迫秘密开展的"地下"进藏传教活动，遭遇数度驱逐及失败，在英法联军侵犯北京之后，西藏传教会的传教士们如"枯木逢春"，一改以往进藏活动中的"乔装打扮""东躲西藏"，他们将在杜多明主教的带领下开启新一轮的进藏传教活动，他们将手持官方发放的这些证照，公开以法国传教士的身份"正大光明"地前往中国西藏："在 1861 年最初的几个月里，法国同中国签订的（天津和北京）条约适用于（中国）西藏，前往西藏的护照发放给了（杜多明）代牧以及好几位（西藏传教会）传教士……传教使徒们，首领在前，决定向拉萨进发。"23

## 三、杜多明引领进藏活动察木多受阻

### （一）打箭炉—理塘—巴塘—察木多

1861 年 1 月 8 日，在写给巴黎外方传教会长上阿尔布朗（Albrand）的信中，杜多明主教说："对于在这里的我们来说，还是只有从汉人口中传出的消息，（他们）一致言称首都（北京）被（英法联军）占领了……尽管我们在这里的处境没有丝毫的改变，然而我希望她（即该处境——译者）将逐步发生变化，在不长的时间内，总之我们将借此（机会）前往西藏。"24杜多明向阿尔布朗明确表示他们将开启新一轮的进藏传教活动，利用"（中国人）对攻击中国的、好战的欧洲人的惧怕"，利用"中国人对据说垂涎于拉萨想占领之的英国人的惧怕"，他说："我们将于此时启程（开展进藏活动），肖法日刚刚出发（先行），以为我们购置不同的出行必需品并安排好各种事项。（我们）将要动身，如果上帝不于此设置障碍的话，一旦冰雪（融化）使得旅行者不再（因为冰雪）摔跤，并且我的身体在相当程度上得到了恢复，或者没有某种主要原因阻碍我（的话），我自己将首发（前往西藏）。"25第二天，在写给巴黎外方传教会另一位长上勒格雷鲁瓦（Legrégeois）的信中，杜多明不无憧憬地说："如果我和罗勒拿先生出发前往立足于拉萨，我们有足够的理由相信有（一些）英国人在那里，我将竭尽全力通过他们（即英国人——译者）为我们打通一条通向印度的通道，这将使得我们之间（即西藏传教会同巴黎总部之间——译者）的联系加

---

23 A. Launay, *Histoire de la Mission du Thibet,* tome 1, Paris: Les Indes Savantes, 2001, p.334.

24 A. M. E., vol.556B, Mgr. Desmazures à Albrand, le 8 janvier 1861, p.720.

25 A. M. E., vol.556B, Mgr. Desmazures à Albrand, le 8 janvier 1861, p.720.

速三至四倍，并且这比经由中国内地（进行联络）的花费要低得多。"[26]

1861 年 4 月，杜多明主教及其传教士们开启新一轮的进藏活动，劳内的《西藏传教会历史》一书中这样描述此次活动的开端："从 Ta-lin-pin，他（即杜多明主教——译者）派肖法日、顾德尔和吕项（先行）前往打箭炉，几天后他自己也前往那里，同丁德安和毕天祥（Biet）一起。"[27]1847 年，罗勒拿曾化装成商人"秘密"进藏，行至打箭炉之际，"潜藏"于一位"善良的本地人"家中，待了一个月之后便匆匆离开。[28]相较于此，杜多明一行此次到达打箭炉，不仅不需要乔装打扮、遮掩躲藏，当地官府还鸣炮以示对法国传教团的"热烈欢迎"，劳内书中有这样的记述："（杜多明）主教进入这座城市（即打箭炉——译者）由人炮声示众。可以看出汉官们（对杜多明及其传教士们）的殷勤……（打箭炉）长官提供给传教士们一封非常有帮助的信，希望方便（他们）前行（进藏）。"[29]之后，毕天祥留在打箭炉以保障后勤，杜多明及其他传教士们则跟着一支进藏队伍离开打箭炉继续西进。[30]杜多明一行在队伍中十分耀眼，不仅因为他们外国人的相貌及身份，还因为他们一路上都让一位"中国官员"高高举起法国国旗，杜多明在写给巴黎长上勒格雷鲁瓦的信中说："5 月 7 日星期二，我们从打箭炉出发了，法国国旗由一位位于队伍之首的教民举起，（这位教民）是中国军队中的一名官员，穿着通常汉官们标准的官服。"[31]能公开以法国传教士的身份前往西藏，并且能让一位身份为"中国官员"的天主教教民高高举起法国国旗，杜多明对此充满了优越感，对比 1846 年秘密进藏且被驱逐的遣使会传教士秦噶哔及古伯察，他非常骄傲地说："我们的（进藏）旅途远远不像秦噶哔和古伯察（那样在进藏途中东躲西藏）……所到之处人们相当友好地接待我们，如同（我们是）重要人物一样。"[32]

---

26 A. M. E., vol.556B, Mgr. Desmazures à Albrand, le 8 janvier 1861, p.727.

27 A. Launay, *Histoire de la Mission du Thibet,* tome 1, Paris: Les Indes Savantes, 2001, p.336.

28 A. M. E., vol.556, M. Renou aux directeurs des M.E.P., Hong-Kong, le 28 décembre 1848, p.11.

29 A. Launay, *Histoire de la Mission du Thibet,* tome 1, Paris: Les Indes Savantes, 2001, p.337.

30 A. Launay, *Histoire de la Mission du Thibet,* tome 1, Paris: Les Indes Savantes, 2001, pp.336-337.

31 A. Launay, *Histoire de la Mission du Thibet,* tome 1, Paris: Les Indes Savantes, 2001, p.336-337.

32 A. Launay, *Histoire de la Mission du Thibet,* tome 1, Paris: Les Indes Savantes, 2001, p.337.

　　杜多明及其传教士们从打箭炉出发后，经由理塘、巴塘于 1861 年 6 月 4 日到达江卡（Kiangka，今西藏芒康）；在江卡停留了两个月之后，1861 年 8 月 5 日，杜多明决定让肖法日、顾德尔及吕项留在江卡，以同当地官府交涉崩卡教案相关事宜，他同罗勒拿及丁德安则离开江卡继续前行进藏，于 8 月 19 日到达察木多。[33]在察木多，杜多明及其传教士们受到了当地官府更为"热烈"地欢迎，8 月 22 日，杜多明写信给留在江卡的肖法日、顾德尔及吕项，他说："我们到达了这里（察木多），我们前往拉萨的旅行者们，星期一，在一次热烈的接待之中，来自于所有前来迎接我们的中国官员，（他们）在进城入口处架起一顶帐篷，（在里面）为我们提供了茶水。所到之处我们受到了未曾预想到的友好接待，这（有可能）得益于罗勒拿之前曾经（在这里）留下的记忆，也非常有可能得益于一些（中国官府）上级的指示。"[34]对察木多官府的热情接待，罗勒拿在写给江卡传教士们的信中也做了详细描述："我们之间道再见已有好些时日了……（8 月）19 日我们才到达这里（察木多）。旅途要多顺利有多顺利，沿途受到的接待也越来越热烈。在我们到达（察木多）之际，（迎接我们的）帐篷已经在城外支撑起来，被士兵前呼后拥的（察木多）文武汉官在那里等候着我们。藏民官员对我们的尊敬丝毫不输（于汉民官员），以致于法兰西只需炫耀她派往藏地的代表们（即法国传教士们——译者）所受到的这种款待。一切都让人期待接下来的旅途将得以顺利进行。主教大人已经恢复了活力，最高的山峰在他看来都太过低矮；丁德安一如既往身体康健，只有我一直是队伍里（身体）最弱的。"[35]

　　此番杜多明引领的新一轮进藏活动中，一改以往的"乔装打扮"、"遮掩躲藏"，法国传教团高举法国国旗，公开其法国教会身份，所到之处均受到当地汉藏官员的热烈欢迎，此即第二次鸦片战争及不平等条约给外国在华传教团体带来的重大境遇变化。进藏沿途尤其是察木多汉藏官民的热情接待，使得西藏传教会的传教士们对接下来的进藏活动充满无比的信心，他们未曾料到的是，有利形势很快急转直下，他们即将在察木多遭遇严重阻力。

33　A. Launay, *Histoire de la Mission du Thibet,* tome 1, Paris: Les Indes Savantes, 2001, pp.336-337.

34　A. M. E., vol.556B, M. Desmazures aux Fage Goutrelle Durand., tchamouto, le 22 août 1861, p.903.

35　A. M. E., vol.556B, M. Renou aux Fage Goutrelle Durand, tchamouto, le 22 août 1861, p.901.

### （二）察木多受阻

杜多明及其传教士们并未打算在察木多久留，他们最初计划于 8 月 23 日从察木多出发继续前行进藏，后又将出发日期延后至 29 日，却未曾料到一个"突发状况"竟然阻断了他们此次进藏之路，使他们不得不长时间滞留察木多，并最终导致了此次进藏活动的失败。

关于该"突发状况"，罗勒拿在其 9 月 9 日写给肖法日的信中做了详细陈述。这封信开始，罗勒拿再次回顾了察木多官府对他们到来的热情接待，随后他向察木多官府提交诉状，要求其敦促江卡官员钟淮快速处理崩卡教案，他说："第二天在我们对（察木多）统领的拜访中，我得以非常自然并从头到尾向他讲述了在江卡我们（崩卡教案）事务的（处理）情况……为使该事件（的处置）更加官方，我呈上了之前写好的诉状。统领答应我当场让人写信给钟淮并向他下达正式命令，以促使他还我们于公正，依据新的条约（即《天津条约》和《北京条约》——译者），我们有权获得（这一公正）"。[36]由于要等待江卡守备钟淮的相关答复，杜多明及其传教士们将离开察木多的日期从 23 日推至 29 日。[37]就在他们要出发的前一天，也就是 8 月 28 日，发生了上文提及的"突发状况"："8 月 28 日上午，我们（前往官府）拜访作别，并因为（接下来的进藏）行程（而从官府那里）收获了许多礼物。驮载（行李）的牲畜已经全部准备好了，第二天天一亮我们就会在一个前所未有的好天气里上路了。但是，差不多中午时分，有人来告诉我们，有几封来自拉萨的信，是以这个城市三大寺（即拉萨哲蚌、甘丹、色拉三大寺——译者）的名义写的，禁止（进藏）沿途任何人向我们提供马匹、食粮及住宿，针对我们前往拉萨的法国人以及所有英国人。稍后，粮台陈（育）亲自前来向我们证实了这一消息"。[38]据罗勒拿称，针对这一突发状况，察木多粮台陈育即刻写信向驻藏大臣和四川官府求助，杜多明也马上写信向成都的艾嘉略报告："（陈育）请求我们不要因为这一突发状况而忧虑，称其将即刻就此写信给钦差（即驻藏大臣——译者），他应该采取措施使我们安全到达拉萨。实际上他立刻就写了信，他的信，都是由骑马的士兵走特别通道寄送，应该从这里出发只需要 9 天就可以到达拉萨。同时他还就此向成都官府做了汇报。我同时也就此情形给艾嘉略先生写了信"。[39]

---

36 A. M. E., vol.556B, M. Renou à Fage, tchamouto, le 9 septembre 1861, p.939.

37 A. M. E., vol.556B, M. Renou à Fage, tchamouto, le 9 septembre 1861, p.939.

38 A. M. E., vol.556B, M. Renou à Fage, tchamouto, le 9 septembre 1861, p.939.

39 A. M. E., vol.556B, M. Renou à Fage, tchamouto, le 9 septembre 1861, p.939-940.

鉴于此前北京政府曾三令五申要求川藏地方竭力保障法国传教团自由进藏，对于此次察木多受阻这一"突发状况"的后续解决，罗勒拿最初抱有十分乐观的态度，他说："一切都是有利于我们的。我对此没有丝毫的惊讶，因为来自北京的命令反复强调，告知这条路上的汉官，要求这些先生们以最大可能的尊重来对待我们。在这些（来自北京的）信件当中，有一封信说（北京政府又）给法国大使发放了250张（传教士）护照……（这封信）也谈及我们（西藏传教会传教士们）的28张护照，还提及我们的名字……所有这些信保证了我们的处境（安全）。我认为（他们）为难我们只能是推迟我们的旅行（意即不会阻断我们的进藏活动——译者），（此次进藏旅行推迟）在夏天将更为惬意。另一个（证据）可以证明，此次暴风雨将不会太猛烈，就在8月28日，就是第二天我们就要出发的前一天，从（拉萨的）钦差那里还寄来了几封信，（这些信还在）命令整个（进藏）沿途（官府）都要好好保护我们，不得在我们（进藏）途中设置任何障碍。"[40]罗勒拿坚信一切问题都会妥善解决，他说："此次暴风雨只会有好的结局，甚至对崩卡教案也一样……我将敦促（察木多）统领再次写信，我将在下一封信中讲述我（采取）措施的结果……坚定（信心）直至还崩卡（教案）所有的公正，并保证它的绝对安全，你们可以高枕无忧了。"[41]不仅是罗勒拿，西藏传教会主教杜多明同样持非常乐观的态度，他于1861年10月28日写信给巴黎长上勒格勒鲁瓦，鼓励巴黎总部对西藏传教会进藏活动保持信心："这封信将向您展示西藏传教会最大的希望。我们在这里（即察木多——译者）的耽搁只是暂时的，我们前往拉萨的保证应有尽有。将我们困在这里可能是想让我们为（进藏）福音传播做准备……我们在军营中，尤其是在民众中，都有朋友……在崩卡周边，一整个村庄就等着（教案）诉讼结束后就加入我们，……已经有两位藏民宣称愿意皈依基督教并已经开始学习祈祷；在拉萨，民众支持我们……这让因魔性而狂热的喇嘛们很愤怒。到处人们都在谈论我们，一些从未与我们谋面的土著首领（即土司——译者）主动接近我们，甚至是扎什伦布（Djachilonba）的，人们向我们表达想见到我们的愿望，一扇大门就这样向福音敞开。"[42]

可以看出，此番阻力面前，杜多明及其传教士们依然对进藏传教活动表现

40　A. M. E., vol.556B, M. Renou à Fage, tchamouto, le 9 septembre 1861, p.940.
41　A. M. E., vol.556B, M. Renou à Fage, tchamouto, le 9 septembre 1861, p.940.
42　A. M. E., vol.556B, M. Desmazures aux directeurs des M.E.P., tchamouto, le 28 octobre 1861, p.1037.

出极大的信心。一方面，作为"战胜国"，法国政府已经为他们从北京政府那里获得了进藏护照，他们深信不疑这些护照在中国有"最高权威"，能够保障他们顺利进藏，杜多明在其写给勒格勒鲁瓦的信中说："北京事件，法英军队的胜利，改变了我们在中国政府面前的处境。法国同中国的全权代表，葛罗（le Barron Gros）和恭亲王（Kong tsin-ouang），颁发给罗勒拿和肖法日的护照，给我们提供了一种新的行动手段，强有力的手段，因为这些证件在中国有最高权威。"[43]另一方面，此次进藏沿途，法国传教士们切实感受到了中国官府态度的巨大转变，从之前对他们的"缉拿驱逐"转变为了"热情接待"，这使法国传教士们相信，迫于西方列强压力的中国政府会真正支持他们自由开展进藏活动，为此罗勒拿曾断言："根据来自北京的最新消息，法国和英国在那里变得越来越强大，自从（中国）皇帝回到那里（即咸丰皇帝从热河返回北京——译者）。他们（即察木多官府——译者）还可以拖延我们（的进藏活动）一些时日，但是这不可能持续（太长时间）。"[44]

此次进藏活动中，法国传教士们手持中国政府发放的进藏护照，途中又亲身体验了沿途官民对他们的"热烈欢迎"和"欢迎接待"，由此他们深信不疑中国官府真正支持法国传教士进藏，这使他们对此次进藏活动的成功充满信心。面对此时拉萨传来抵制他们入藏的消息，他们认为这只是三大寺的单方面行为，并不能代表中国政府反对他们进藏："我们这里认为三大寺信件的寄出，是在朝廷钦差、拉萨王（当指拉萨政府摄政或者首席噶伦——译者）及噶伦们不知情的情况下（发生的），因此不要（为此）焦虑。"[45]杜多明在写给勒格雷鲁瓦的信中说："我们就这样被上帝的一个奇妙决定留在了这里（即察木多——译者）……我们针对（拉萨三大寺）此次侵犯（我们）权力及条约（的行为）写了强烈的抗议信，友善对待我们的汉官将其寄往拉萨和成都，（寄给了）对他们（即拉萨三大寺——译者）有领导权的朝廷（驻藏）钦差和四川总督。就在她（即传教士们的抗议信——译者）刚刚于8月30日被发出之际，一位加急邮差带来了一道拉萨朝廷代表或者说是钦差的官方命令，（命人）善待我们并采取措施将我们安全送达拉萨。然而，鉴于（拉萨）喇嘛们的恼怒，他们认为谨慎起见，还是等待（拉萨和成都）针对我们抗议信的答复（到来之后再出

---

43  A. M. E., vol.556B, M. Renou aux directeurs des M.E.P., tchamouto, le 27 octobre 1861, p.1021.
44  A. M. E., vol.556B, M. Renou à Fage, tchamouto, le 9 septembre 1861, p.940.
45  A. M. E., vol.556B, M. Renou à Fage, tchamouto, le 9 septembre 1861, p.940.

发为好）。"[46]然而，这一等待却使滞留察木多的法国传教士们逐渐陷入一种难以摆脱的困境。

第二次鸦片战争后，根据中国同法国之间签订的《天津条约》、《北京条约》，外国传教团体不仅可以在中国内地自由游历并传教，还可以租买土地建造教堂，始于康熙末年的清政府"禁教"政策于此走向瓦解，外国在华传教团体似乎正在走出寒冬迎来春天。因此，1861 年初，在新一轮进藏传教活动中，法国巴黎外方西藏传教会不再"乔装打扮""遮掩躲藏"，而是高举法国国旗公开向中国西藏首府拉萨进发。清朝"禁教"政策全面"弛禁"背景下，法国公使布尔布隆承诺"保护"巴黎外方西藏传教会的传教士们自由开展进藏传教活动，中国政府也发放护照以"保障"他们安全进藏，不同于以往的"追查缉拿"，进藏沿途中国官府给予他们"热烈欢迎"和"热情接待"，由此他们深信不疑中法两国政府真正支持西藏传教会自由进藏，这让他们对新一轮进藏传教活动的成功充满信心，却不料重蹈 1848 年罗勒拿进藏活动的覆辙，再次受阻于察木多。不同的是，有"中法条约"和"官方护照"加持，在察木多遭遇阻力之初，杜多明及其传教士们对接下来的进藏传教活动并未失去信心，他们认为不会再像当年罗勒拿那样任由察木多官府逮捕驱逐，为突破困境，杜多明主教将"愤然"进京求助法国公使团。

## 第二节　杜多明主教败走察木多进京求助法国公使团

### 一、困于察木多

1861 年初，在新一轮进藏传教活动中，法国巴黎外方西藏传教会不再"乔装打扮""遮掩躲藏"，而是高举法国国旗公开向中国西藏首府拉萨进发。清朝"禁教"政策全面"弛禁"背景下，法国公使布尔布隆承诺"保护"巴黎外方西藏传教会的传教士们自由开展进藏传教活动，中国政府也发放护照以"保障"他们安全进藏，不同于以往的"追查缉拿"，进藏沿途中国官府给予他们"热烈欢迎"和"热情接待"，这让他们深信不疑中法两国政府真正支持西藏传教会自由进藏，使得他们对新一轮进藏传教活动的成功充满信心，却不料重蹈 1848 年罗勒拿进藏活动的覆辙，再次受阻于并困于察木多。

---

46 A. M. E., vol.556B, M. Desmazures aux directeurs des M.E.P., tchamouto, le 27 octobre 1861, p.1207.

罗勒拿首先感知到这种困境，他在写给驻香港本会当家神父李博的信中做了这样的表述："我们的事务如此混乱，以致于我不知道何时才能看见这喇嘛教的首府（即拉萨——译者）。这尤其是迫使我写信给（法国公使）布尔布隆的原因，以使他知悉我们（在察木多）的糟糕处境。……（8 月）19 日我们到达了有着我们忧伤记忆的察木多（因为 1848 年罗勒拿曾在察木多被中国官府逮捕并驱逐——译者）……就在我们打算离开（察木多）这座城市以继续我们的（进藏）行程之际……拉萨三大寺的来信使我们不能再前行更远，（他们）禁止任何人向我们提供马匹、食物、木柴和水，我们必须要么原路返回，要么饿死（于此）。但是因为两者我们都不愿意，我们提出强烈抗议，以致（后来）我们得以驻留（察木多），（我们）没有后退，但是也没有前进……您看到了，尽管新的条约（的签订），不是所有的（进藏）困难都被铲平了。"[47]

此次进藏活动中，受杜多明主教之命，毕天祥（Biet）一直驻守打箭炉以为进藏活动提供后勤保证，他也写信向法国驻北京公使馆求助。1861 年 12 月 11 日毕天祥写信给布尔布隆，向他讲述了西藏传教会当时所处的困境："请允许我，大使先生，感谢阁下过去曾经为我们（教会）提供的巨大服务，告知他（即布尔布隆大使阁下——译者）我们（西藏）传教会最近几个月以来这令人忧伤的状况。当然，Sinople 主教（即杜多明主教——译者）应该愿意由他自己亲自（写信）感谢您，代表我们所有人，并按照您善意的邀请告知您（西藏传教会的）现状，但是，现在（主教）大人他在哪里呢？他还活着吗？我们的五位同仁今天还活着吗？驻西藏的中国特使（即驻藏大臣——译者），名叫满（Man，即驻藏大臣满庆）的，难道他还没有成功地让那些西藏帮匪将他们杀掉吗？他们（指西藏帮匪们——译者），没有任何（官方委派）文件，自称是被拉萨三大寺派来的。目前，只有我一个人待在西藏外围，可能是（西藏传教会）唯一一个还活着的，我认为不能再拖延了，需要告知您我们的困境，并向您求助，以对抗某些汉官的伪善，他们不惜一切代价想置我们于死地。（我们）确信北京政府将会感谢他们要了欧洲野蛮人——西国的野人（Sy Koue ti ie jen）们的命（即可以确信北京政府会感谢拉萨三大寺帮他们除掉他们眼中的欧洲野蛮人——法国传教士们的命——译者）。"[48]

自从 8 月 28 日拉萨三大寺来信阻止法国传教士进藏活动以来，尽管杜多

---

47  A. M. E., vol.556B, M. Renou à Libois, tchamouto, le 29 octobre 1861, pp.1041-1042.

48  A. M. E., vol.556B, M. Biet à M. Bourboulon, Tatsienlou, le 11 décembre1861, p.1109.

明及其属下马上以"遵守条约"为由对此提出了强烈抗议，察木多官府也即刻写信给驻藏大臣以及四川总督，以为传教士们的进藏活动谋求支持，但是，这些措施均未奏效，滞留察木多的法国传教士们逐渐陷入进退两难的困境。

就在外部形势日渐严峻的同时，西藏传教会内部传教士之间的矛盾也逐渐显现并日益加剧。进藏途中，杜多明曾留下肖法日、顾德尔和吕项三位传教士在江卡处理崩卡诉讼，据他们来信称，江卡守备钟淮对他们实施生活来源封锁，同时肖法日同另外两位传教士之间矛盾渐深，导致后来肖法日坚决要求离开西藏传教会，这让杜多明非常苦恼。西藏传教会一直以来都被教士缺乏的问题所困扰，再加上进藏活动的停滞不前，发出的求助信也迟迟未得到回应，此时的杜主教心力交瘁，几乎处在崩溃的边缘，他在1862年1月8日写给肖法日的信中说："先生，亲爱的同仁，……尽管我们之间相互不满……我从未停止、也不会停止为您向上帝祈祷……不要认为对于您来说更换传教会就是一种幸福，哦，不是的……您想要离开（西藏）传教会，在一个所有方向的魔鬼都起来攻击我们的时候？……这里（在察木多），我们不知道什么时候才能够从束缚中挣脱出来，那里（在江卡），我看不到什么时候崩卡事件（即崩卡教案诉讼——译者）可以得到解决。人们要弄我们，人们嘲笑我们，我们刚刚接到来自成都的信件，由刚刚将您的（信）交给我们的同一个邮差带来的，告知我们，新的（四川）总督骆秉章（Luo Pin tchang）是基督教徒和欧洲人公开的敌人。艾嘉略先生和毕天祥先生并不太看好（西藏传教会的）未来。"[49]在同一天写给顾德尔的信中，杜多明称："江卡的消息深深地折磨着所有人……而我就要讲给你听的、来自成都的消息（即新任四川总督骆秉章敌视天主教的消息——译者）则（使这种）折磨达到了顶峰。罗勒拿再次呕吐起来，昨天晚上他被击垮了……丁德安开始泄气了。"[50]面对困境，此时的杜多明开始感到危机四伏，他说："在拉萨我们有狂热的敌人：满大人（驻藏大臣满庆）、李（玉甫）粮台（leangtay）、淮统领（Houay tonglin）和罗总爷（Luo tsongye），江卡有钟淮，打箭炉有新任官粮府张超（Kouan liang fou Tchang tchao）。"[51]与此同时，似乎法国公使团也开始表现出消极态度，在杜多明看来，这同当时法国势力在国际事务中的收缩有关，这让他感到绝望，他说："（法国公使）布尔布隆先生很消极，他又能做什么呢？当拿破仑已经将罗马及意大利其余地方交给了维克

49 A. M. E., vol.556B, M. Desmazures à M. Fage, tchamouto, le 8 janvier 1862, p.1283.
50 A. M. E., vol.556B, M. Desmazures à M. Goutelle, tchamouto, le 8 janvier 1862, p.1288.
51 A. M. E., vol.556B, M. Desmazures à M. Goutelle, tchamouto, le 8 janvier 1862, p.1288.

多·伊曼纽尔二世（Victor Emmannuel II，实现意大利统一的首任国王）……在交趾支那（Cochinchine），（法国人）毫无进展，因为拿破仑禁止攻打其首都。艾嘉略先生由此又能做什么呢？"[52]就在此时，杜多明得知察木多官府将设法让他们离开西藏，他说："哲蚌大喇嘛寺是反对我们的……我们今天接到了 Oû Sien Sou 的一封信……告诉我们说，一位希望恢复职位的被降职的赵府爷（Tchao fou ie）被（驻藏大臣）满大人派驻这里（即派驻察木多——译者），他将设法让我们（离开西藏）出发返回四川。"[53]即便如此，杜多明依然没有放弃进藏的打算，他告诉顾德尔，他计划独自出发前往拉萨。[54]

杜主教计划独自出发前往拉萨，这竟然激起了罗勒拿的不快，进而暴露出西藏传教会内部更多的矛盾。1862 年 2 月 11 日，在写给罗勒拿的一封信中，杜多明说："对于我来说这是一种痛苦，得知我决定（独自）出发前往拉萨，以落实您向我提出要（我们）分开的要求，您气恼直至（向我）表达了您对前往那里（即前往拉萨——译者）的厌恶"。[55]作为西藏传教会首位开展进藏活动的传教士，前往拉萨一直以来都是罗勒拿的梦想。此番进藏，受困于察木多数月之后，罗勒拿不仅有着严重的心理负担，还出现了严重的身体健康问题，此时杜多明决定抛下他独自出发前往拉萨，这自然让罗勒拿难以接受，再加上此时出现了一些财务分配方面的问题，加剧了杜主教同罗勒拿、丁德安之间的矛盾。在 1862 年 2 月 28 日写给毕天祥的一封信中，杜多明写到："正如我上一封于 1 月 8 日写给您的信预测的那样……如果我找不到办法出发前往拉萨，我们内部的情况就不可避免会进一步恶化，这不，罗勒拿先生第二次阻止我出发（前往拉萨），通过寻求削弱那些应该给我带路的人们的士气，他这招儿没有成功，就迫使我延期（出发），还采取一些手段到衙门里去（告我的状），就因为这，现在我的（进藏）行程被（察木多）全城以及拉萨的喇嘛寺知悉，他们一直在那里阻挡我们通行，（我的进藏行程）变得不再可能或者说是很危险。（察木多）我的两位同伴（即罗勒拿和丁德安——译者）想迫使我同意并继续他们的暴力行径，这明确违背了耶稣基督精神以及我们的（传教）使命，这使得这里的异教徒们明显（开始）反感我们的（基督）宗教，（罗勒拿和丁德安还）苛求我在同一个教会内部进行财产分割，这会引起议论并在我们的敌人面

52 A. M. E., vol.556B, M. Desmazures à M. Goutelle, tchamouto, le 8 janvier 1862, p.1288.
53 A. M. E., vol.556B, M. Desmazures à M. Goutelle, tchamouto, le 8 janvier 1862, p.1288.
54 A. M. E., vol.556B, M. Desmazures à M. Goutelle, tchamouto, le 8 janvier 1862, p.1288.
55 A. M. E., vol.556B, M. Desmazures à M. Renou, tchamouto, le 11 février 1862, p.1351.

前削弱我们（自己）。"[56]

　　就在上述写给毕天祥的信中，杜多明透露了一个从中国官方窃取来的消息，此消息载于总理各国事务衙门写给察木多官府的一封答复信中，对西藏传教会进藏活动极为不利，因为它明确了中国政府阻止西藏传教会进藏的决心和行动：

　　　　"目前，世俗关系中涉及到我们（西藏传教会）的严重事件是，一封总理各国事务衙门（Zong li Ko Koui ss ou ia men）或者说是北京外交部的 Ho pay……要交给（拉萨）钦差派驻（察木多）总府爷（Tsong fou ie）的，这封信就是要置我们于危险境地。北京（政府）针对钦差汇报的这一答复信是一封密令，我们将之从驿站内窃取出来，日期是阴历十一月二十六，（密令）说：您告知我们说有三位英国人有意从四川前往拉萨，说法国人罗勒弩（即罗勒拿——译者）及其他人从云南进入桑昂（Saguen）地界内（即 1854 年罗勒拿肖法日从云南出发到达西藏境内桑昂曲宗的察瓦弄一带——译者），说喇嘛们及当地人发誓宁愿去死也不允许这些或者那些（外国）人进入拉萨政府管辖地域内；之前我们就已经答复过，说我们不可能在不违背和平条约（即《天津条约》和《北京条约》-译者）的情况下阻止他们（进藏），但是对于接下来想进入西藏的那些（外国）人，（您）要向他们呈现（进藏的）危险、困难等等，用好听的话让他们高兴；我们将写信给四川官府，以禁止任何驿站向他们提供马匹。然后今年阴历一月十四传来一道（四川）总督的命令，告知钦差们（说他）已经下令在隶属于四川的地域内拒绝（向外国人提供）乌拉……"。[57]

从上述信件内容来看，针对地方政府关于法国传教士进藏活动事宜的报告，北京政府不止一次做出过答复。尽管已经充分意识到，阻止外国人进藏不可避免会违背《天津条约》、《北京条约》相关约定，但是，可以看出北京政府依然决意阻止他们进藏。清政府中央指示四川和西藏地方官府，一方面要用"好听的话"哄法国传教士们高兴，一方面则要用进藏的困难和危险吓唬他们，同时还指示四川官府不要向法国传教士们提供进藏所需马匹等交通工具。四川总督

56　A. M. E., vol.556B, M. Desmazures à M. Biet, tchamouto, le 28 février 1862, p.1399.
57　A. M. E., vol.556B, M. Desmazures à M. Renou, tchamouto, le 28 février 1862, pp.1399-
　　1400.

落实执行了北京政府的命令，拒绝向法国传教士们提供进藏所需乌拉。不到一年的时间里，从最初"积极履约"发放护照并命令各级政府保护法国传教士进藏活动，到现在"决意违反"条约约定阻止他们进藏，清朝中央及地方政府对待外国人进藏活动的态度可以说是发生了根本性的变化。第二次鸦片战争刚刚结束之际，西方列强的战争威胁迫使清政府"积极履约"，刚过去一年左右的时间，清政府竟然敢于"违约"，这只能被推定为"战争威胁"已经在很大程度上被消除，即西方列强在当时应该是缓和了同清政府中国的外交关系，不会轻易在短时间内再发动侵华战争。然而，沉浸在刚刚获得"宗教自由"胜利之中的杜多明竟然认为："我们只有通过一场迫在眉睫的新的战争才能公开制服这帮下等人（即需要通过一次新的对华侵略战争才能彻底制服中国人——译者）"。[58]杜多明此番言语间透露着当时外国人对于软弱清政府中国一贯的傲慢和鄙视，动辄就想对中国诉诸于武力以实现一己私利。通过两次鸦片战争，借助不平等条约，列强为外国在华传教团体谋取了"不菲"的宗教利益，这在某些外国在华传教士的思维中形成了一个定式：通过战争迫使中国政府就范，以获取宗教相关权利，这种思维可以说是严重违背了基督宗教精神。

上述密信之内容透露出中国政府阻止西藏传教会进藏的决心和行动，此时的杜多明已经开始怀疑能否在中国政府的保护之下到达拉萨，他警示毕天祥要充分意识到西藏传教会的传教士们"始终处于敌人的领域内"，告诫他们要对中国人保密西藏传教会事务，他说："不要让（中国）公众知道我们的事务，尤其是（不要让）衙门（知道）"，他要求传教士们"谨言慎为"，将他们的关系以及他们的信件完全置于秘密当中，"尤其要尽可能地悄无声息。"[59]他对毕天祥说："正如您所看到的，我们身处暴风雨之中"。[60]

## 二、败走察木多

很快，困于察木多的杜多明主教决定独自出发前往拉萨，为此他给全体西藏传教会的传教士们写了一封信。似乎已经初步感知到法国公使团对西藏传教会事务的漠然态度，杜多明在信中特别强调，应该及时利用第二次鸦片战争带来的优势开展进藏传教活动，不是以法国公使团的名义去西藏扮演一个"政

---

58 A. M. E., vol.556B, M. Desmazures à M. Renou, tchamouto, le 28 février 1862, p.1400.
59 A. M. E., vol.556B, M. Desmazures à M. Renou, tchamouto, le 28 février 1862, p.1400.
60 A. M. E., vol.556B, M. Desmazures à M. Renou, tchamouto, le 28 février 1862, pp.1400-1401.

治角色"，而是以传教使徒的身份前往中国西藏[61]：

　　先生们，亲爱的同仁们，

　　　我出发（前往拉萨）去完成我的使命，我以耶稣的名义向你们宣布，我的使命并不是以（法国公使）布尔布隆的名义去开展外交，亦不是要僭取世俗的头衔，这会使上帝不悦并有害于灵魂的归化（事业），亦不是去扮演一个政治角色，这被圣座谕令所禁止，亦不是用引起议论的恼怒折磨所有人……我的使命，经由圣座来自于上帝……我的使命是因上帝的仁慈而（开展福音传播）工作，以使狼群变为羊群，是将我的生命付诸于灵魂的拯救（工作）。适宜利用北京战争带给我们的优势（进藏传教），为什么你们不利用呢？你们会（藏地）语言，可以到处传播福音……尽你们所能摆脱掉所有世俗的事务，以专门投入到祈祷和福音传播中去，这是你们的使命！正是因此我以耶稣之名及对耶稣的爱恳求你们离开察木多，一旦罗勒拿的体力允许的话……讲定罗勒拿将前往拉萨，不是扮演一个政治角色，而是为了推进其藏语学习及写作，为了传播耶稣福音。至于丁德安……他将前往崩卡替换顾德尔，一旦他（即顾德尔——译者）能找到安全旅行的工具就应该立即出发（前来同我汇合）。我给罗勒拿留下足够多的（钱），除了他的盘缠之外，以满足他的疾病（治愈）所需要的所有费用并支付他前往拉萨的旅费。……我恳请上帝立刻治愈罗勒拿，恳请他保佑你们顺利到达你们各自的目的地，他将降福于你们以及你们的劳作。

　　宣布要独自出发前往拉萨后，杜多明主教却并未成功实施其拉萨之行，而是于 1862 年 3 月 11 日离开察木多前往北京，以请求法国公使团帮助抗议中国政府阻止他们开展进藏活动。他认为中国政府此种做法违背了条约相关约定，严重侵犯了法国传教士们依据条约所享有的宗教权利。对于杜多明此次拉萨之行落败的过程，巴黎外方传教会档案馆馆长劳内（Launay，又译为陆南）占有最为详尽的史料，然而，他在《西藏传教会历史》一书中的相关叙述却只有寥寥几句："1862 年的 1 月和 2 月过去了，并未发生任何改变，对于（西藏传教会）这危险困难的处境。杜多明主教当时有想法（独自）出发前往拉萨，仅仅带上三位仆人；但是稍加思考，他便很快明白这一举动的

---

61　A. M. E., vol.556B, Mgr. Desmazures aux Missionnaires, le 28 février 1862, p.1403.

不可行性，于是将其视线转向另一方：他决定去北京（求助法国公使团）。"[62]根据劳内的表述，杜多明"稍加思考"便很快明白前往拉萨的"不可行性"，于是决定前往北京求助法国公使团。放弃开展进藏活动去往遥远的北京，如此重大决定并非轻易能够做出，杜主教败走察木多前往北京求助法国公使团，他应当是遇到了无法克服的进藏阻力。下面是杜多明在进京途中写给法国外交部一封信件的节选，其内容透露说，杜主教竟是遭遇清政府的"驱逐"而离开西藏的[63]：

> 北京战争发生了，（法国）同中国之间（签订了）和平条约……法国公使团，出于十分的善意，认为应该将我们所有人（即西藏传教会的所有传教士——译者）都通知到中国政府……结果中国政府将我们所有人的名字都通知给了拉萨的朝廷代表、西藏政府以及按照规定也给我们发放了护照的四川政府。传教士们不可能，并且今后再也不可能隐姓埋名前往西藏腹地。我同四位我们的传教士于1861年4月15日不加掩饰地出发前往那里（即公开法国传教士身份进藏——译者）。不久后，我们来到拉萨政府直接管辖的地域内，在所有到达的地方我们都受到了当地人——喇嘛及民众的最热情接待，在（上述）大部分地方都受到了汉官们的十分礼待。后者（即汉官们——译者）在其他任何地方都比不上在察木多给予（我们）那么多的关注和礼遇……在那里（即在察木多——译者）休整了10天后（我们决定出发继续进藏活动），他们（却）拒绝向我们提供继续我们行程所必需的（驮载）牲畜，他们还让人把守住桥梁以拦住我们的去路，迫使我们原路返回并离开西藏。驻拉萨的朝廷代表（即驻藏大臣满庆——译者）已经就此下达命令，由摄政恭亲王（奕䜣）亲自主持工作的北京外交部也对此表示同意，向沿途所有驿站都下达最严格的命令，切断我们同汉地的一切联系，扣住给我们（从汉地）寄来的所有物品及钱财。他们甚至到了拒绝给我安置在江卡的三位传教士（即肖法日、顾德尔、吕项——译者）提供任何糊口之物的地步，从法律的角度对那些给他们提供过木柴和食物的当地

62 A. Launay, *Histoire de la Mission du Thibet,* tome 1, Paris: Les Indes Savantes, 2001, p.352.

63 A. M. E., vol.556C, Mgr. Desmazures aux Ministères des affaires étrangères, 1863, pp.651-652.

人进行打击并施加死亡威胁。（我安置）在拉萨的基督徒受到恶待……（他们）被从那里驱逐出去，却并没有给他们时间合理处置他们的货物，也没有（给他们时间让他们）收回他们的债务，就这样让他们遭受了一笔超过 2000 两白银（16000 法郎）的损失。……在察木多停滞了 7 个月之后，北京及高层汉官的急件显示出（形势）越来越严重，我必须，为了保护我的传教士们，让步于地方汉官们并前往北京，去要求（我们）因北京条约而获得的、由我们护照所保护的、并由法国皇帝陛下的善意所保障的（宗教）自由，这有（法国）公使团曾以其名义写给我的信为证。1862 年 3 月 11 日，由其属下向北京政府官方报告，（我离开察木多）前往（北京）抗议（中国官府）对条约的违背。持有一个证明'我是由朝廷代表根据北京之命驱逐出西藏的'新的护照，我离开了察木多……。"

上述信件中，杜多明综述了他和传教士们此番进藏沿途最初受到的礼遇，以及到达察木多之后进藏活动所陷入的困境，对于此次决定独自出发进藏以及所遇阻力则一笔带过，只是说，鉴于形势"越来越严重"，为了保护他的传教士们，他不得不让步于中国地方政府，放弃进藏活动，转而前往北京求助法国公使团。据此可以推测，在前往拉萨无望的情况下，杜多明打算进京求助法国公使团，中国政府答应给杜主教发放进京护照，交换条件是杜多明需承认他是被中国政府"驱逐"出西藏的。相关档案中并未找到这个能够证明"中国政府从西藏驱逐杜多明"的护照，却保存有另外一份中文书写的相关档案，内容如下[64]：

> 管理察木多粮务陈育
>
> 驻防察木多游击张明
>
> 禀遵
>
> 札劝导法人杜多明先行起程回川外有法国副使罗肋拏（即罗勒拏——译者）等尚在察台由钦差驻藏大臣恩满（即驻藏大臣满庆和驻藏帮办大臣恩庆——译者）批摅禀已患查法国公使杜多明该游击粮务禀已于本年二月由察起程先行回省其副使罗肋拏等二人即不难安慰仰该游击粮务剀切劝导遵令该法人罗肋拏迅速东归不必赴藏是为至要此缴　四月初八日到察

---

64　A. M. E., vol.556B, 1555.

## 三、前往北京求助于法国公使团

### （一）进京途中

离开察木多后，杜多明首先来到汉藏重镇打箭炉，于此通过信件得知，法国公使布尔布隆先生即将从北京离职，在等待他的继任者到来期间，公使团暂由临时代办哥士耆（Kleczkowski）承管。1862 年 4 月 28 日，在写给巴黎长上勒格雷鲁瓦的信中，杜多明表达了他对西藏传教会的极度悲观情绪，尤其因为他从到达打箭炉的信件中得知，临时代办哥士耆公开宣称，法国公使团不能为法国传教士进藏活动提供支持："我曾经写信给您，我同罗勒拿和丁德安于去年 8 月 19 日到达察木多。在那里我们的（进藏）行程被拉萨三大寺和察木多的喇嘛寺所阻断。在此地滞留 7 个月后，我被迫（离开西藏）……我曾白费力气试图向西藏腹地行进，北京的密令，驻西藏朝廷代表们的密令，拉萨喇嘛寺院的代表们，（所有这些）迫使我（离开西藏）前往四川去北京，向法国大使告发中国政治的诡诈以及他们在西藏围捕我们的情形。……我正在（前往北京的）途中，前往要求和平条约曾许诺给我们的（传教）自由，我来到了这里（打箭炉——译者）毕天祥的身旁，我得知了一些事情，是我此次（北京）之行成功（与否）的不好征兆。在这里，我们的人和教会的物品被汉官们阻止前往西藏，这让我在这里找到了自从我（上次）离开这里一年多以来未能收到的所有信件。……就在我写下这几行字的时候，到达了一个来自重庆和成都的信袋，里面有哥士耆先生一封信的节选，（他是）法国驻北京公使团秘书，信中他宣称……（法国）公使团不能为我们做什么。几天后我将前往成都，在那里我将看看能做些什么决定……。"[65]

最初，法国公使布尔布隆"热情洋溢"地写信告知杜多明，法国公使团会保障西藏传教会进藏，现如今临时代办哥士耆却表示，法国公使团却不能给进藏传教士们提供保护支持，法国公使团这种前后矛盾的做法让杜多明内心既难过又充满了疑惑。更何况，除去表示不能支持和保护西藏传教会的传教士们之外，据说哥士耆还在中国政府面前极力贬低法国传教士们，称他们不过就是"一类和尚"，哥士耆的这种做法深深地刺痛着杜多明。杜主教对隐藏其背后的原因不得而知，在写给传教士们的信中他悲观地说："黑暗时刻全面降临，正如你们尤其将在西尼特主教（川东南郊区主教范若瑟——译者）几天前寄来的信件节选中看到的，哥士耆先生宣称抛弃了我们，布尔布隆不在（中国），

---

65  A. M. E., vol.556B, Mgr. Desmazures à Legrégeois, le 28 avril 1862, pp.1517-1519.

（他）返回了法国（据说是永久性的——原文）……法国政府代办（哥士耆）曾向恭亲王（Prince Gong）宣称我们（法国传教士）不过就是一类和尚（意在贬低法国传教士的身份——译者）"。[66]艾嘉略也曾经在 1862 年 5 月 30 日写给罗勒拿的信中称，哥士耆"尽其所能贬低传教士们并削弱他们在中国官府眼中的影响力。"[67]

　　1862 年 6 月，在写给勒格雷鲁瓦的信中，杜多明讲述了他离开打箭炉及之后的行程："我刚刚离开宜昌府，在五六日之后将抵达汉口的船上，重拾这封信（即继续写这封信——译者）。毕天祥严重的疾病使我滞留打箭炉直至 5 月 1 日。我在成都待了八天，在重庆待了九天，我沿长江而下前往汉口和上海。"[68]劳内的《西藏传教会历史》一书中也记述了杜多明的行程："从打箭炉……尊敬的（杜多明）主教到达了上海，然后（到达了）天津，那里的法国领事封达尼尔（Fontanier）先生给他提供了前往北京的通行证。"[69]

## （二）到达北京

　　杜多明主教于 1862 年 8 月 31 日写信给巴黎外方的长上勒格雷鲁瓦，汇报了自己初到北京的境遇，信件内容如下[70]：

　　　　先生，亲爱的同仁，

　　　　　　经历了受上帝垂怜被减缓的诸多劳累之后，期间，欧式饮食，尤其是葡萄酒和可口的面包，使我（在西藏）差点儿丢掉的性命慢慢得以恢复，我于（8 月）23 日到达这里（北京北堂，遣使会主堂——译者），在穆利（Mouly）主教以及遣使会传教士们的邀请之下，他们到处以圣·万桑（Saint Vincent，遣使会创始人——译者）门徒们的热情接待我。我在这里遇见的人有：纳瓦罗（Navarro）主教，他（来北京）为其湖南的教民（向中国政府）提出抗议，Misière 和 Vulmon 先生，（他们来北京）为其殉道者们的死（向中国政府提出抗议）……Anouil 主教，一位来（向中国政府）提出严正抗议的遣使会神父，以及（法国）大使不在（北京）期间由临时代办哥士耆

66　A. M. E., vol.556B, Mgr. Desmazures aux Missionnaires, le 10 Mai 1862, p.1558.

67　A. M. E., vol.556B, Delmarre à Renou, le 30 Mai 1862, p.1597.

68　A. M. E., vol.556B, Mgr. Desmazures à M. Legrégeois, juin 1862, p.1515.

69　A. Launay, *Histoire de la Mission du Thibet*, tome 1, Paris: Les Indes Savantes, 2001, p.374.

70　A. M. E., vol.556B, Mgr. Desmazures à M. Legrégeois, le 31 août 1862, pp.1739-1740

狭隘思想所造成痛苦的穆利主教。我（对法国驻华使馆临时代办哥士耆）的第一次拜访如下：我从他那里获得了诸多礼遇，晚餐邀请以及所有让人欢喜的（事情）。但是，因为我不是来北京寻求（别人对我）脱帽致敬的，在加倍还礼于这位如此善待我的人的同时，我没能忍住皱了两次眉头，向公使团的工作人员表达了我的强烈不满。首先因为他们推后了一个月才会处理我的（西藏）事务，（事务）本身是那么的简单，在所有人的眼中，仅仅哥士耆先生（同中国政府）的一个日常会晤……就足以解决她并优待地把我护送回西藏。对于哥士耆先生来说，非常容易在他（北京）漂亮的花园里散着步等待一个月，但是，我在西藏的五位可怜的传教士们，还有我们（西藏传教会）日益增长的开销，还有他们可能处在其中的危险，这让我不是那么容易支撑一个月。其次，我清楚地向他表达说明了，既然他将我们以主教的身份介绍给了中国政府，我丝毫不同意被这个政府（即中国政府——译者）当成和尚来对待，（和尚）这一卑贱阶级，一位体面的中国人是不会将其尊为席上嘉宾的，而是要以主教们在整个法国文明社会中所占据的（重要）位置（来接待我们）……因为这位先生（即法国临时代办哥士耆——译者）表面上装得很虔诚，却让我觉察出了他（同我）的分歧，就以他对待纳瓦罗先生、穆利先生及 Anouil 先生的粗暴方式，我怀疑我们之间能否（就西藏传教会事务）达成一致。他的思想太过狭隘而不能认识到，通过向（法国在华）主教及传教士们表示敬意，他可以在中国政府眼中抬高（法国）公使团（的地位），除了要保护几个可怜的商人家伙之外，（法国公使团）对其他毫不关心，其中最富有的（法国商人）同英国（商人）相比也只能是一些穷酸之人。……如果当这封信到达您那里的时候，如果尚未任命（法国驻）北京大使的话，如果您能够让权力相关人听听（法国）在华主教和传教士们的心声的话，我请求您作证，在我拜访过的传教会里……我们所有的人一致请求敏缇尼（Montigny，时任法国驻上海领事——译者）先生或者其他类似的人（担任法国驻华公使），他刚毅的个性才能使法国（同中国之间）避免一场新的战争，避免中国暗中酝酿的对法国人的屠杀。

因为我要趁一个机会前往天津，这封信将在那里等待被运往上
海……请向所有令人尊敬的我们的同仁们转达我的感情，请所有人
都为我这位你们的仆人和同仁祈祷

雅克·莱昂，西璐鲍利主教，拉萨宗座代牧。

根据这封信，杜多明到达北京后，在遣使会的北堂遇到了同样来京申诉的其他
地区教会主教及传教士，其中有纳瓦罗（Navarro）主教、Misière 先生、Vulmon
先生以及一位遣使会神父 Anouil 先生，不难看出，当时从四面八方进京请求
公使团代为抗议中国政府的法国传教士不在少数，也就是说，即便当时条约约
定外国传教团体可以在华自由传教，传教活动实际遭遇阻力的情况却并非只
发生在西藏。这也说明，西藏传教会活动此番遭遇阻力并非个案，传教士及教
民同地方官民之间的冲突当时在中国全国呈现多发状态。尽管第一次拜访哥
士耆，杜多明受到了"诸多礼遇，晚餐邀请以及所有让人欢喜的"事情，但法
国公使团并未给他留下良好印象，首先是因为哥士耆并未同意立即就西藏传
教会相关事务同中国政府展开交涉，而是将之推迟至一个月以后，这让杜多明
很是不满，在他看来西藏传教会事务本身是"那么简单"，以致于"在所有人
看来"只需要哥士耆同中国政府之间的一个"日常会晤"就足以解决它，由此
可见，杜多明及多数在华活动的欧洲人认为，在当时的中外国际关系交往中，
西方各国在华公使团之于清政府存在压倒性优势；其次是因为法国传教士们
被公使团以"和尚"的身份介绍给了中国政府，杜多明绝不能同意哥士耆的这
种说法，他认为"和尚"在中国属于卑贱阶层，同他作为主教在法国"文明社
会"中所占据的重要位置不相称，因此他绝对不能同意法国传教士被类比于中
国的"和尚"，由此体现出杜多明对于其所代表的西方天主教存在极大的优越
感。到达北京后杜多明发现，哥士耆不仅消极对待从西藏来京申诉的他本人，
对待其他地区来京申诉的法国传教人士也持"不友好"态度，可见当时法国公
使团对来京申诉的法国传教士并无地域之分，而是一视同仁地"不欢迎"。鉴
于法国公使团诸如此类让人出乎意料的做法，杜多明开始抨击哥士耆，称其
"假装虔诚"于宗教，却因"思想狭隘"而只会保护寥寥几位法国商人的利益，
不知道借助敬重法国在华主教及传教士以抬高法国公使团的地位。由此可见，
较之于对法国在华商人利益的保护，哥士耆对法国传教士们持冷落态度，这让
杜多明主教认为当时的法国公使团是将法国在华经济利益置于宗教利益之上
的。杜主教借此抨击哥士耆更重视法国在华经济利益，因而忽略了天主教传华

活动对于法国在华利益的重要性。由于"已经觉察到"的存在于他与哥士耆之间的分歧，再加上看到哥士耆对待纳瓦罗、穆利及 Anouil 等其他来京申诉法国传教士们的"粗暴方式"，杜多明开始"怀疑"他同哥士耆之间能否就西藏传教会事务最终达成一致，同时他也将当时天主教传华活动受阻问题归咎于哥士耆个人。因此，杜主教向巴黎总部提出请求，如果新任法国大使尚未被任命，如果能让"权力相关人"听听法国在华传教士们的心声，希望外方传教会巴黎总部的长上能代向法国政府转达，他所见过的"所有人"一致请求由"敏缇尼先生或者其他类似的人"来担任法国驻北京大使，因为只有这些人的"刚毅个性"才能使中法之间避免再度因为宗教纠纷发生战争，才能避免"暗中在中国酝酿的对法国人的屠杀"。杜多明可能没有想到，并不是某个法国大使就能解决法国传教团在华活动受阻的问题，因为法国公使团代表的是法国政府，其处理对华关系的策略当然来源于法国政府高层的授意。当时哥士耆对来京申诉的法国传教士持"不欢迎"态度，这应当并非由于哥士耆个人"个性"不够刚毅，也不是因为哥士耆没有足够胆量施压于中国政府，而很有可能是因为他受到了法国政府的某种授意。进京申诉的杜多明遭遇法国公使团的"冷遇"，这极有可能意味着，对于法国政府来说，西藏传教会进藏活动受阻相关事务的处置正逐渐发展成为一个非常棘手的问题。

（三）提出诉求

由于哥士耆要在一个月之后才会介入处理西藏传教会的事务，在此期间，因为中国政府知道他此番来京申诉，不愿意让中国官员笑话他被自己的公使团"晾在一边儿"，杜多明就去了一趟天津。从天津返回北京后，他写信给巴黎长上勒格雷鲁瓦说："推迟了一个月处理我的事务，我不得不离开北京前往大沽……以防止中国权贵们取笑我们（遭到法国公使团的冷遇）……现在我返回（北京）了……明天我懂得适可而止（地提出请求），就我的事务按照代办（哥士耆）先生的意愿……极有可能我关于西藏（传教会）的事务会得到满意解决，公使团有传言到我这里，让人相信我会如愿以偿，并且我会被（中国政府）一位议员级别的汉官正式护送返回西藏……因此需要另外写一封信以向你们讲述将要被（法国公使团）答应并得以执行的（请求）。"[71]可以看出，尽管对法国公使团能否帮助其达到目的心存疑虑，此时的杜多明仍然持乐观态

71 A. M. E., vol.556B, Mgr. Desmazures à M. Legrégeois, le 21 septembre 1862, p.1749.

度，认为法国公使团"极有可能"会给他一个"满意解决"，并且之后他会被中国政府一位"高级别"的汉官正式护送返回西藏。因此，从天津返回北京之后，杜多明提前为他同哥士耆先生之间的再次会面做了充分的准备，他满怀希望地给代办写了一份并不简短的"拉萨宗座代牧主教简明请求"，鉴于此封文件的重要性，全文列出如下[72]：

拉萨宗座代牧主教简明请求

依据法国同中国政府之间签订的条约，一些护照已经被寄给了西藏的传教士们，此外它们（即护照——译者）还由中国政府通过好几封急件向西藏他们所有的部下予以宣告。

我把肖法日、顾德尔和吕项留在了西藏的江卡，后两位应该在不久前已经离开那里前往朋额（即崩卡——译者），在擦农（即擦戎，崩卡所在地区，今天西藏的察瓦弄一带——译者）。由罗勒弩（即罗勒拿——译者）和丁德安陪同的（杜多明）主教前往拉萨。在察木多，1861 年 8 月 28 日（阴历七月二十三，咸丰十一年——原文），粮台陈育前来通知我们说，当地的喇嘛庙，其总务（中文称之为仓储巴——原文）是当地的首领，拒绝提供给我们，由于拉萨的来信（阻拦），为第二天出发（前往拉萨）而租用的交通运输牲畜。他们一直拒绝让我们知悉这些所谓的（拉萨）来信。我们抗议，请求将我们的抗议寄给拉萨的朝廷代表（即拉萨的驻藏大臣——译者）。

9 月 11 日（阴历八月初七——原文），粮台陈育和游击张明前来正式通知我们：1. 一份来自钦差的文件下令驱逐我们，因为西藏人已经从拉萨驱逐了杨姓的教民，他们是我一年多以前派到那里去的，直到那时候都一直在那里平静的做着他们的生意。还下令不再允许他们待在那里，迫使他们之后自己付旅费返回四川。这一命令发自阴历七月二十七。2. 一份急件，由此命江卡的守备（Cheou pi，官职称谓——译者）审结崩卡教案，通过补偿罗勒拿先生（在崩卡建设）教点的钱款，然后让我们所有人都返回四川。

这一通知的结果是：

1. 这两位官员向我们下达邀请，请我们出发前往四川，对于这

---

72　A. M. E., vol.556B, Mgr. Desmazures à M. Kleczkowski, le 21 septembre 1862, pp.1757-1759.

一邀请，我们以一个新的抗议予以回复，抗议其对和平条约的双重违背，既侵犯了我们有权在西藏游历和居住的权利，也违背了（我们可以）在那里拥有产业的（权利）；

2. 杨姓教民们被满钦差和李玉甫粮台从拉萨驱逐，这些汉官仅仅援引的理由是，他们是教民，应该同法国人和英国人之间有勾连；

3. 刘汉官，负责从四川将我们的东西、钱财、信件带给我们的人，尽管他按规定持有护照，还是被官粮府张超奉（四川）巡抚骆秉章之命扣留在打箭炉（隶属于四川位于西藏门户的城镇——原文），类似这样（被扣押）的还有待在这个城市负责我们同四川之间联络的传教士（毕天祥）设法寄给我们的所有信件；

4. 江卡的土司，伙同守备钟淮，公开禁止公众向待在这里的传教士们（即肖法日、顾德尔和吕项——译者）出售，或者以某种方式为他们弄到，粮食或者其他生活必需品，（这是一项）被（官府）认可的禁令，因为有一位男士和一位老妇人被杖责，因为他们想出售一点儿木柴和食物给上述传教士们，禁令把他们（即传教士们——译者）逼到了绝望境地，在几次无效抗议之后，他们在饥饿迫使之下前往守备的衙门，以向他宣布，在吃完了他们最后一只驴子和最后一只狗之后，他们将去死在他的官衙门前；

5. 在察木多，如果说我们在官府那里，尤其是在粮台陈育那里，受到了恰当的接待，同时他们也在执行他们上司的命令，针对我们反复提出的、租用以使我们行程继续的牲畜的请求，我们只收到了否定的和敷衍的答复。他们首先对我们说，（我们）应该等待钦差针对我们抗议的答复，然后是（让我们等待）北京给钦差的答复。徒劳之后，我只有设法自己前往拉萨，仅仅带着我的仆人和我的驴子，不仅汉官一直就此拒绝准许我，而且当他们怀疑我会在不被准许的情况下出发（前往拉萨），他们就派了一些带有武器的人把守桥梁以封锁所有（通往拉萨）的通道。

这一系列（我们的）请求和（被）拒绝持续了大约 7 个月。最后钦差那里来了一道命令，察木多的两位汉官（陈育和张明）于夜间接到（这一命令），他们于 1862 年 3 月 7 日（阴历二月初七）前来正式通知我们（这一命令）。这一命令全文是一个来自于（中国）

外交部的文件，其抄件见附件，写于阴历十一月二十六，要求终止我们的乌拉并迫使我们离开（西藏）。结果他们命我们（离开西藏）返回四川。

这一急件的结果就是，我们再次对（中国政府）违反条约提出了抗议。然后罗勒拿和丁德安宣称他们绝对不会离开（西藏），人们可以置他们于死地。我被迫让步以避免更大的损失，于 3 月 11 日（阴历二月十一）离开察木多……来到这里北京。向公使团呈报西藏传教会的处境并请求她（向中国政府提出）要求：

1. 拉萨和北京在法律上保证西藏的传教士们拥有并自由使用在崩卡用我们的钱财建成的教点产业。我请求（法国）公使馆采取她认为适宜的、有效的措施，以（为我们）获得这一法律上的保证，以防止传教士们被甚至是当地的首领劫掠，（当地的首领）曾经是（1854 年）杀死克里克和布里先生的始作俑者，使罗勒拿和肖法日先生所遭受的损失和粗暴行为获得公正的补偿，使得这一在江卡守备那里悬而未决将近四年的（崩卡诉讼）事件得以最终解决……

2. 让我和我的传教士们，我们能在西藏自由往来并居住，依据仁慈的（法国）公使团曾经为我们所赢得的条约和护照；鉴于所有阻止我们（进藏）的官方行为出自中国官员，也是中国政府，应法国公使团之要求，发放给我们护照和诏书，（这些护照和诏书）在中国有最大的权威，其权威却没有得到该政府官员们的认可，这些（阻止我们进藏活动的）行为大部分发生在四川，显然这些措施源自于拉萨三大寺向满钦差提出的请求以及（对他）做出的贿赂；这些（阻止）行为出自于中国政府并得到其首肯，(他)因而对此负有责任……因此，为了保证传教士们的自由，中国政府的文书已经不够了，需要使用其他手段，（法国）公使团（在这方面）并不缺的智慧；对于我来说很难相信这会实现（即很难相信传教自由会实现——译者），如果不调离某几位公开以欧洲人为敌的（中国政府）官员的话，如果北京政府不让人将他们官方予以侮辱性驱逐的人再官方体面地护送回去的话。

3. 通讯联络的自由。为了阻碍（法国）公使团实施其曾经向我表现出的善意，（中国政府）的办法是切断我们同四川尤其是公使团的联络。因此首要的是我们能有办法让他（即公使团——译者）知悉关于我们的（事情）。一方面，我们托付给中国邮政的所有急件当中，即使是假借某些（对我们抱有）善意的汉官的名义（发出的），一封到达了北京，三封（到达了）成都，好多封滞留在驿站，或者在打箭炉，或者在成都。另一方面，我们的传教士，我们的钱，我们的东西，所有的都滞留在打箭炉。自从 1861 年 4 月出发（前往西藏）之后，我未曾收到任何一封我的重要信件，一百多封信在打箭炉（等着我）当我返回到那里时……

4. 最后是一项我最为遗憾要提出的要求，这有悖于我的习惯和性格，但是对于我来说这迫于需要，（这个要求）就是资金，我是多么地想对此闭口不谈啊。我不会停止计算（我们的）巨大损失，由中国政府及其高官为了将我们排除出西藏而采取的卑劣手段给我们所造成的。很容易设想，不补偿一大笔钱的话，我不可能走到西藏。我必须返回那里，在不同的地方支付花费颇多的旅居；被阻止并被迫处于一种不稳定状态中的我的传教士们，受衙门供应商们的压榨，不得已产生了一些远超出他们财力的支出；我的手下，一些人被驱逐出拉萨，遭受巨大的资金损失并被迫由我支付他们（离开拉萨）的旅程费用，其他在四川的（我的）人被迫四处游走并花钱，以保护由于所有这些拖延所造成部分损坏的我们的物品，这得加到必须由我偿还的债务当中去。我认为我未超出权利、正义及礼节，仅限于要求一万两白银（的赔偿），我郑重请求（法国）公使团以我的名义向中国政府提出（这个要求）。一个更高的数字有可能会导致（中国）政府不愿意再看见我来到北京……还有，就是但愿（赔款）在北京支付。

在上述这份并不简单的"简明请求"中，杜多明先是向哥士耆详细讲述了他和传教士们在察木多受阻的前前后后，称驻藏大臣受北京之命最终于 1862 年 3 月 7 日针对法国传教会进藏事宜做出答复，命察木多汉官停止向法国传教士们提供进藏活动所需乌拉并驱逐他们离开西藏，他因此于 3 月 11 日选择离开察木多前往北京，以向法国公使团寻求帮助。为此，杜主教请求法国公使团代为向中国政府提出多项要求，其中包括帮助他们赢得崩卡教案诉讼、保证法国传教士自由来往并居住于西藏、罢黜某些以法国传教士为敌的中国政府官员、由中国政府官方护送他返回西藏、保证传教团同外界通讯联络自由以及要求中国政府向他们支付"一万两白银"的巨额赔偿等等。杜多明提出的这些"高标准"要求，完全是站在西藏传教会自己的立场上，完全是从教会自身的宗教利益出发，他认为，依据中法之间签订的条约，中国政府必须保证法国传教团的各项宗教权益，却全然未虑及这些条约的实际性质为不平等条约，是中国政府在受英法列强武力胁迫之下被迫签订的，不平等条约约定的权益其"不公平"的性质不言而喻，作为被迫一方的中国政府自然不愿意全面履约；退一步说，即便是北京政府愿意履约，义愤填膺的地方官民也不肯轻易答应，因此才会有"以拉萨三大寺为首"的西藏官民坚决抵制法国传教士们进藏事件的发生，全国多地才会爆发中国官民抵制外国传教团行使其"传教自由权"的冲突。无视《天津条约》《北京条约》的"不平等"性质，杜多明"咄咄逼人"地提出以上诸多无理要求，在向中国政府要求巨额经济赔偿的同时，还让法国公使团插手中国政府内政，要求其迫使中国政府罢免不受法国传教团欢迎的官员，同时还要迫使北京政府官方护送他返回西藏。杜多明"洋洋洒洒"提出诸多无理要求，他笃定法国公使团会予以支持，因为这是西方列强之前一贯的做法：为保护外国在华传教团体的宗教利益而向中国政府施加压力，甚至不惜使用战争手段以达其目的。

　　在 1862 年 8 月到达北京之初，杜多明就已经发现，哥士耆不仅对法国传教士们来京"申诉"持"不欢迎"态度，还在中国政府官员面前刻意贬低他们，这已经显示出法国公使团在解决法国在华宗教事务方面所持之消极态度。但是，法国公使团态度的这一重大变化却并未引起杜多明足够的重视，他仅仅将此简单归咎于哥士耆本人的"个性"，认为是这位法国公使团临时代办在中国政府面前表现得"不够刚毅"，却全然未意识到这并非某个外交官的个性问题所致，因为，法国公使团处理对华关系的策略当源自于法国政府的授意，哥士耆不欢迎杜多明来京"申诉"，这在实际上意味着，在法国公使团及其所代表的法国政府眼中，西藏传教会进藏活动受阻相关事务的处置正在演变成为中法两国之间一个较为"棘手"的外交难题。在去往北京之前，杜多明一直待在交通不便且信息闭塞的藏区，出于惯性思维，杜多明并未敏锐感知哥士耆态度变化背后潜藏的深层次原因，他也因此"毫不犹豫"地提出了上述诸项"高标准"要求，不仅要法国公使团在中国政府那里为西藏传教会谋取传教权益，还要她插手中国内政，迫使北京政府罢免那些不受传教团欢迎的中国官员并官方护送他返回西藏，这为接下来杜多明主教及其代表的西藏传教会惨遭法国公使团抛弃埋下了伏笔。

## 第三节　法国公使团抛弃西藏传教会

### 一、杜多明诉求被拒遭遇抛弃

1862 年 9 月 23 日中午，杜多明完成了他从天津返回北京后同哥士耆之间的首次会面，同时向代办提交了他之前准备好的那份"简明请求"。该次会面中，哥士耆暂时对他所表现出的热情又让他对未来充满了信心："中午，我在公使馆用了午餐。哥士耆先生，表现得非常热情，（却）未能着手处理我们的事务，他太过紧张和忙碌……但是他由衷地向我表达了一种诚意，并且答应我会尽全力以满足我的请求。我对此真的是十分高兴。有一种极大的可能性，我会立即返回西藏。非常有可能，如果我的事务如我所愿能在 11 月 19 日之前完结，这是这一地区海运的最后期限，我将经由上海返回成都，在那里一位汉官将护送我前往拉萨。"[73]

然而，杜多明的乐观情绪并未持续太长时间，很快他就在哥士耆那里碰了钉子。就在几天后的 9 月 26 日，哥士耆再次召见杜多明，这次会面像一盆冷水，浇灭了几乎所有杜多明之前所抱有的希望。这反映在他于 1862 年 9 月 27 日写给哥士耆的一封信中[74]：

> 伯爵先生，
>
> 我来向您表达我恭敬的歉意。我可能在无意当中对您做了什么让您不愉快的事情，我收回所有我的行为中有可能伤害（您的事情）……在昨天同您的会面中，使您（对我）不再抱有善意和尊重……这推翻了您（此前）使我设想出的所有希望。我很荣幸您曾经对我说，您会针对我的请求予以官方答复，因此我有必要今天再次正式写信给您。
>
> 您向我宣称，伯爵先生，您完全拒绝我的（以下）请求：1. 任何对由中国人对我及对我的教民所造成的损害（赔偿）的请求；2.

73 A. M. E., vol.556B, Mgr. Desmazures à M. Legrégeois, le 23 septembre 1862, pp.1769-1770.

74 A. M. E., vol.556B, Mgr. Desmazures à M. Kleczkowski, le 27 septembre 1862, pp.1771-1778.

中国高级官员的更换（请求），那些公然以法国为敌的（中国高级官员），那些遵从并超越由中国政府针对法国人所采取的反对措施（的官员），尤其是骆秉章，目前的四川总督，用来替换（四川）临时总督 Tsong chy 的，他（即四川临时总督 Tsong chy-译者）一直都表现出对欧洲人的支持；3. 您之前写信给我说的，将不是从北京而是从成都，您会要求，我会由一位汉官护送前往西藏（即杜多明要求被中国政府护送返回西藏的请求被拒绝了，即便是之前哥士耆曾答应过不是从北京而是从成都送杜多明返回西藏——译者）。

　　关于第一要点，请允许我坚持并首先提请您注意的是，我有幸提交给您的官方文书，其原件在我手上，专门说明了，是受朝廷钦差之命，根据北京政府的命令，抄件我已经提交给您了，我和我的传教士们被阻止（进藏），并且我是作为法国人被驱逐出西藏的。因此权利以及正义，还有（法国）国家的荣誉，要求我们提出让中国政府就其政令给我们所造成的损害予以赔偿。此外，伯爵先生，您或多或少会确信，这个政府补偿我或者不补偿我，我和我的传教会，我们既不会更富有或者更贫穷，我深信不疑，我只需要在法国面前展现我们所遭受的苦难，（中国的）人们使我的传教会所遭受的严重损失，我在这里受到的对待，我慷慨的（法国）同胞将以一种超级丰富的方式（对我们）予以补偿。但是，在这样一个法国到处都十分缺乏资金的时期，其财政负担十分巨大，剥夺法国的资源，让她来支付一份我有权向中国政府要求的债务，这并非法国人（应有）的所作所为。正是因此，伯爵先生，我首先来找法国公使团，以（向中国政府）要求这些损失的赔偿……至于中国政府的贫穷，就算视之为真实的，这也不应该妨碍（我们提出）这一（赔偿）要求，他（指中国政府——译者）可以寻求（资金支持），如果他愿意的话，向这些损害的造成者们（追偿）：向满钦差，（他）被指责受到巨额贿赂并以其在西藏的横行进行敛财；向骆秉章，公众指责他将成都国库的一部分资金占为己有；向其他（对欧洲人）敌视的汉官们（追偿）。无论如何，正是这些官员所指向的中国政府才是损害（法国传教团）行为的主要责任承担者。

　　关于另外两点要求，您建议取消的，我斗胆提醒您，除了这有损于法国的利益之外，可以看到，被（北京政府）派驻于（中国）省份之首的（高官）不是一些温和的人，而是一些从12岁起就发誓要以赶尽杀绝所有（在华）欧洲人为荣的人，您这样做就是使我不再可能返回西藏，这实际上对于我来说，就是要我再花费一笔钱（从北京）前往四川，（就是要）置我于曾经阻止我（进藏）的处境当中，（就是要）置我于同样人的手中，他们此时还扣押着我们的日常用品、物品和我们的钱财。

如果，伯爵先生，您坚持去除我申诉当中的这三个要点的话，目前我所坚持的，我请求您暂缓（去除）有关送我个人返回西藏（的要求），而是从我们最容易获得（同意）的那些（要求）入手（去除），即：1. 依法保证法国传教士们对崩卡教点的所有权并结束（崩卡）诉讼；2. 不在打箭炉阻拦刘和其他负责运输传教士们信件和物品的人；3. 不再拒绝提供运输工具并放行罗勒拿和丁德安前往拉萨，让曾在察木多阻拦他们（进藏的）汉官当中的一位护送他们（前往拉萨），不再纠缠其他（传教士）用虐待迫使他们离开西藏。

请考虑，伯爵先生，我现在有5位传教士在西藏，他们的生命被抛弃，被法国公使团的实际行动（抛弃），（法国公使团）抱有善意，却令人不快，如果她不支持他们，（而是）向中国政府告发他们至死都要留在那里（即留在西藏——译者）的决心的话。

（现在）所有的人都睁大了眼睛在盯着西藏传教会，（这个）生来就是为法国和天主教提供服务的传教会。如果在他们身上发生令人愤怒的事情的话，请慎重思考人们自然会将责任加在谁的身上（即人们自然会就此归咎于法国公使团——译者）。我希望您很愿意原谅（我的）这一冒犯。

这封信中，眼见哥士耆拒绝了他所提出申诉当中三项最重要要求，杜多明可以说是又气又急，不仅他无望得到之前向中国政府提出的一大笔赔偿金，而且他想让法国公使团施压中国政府护送其返回西藏的希望也落空了，就更不用说他提出的"罢黜某些中国地方高官"的非分要求了。对于杜多明提出的让中国政府支付赔偿金的要求，从上面信件内容来看，哥士耆当是以中国政府贫穷为由拒绝支持杜主教的这一诉求，法国政府这种"体谅"清朝政府财政困难的做法在杜多明看来简直无法理解，他并不认为应该同情中国政府的"贫穷"，反而应该体恤法国财政的困难，以此试图打动代办哥士耆，希望他继续支持西藏传教会从中国政府那里获得经济赔偿，他甚至建议"贫穷的"中国政府可以向骆秉章等以法国传教团为敌的地方高官追偿赔款；对于罢黜某些地方政府汉官要员以及由中国政府护送其返回西藏的要求，杜多明向哥士耆指出，要是拒绝这两点要求的话，不仅会有损于西藏传教会的利益，也会有损于法国国家的利益，这样的话，他和他的传教会将会再度陷入被阻止进藏的困难境地。在被拒绝的三项重要申诉要求当中，杜多明最不能接受的是"由中国政府护送他返回西藏"这点要求被拒绝，为此，他启发哥士耆可以考虑拒绝另外几个"比较容易从中国政府那里获得同意"的要求，他将这项事关自己"颜面"的要求放置于首位，可见其存有私心。最后他向哥士耆指出，如果法国公使团拒绝他的主要申诉要求，这样做就是用实际行动公然抛弃了在西藏的 5 位法国传教士，置他们的生命安全于不顾。为了引起法国公使团最高度的重视，他不惜提请哥士耆注意，现在"所有的人"都将注意力放在了西藏传教会身上，称如果西藏传教会的诉求得不到支持的话，法国公使团将难辞其咎。此时的杜多明已不仅仅是在请求法国公使团施压于中国政府，而已经是在公然施压于法国公使团，岂不知他咄咄逼人的态度当只会使事态进一步恶化，而不会像他期望的那样给他带来事件的转机。

这封信发出后，在等待哥士耆的回复期间，杜多明曾于 10 月 13 日给巴黎外方传教会驻香港的账房李博写过一封信，向他描述了自己被法国公使团代办哥士耆轻视和粗暴拒绝的情形，言称哥士耆的"粗暴无礼"并非特别针对他本人，而是在针对整个法国在华"主教团"："我会立刻返回西藏吗？就在我那天给您写信的第三天，我前往（法国）公使馆，（他们）当天从他们的信件当中解脱出来以处置我的事务。接下来就是所有美丽诺言都灰飞烟灭了。人家对我宣称不会将我要求的主要条款呈交（给中国政府）……伴随这些的还有粗暴无礼的话，不是特别指向我本人，而是指向主教团……简言之……（西藏传教会事务）这只不过是要处置的一件"和尚们"的事务（意即并不是一件什么要紧的事儿——译者），对于那个过于繁忙的人（即哥士耆——译者）来说。我非常严肃地离开了他，因为我未做任何事情以引起（他）这些（对传教士们的）抨击，我在第二天给他写了一封十分礼貌的信……直到现在毫无回应……关于西藏（传教会）将会发生什么呢？只有上帝才知道。我将会非常被动，如果在冬季（来临）之前，也就是说 11 月 12 日之前，我不能获得一个能让我做出最后决定的答复的话。"[75]

在写于 9 月 26 日的日记中，杜多明更为细致形象地记述了他被哥士耆拒绝的场景，称当时哥士耆"瞥了一眼"他的请求，"斥骂"着表示他不会为杜多明向中国政府要求"一个子儿"的赔偿，不会要求中国政府处罚任何一位官员："似乎一切都改变了。在主教们可以自觉高傲的事情当中，哥士耆先生（却）想（将这些事情）踩在脚下，他……在上帝面前重复了十二遍誓言以证明他是虔诚的天主教徒（同时却全然把我们当成和尚来对待——原文），在对其日常工作劳累等抱怨的同时，他对我宣称，说他瞥了一眼我的（请求）说明，说他不会为我向中国政府要求（哪怕）一个子儿的赔偿，不会（为我向中国政府要求）对任何一位（迫害过传教士们的官员）罪犯进行处罚。对他的这些斥骂我未做任何回应，我心怀不满保持住了面部表情的平静，我离开了（公使馆）。"[76]在哥士耆那里碰壁之后的几天里，杜多明接待了好几位公使团秘书及翻译的来访，其中就有后来继任法国公使的毕盛（Pichon）先生，杜主教向毕盛表达了他对哥士耆的强烈不满，言称，如果哥士耆不收回此前对他的"斥骂"的话，就要前往欧洲向法国政府和罗马教廷告他的状，他说："我极度地不满，哥士耆先生向我证明了他的宗教情感仅存在于他的言论当中，却被他的（实际）行为所否定；如果他不收回他所说的话，我将出发前往巴黎，我个人将去控诉他，不仅到法国政府那里，我还要通过媒体到整个天主教欧洲法庭前（去控诉他）。"[77]

## 二、对华"友好"的"非官方"协议

实际上，哥士耆并非像杜多明上文信中所呈现的那样"完全"冷酷无情。同治元年闰八月二十二日，针对西藏传教会进藏受阻事务，哥士耆曾给总理各国事务衙门写过一封长信，相当"友好"地向清政府提出了一份"非官方"协议。该协议内容显示，哥使确实拒绝支持杜主教所提出的绝大部分重要诉求，比如要求清政府罢免阻拦法国传教士进藏的某些川藏地方高官并对西藏传教会做出巨额赔偿，再比如要求清政府一位"议员级别"的官员亲自护送杜多明

75 A. M. E., vol.556B, Mgr. Desmazures à M. Libois, le 13 octobre 1862, pp.1784-1785.

76 Journal de Mgr. Desmazures du 26 septembre 1862，in A. LAUNAY, *Histoire de la Mission du Thibet*, tome 1, Paris: Les Indes Savantes, 2001, p.377.

77 Journal de Mgr. Desmazures du 26 septembre 1862，in A. LAUNAY, *Histoire de la Mission du Thibet,* tome 1, Paris: Les Indes Savantes, 2001, p.377.

从北京返回西藏，哥士耆甚至提出让杜多明不再前往西藏而是折返欧洲，等等。但是，有必要指出的是，该封信中，哥士耆在无论措辞还是内容方面自始至终都在"努力"向清政府"示好"，试图"动之以情晓之以理"，以为西藏传教会寻求他认为"合理"的利益。

该封信的中文版本收录于《中国近代史资料汇编——教务教案档》第 1 辑第 3 册，概要如下[78]。

首先，哥士耆在信中回顾，咸丰十年《北京条约》签定之后，清政府先后给包括杜多明、罗勒拿、肖法日等在内的 7 位西藏传教会发放了进藏护照，称所有传教士"皆如拨云雾而见天日"，"极知"大清国"厚意保护"，无不"感恩思报"，随即拟赴前藏都城"布达赖城"内居住，欲"访求殊俗"；不料恰逢去年夏天英国人伯纳、巴顿欲从成都前往西藏，因为知道"英国俄国前在亚细亚洲中诸小国地方（对西藏形成）南北逼处之状"，清政府"自是十分骇怕"，故命四川大吏"急为拦阻"，设法制止英国武官不得前往西藏；后来得知朋额、江卡、察木多三处有法国传教士数位，因视法国与英俄两国"丝毫不知分别"，亦复"一般惊恐"，因此满恩（满庆、恩庆）两驻藏大臣转请四川总督骆秉章，"再三力阻"法国传教士"及早折回"内地；骆秉章就此报请总理各国事务衙门，贵衙门于去年十一月二十六日发行咨复公文，不但"准照"骆秉章及满恩两大臣之请，还令其设法劝止本国传教士"随地催其转行"，故此察木多粮台陈育及游击张明奉命"强请"杜主教及罗勒拿、丁德安"他去"，称杜主教年已六十余岁，不得已起程来京，"已于近四十日"前到达，时时"催办此事"。

然后，哥士耆开始"示好"清政府，"动之以情晓之以理"以为西藏传教会进藏受阻事宜谋求他认为"合理"的利益。哥士耆称其"奉使驻京"已有两年，时时请恭亲王及诸位贵大臣可以认识"法国对中国所存之意、所行之事实在如何"？哥使提及咸丰八年法国帮助中国政府在上海同贼匪打仗，法国"武官兵丁"为中国之事"死伤者甚多"，称咸丰十年合议未成之前，法国在上海亦极力帮助中国政府击退贼匪，至 1860 年北京换约以后，法国大臣"更时时为贵国思及良法善策"，凡"有裨益于贵国者"，无不"悉心代为筹划"，为什么贵国"执政大臣通达政要者"至今还有"疑及本国之人之到中国各处尚有相

---

78 张贵永、吕实强等编写，《中国近代史资料汇编教务教案档》第 1 辑第 3 册，台北：精华印书馆，1974 年 2 月，第 1658 页-1662 页。

害之意"？即便有此意，像西藏这样"深隔万山、路复险绝"之地，法国"兵船师众何由从天而降"？更何况西藏是贵国领土，法国又岂能"作此妄想"？何至于见到法国五六位手无寸铁之文弱传教士就"防怕如此"？哥使称传教士常常不谙世务、不善办事，却绝非"少德行学问"之人，如今五六位法国传教士前往西藏并非劝令当地人改教，而是"欲访求人类同源异派之由与（西藏）所在风土人情以及草木鸟兽诸物产用资学殖"；此外，法国"学部大学士"嘱托在中国之全权大臣设法为法国国家采买佛教二部书籍，至去年本大臣请托罗肋拏（即罗勒拏）往西藏地方"搜买此件"；不料西藏执政却防怕法国传教士，该执政震恐英国俄国，本大臣"尤为可谅"，因为这两个国家所到之处，"若有别意即可暗伏祸胎"，法国"则绝无他图"，即有"贻害之念"，亦"无从着意"，西藏执政何必"同此怖畏"？彼时法使葛罗将（罗勒拏、肖法日）西藏传教护照两张呈请恭亲王"书押用印"，恭亲王不仅照行，之后又复续印（杜多明、丁德安、吕项、毕天祥、顾德尔）进藏护照五张，此时贵国执政大臣欲阻传教士前往西藏，恐"难以终止"。

最后，哥士耆称其依仗恭亲王暨诸位贵大臣"高明之识"、"和好之忱"及"平素厚待之意"，烦请清政府"查照将此事始终办妥"，并列出酌办各条，就此提拟一份对华堪称"友好"的"非官方"协议[79]，内容如下：

1. 此事若本大臣明请恭亲王照办，恐他人即可援以为例，今拟派杜主教勿再至四川，或即回本国，则恭亲王与本大臣于此事如同未曾办过无异；

2. 粮台陈副总府张二员，虽经奉行该上司札谕，催请传教士他往，俱此二员近二年以来，待传教士极有礼貌，可谓洞识时务，为国出力之人，请恭亲王量与奖励，既为本大臣报谢该员之处；

3. 请由贵衙门咨照四川总督骆（秉章），饬知所属准丁（德安）、罗（勒拏）二士在察木多居住，或前往西藏，均听其便，如该二士往西藏，即饬沿路保护，听其自办车马食用等项，不得阻拦，应与待旗汉人无异，该二士如到西藏之后，驻藏大臣可以查察该二士行迹如何；

4. 四川西藏中中国大小各官，以后本国传教士有银物信件自四

79 张贵永、吕实强等编写，《中国近代史资料汇编教务教案档》第 1 辑第 3 册，台北：精华印书馆，1974 年 2 月，第 1661 页-1662 页。

川寄自西藏，由打箭炉驿站经过者，总不得耽搁湮没，至该士到西藏后，无论何处有信件返回察木多、江卡、朋额等处，各该处官员即应附入公文，送至四川总督，由督署裹附公文，寄至京都总理衙门转交，本大臣不但感谢无既，如有应费川资，本大臣亦即照付；

5. 四川总督应立饬江卡守备钟淮，汇通该处西藏武官，将传教士在朋额地方所有房地一事，务即办妥，万万不得退价毁交，须取给永远租契字据为妥；

6. 四川总督应饬知在西藏之中国官员，于教民杨姓刘姓，准其往来贸易，与凡民无异，不得刻待苛求，再丁德安、罗勒拿二士在川省边境，及西藏各处，如向各该处官员暂借银两，各官员即可随时应付，统以一千两为度，一经知会来此，本大臣即当如数措还，并应有利息及送信脚力，均即照付。

现在贵国能按照和好之谊办理，凡在本国，固皆欣颂，而本大臣感同身受，尤当佩铭弗忘也，石列各条，统祈诸位贵大臣查阅，并乞请恭亲王核准是荷。

在法国外交部档案馆馆藏的关于西藏教务的档案卷宗中，可以找到该份协议的法文版本，为印证中法文两种档案所载内容的一致性，译文全文列出如下[80]：

1. 这一事务，如果我，（法国）大使，我正式邀请恭亲王来处置的话，担心其他（国家会）借此形成定制。我打算嘱托杜主教（杜多明）不要再前往四川或者之后返回他的祖国（法国）。这样的话，恭亲王和我，我们就完全如同从未过问过此事一样。

2. 财务官（粮台）陈育和游击张明，尽管，受命于上级，他们曾经敦促传教士们离开，然而，最近两年内，他们曾经非常礼遇传教士们，这完全可以理解，他们是在为国家效力。我请求恭亲王以其认为合适的方式奖励他们，对于我来说这是我向他们表达感激的方式。

3. 我请求，经由总理衙门，通知四川总督，让他通知其属下，允许罗（勒拿）和丁（德安）两位传教士逗留察木多或者前行直至西藏首府（拉萨），任其自便；在这两位传教士前往拉萨的情况下，

---

80 A. M. E., vol.556B, p.1795.

他（即四川总督——译者）要沿途传令下去保护他们，让他们按照自己的意愿获取车马、食物等，不得有人阻碍他们……当这两位传教士到达拉萨时，那里的官员可以监督他们的行为。

4. 当我国的传教士们有钱财或者信件需要从四川前往西藏的，在经过打箭炉中转站之际，不得延误，亦不得弄丢。在这些传教士们到达西藏之后，如果他们从任何地方寄发信件至察木多、江卡等地，上述地方的汉官要将她们（即信件——译者）放置于官方邮袋中，将之交给四川总督，在其衙门内，她们（即信件——译者）将被特别装入寄往首都（北京）总理衙门的邮袋之中，（总理衙门）将之交给我（法国）大使。我，不仅我将不胜感激，我还会支付所有应该在四川发生的（邮寄）费用。

5. 四川总督接着要下令江卡守备，名为钟淮的，协同该城的武官，以妥善解决传教士们提出来的关于（他们）拥有的崩卡的（教会）地产问题，万一他们不能退偿土地及房屋的价钱，也不能毁坏租约，他们后续一定要给予传教士们一份长期租约。

6. 四川总督要通知西藏的汉官同意杨姓和刘姓教民来去自由，同其他平常百姓一样可以做生意，不得阻挠于他们。此外，如果罗勒拏、丁德安，在川边以及在整个西藏内部，求助于当地汉官以借得钱款，就借给他们，1000 两白银以内。我一旦知晓，就会将借款偿还并付由此产生的利息。本月 23 日，我有一份急件要寄给罗（勒拏）传教士。我请求总理衙门将之放入与此项事务相关的邮袋，以将之寄往目的地。

纵观以上中法文两种档案所载同一份协议内容，法国政府没有提出要求让中国政府从北京官方护送杜多明返回西藏，没有要求中国政府罢黜某些地方政府官员，也没有要求中国政府就西藏传教会进藏活动受阻相关事宜做出经济赔偿，协议内容旨在保障西藏传教会进藏活动的开展、崩卡租约的有效性、传教士来往信件财物畅通安全及其经商自由。有必要指出的是，从协议内容总体上来看，法国公使团的确对中国政府表现出相当"友好"的态度，比如协议的第 1 点，为了不给中国政府招惹更多来自于其他国家同样的麻烦，法国公使团代办哥士耆准备命前来北京申诉的杜多明不再返回西藏，甚至打算让他离开中国返回法国，借此造成一种杜多明进京申诉受挫、中法两国政府未就此有过官方交涉的表象，以避免其他强国借口要挟中国政府给予同样的权益；再比如协议的第 2 点，不但没有要求中国政府罢黜某些中国官员，还提出应该奖励察木多的两位汉官陈育和张明，尽管他们也曾经"敦促"传教士们离开西藏，但是法国公使团体谅他们是迫于上级压力不得已而为之，认为这种做法"完全可以理解"，因为"他们是在为国家效力"，因此哥士耆甚至请求恭亲王"以其认为合适的方式奖励他们"，并称，对于他来说，这是他向陈育和张明表达感激的方式；此外，协议中丝毫没有要求中国政府针对西藏传教会做出"巨额"赔偿的内容，凡是涉及到西藏传教团费用的，法国公使团只是请求中国政府在必要时先行借支垫付，之后再由法方清偿本息。就是这样一份"十分体谅中国政府"的协议，其六点请求当中，清政府最终也只同意了五点，其中对法方和西藏传教会来说最具实际价值的第三点，即"支持并保护罗勒拿和丁德安前往拉萨"这一点请求最终并未得到清政府支持，这反映在下文将要列出的哥士耆的一封信中。

## 三、法国公使团抛弃西藏传教会的深层次原因

在上文协议中，法方表现出对中国政府相当谦恭的态度，其深层次原因值得探究。第一次鸦片战争后，在同中国政府的外交交往中，西方各强国政府一贯横行霸道，在华外国人也多仗势欺人，遇到同中国官民发生纠纷，动辄就到各国驻华使领馆请求为其撑腰，在外交压力的迫使之下，中国官府也常常是通过签订各种不平等"合约"满足列强们的无理要求以求息事宁人。然而，此番在对西藏传教会进藏受阻相关事务处置过程当中，法国公使馆一反常态，临时代办哥士耆没有袒护杜多明，不仅没有答应满足他提出的无理要求，还特别表现出对中国政府的"迁就"。比如，哥士耆要求杜多明体谅经济贫弱的清政府中国，不同意支持他提出的经济赔偿要求；再比如，哥士耆让来京"申诉"的杜多明不要再去西藏而是折返法国，借此给其他驻华公使团制造一种"中法两国政府未正式通过官方渠道处置该事务"的印象，以避免给中国政府带来更多的外交纠纷；还有，此次事务处置一开始，哥士耆就拟定并提交了一份十分"友好"的协议，对清政府"动之以情晓之以理"，以期望就西藏传教会进藏活动征得中国政府同意。较之于以往外国人惯有的"飞扬跋扈以达目的"的做法，不得不说此次处置西藏传教会进藏活动受阻事务过程中，法国体现了她对中国主权的尊重；更不用说哥士耆甚至在中国政府面前贬损杜多明及其手下传

教士们，称他们类似于中国的"和尚"，不怎么值得礼遇对待，等等。毫无疑问，哥士耆上述做法均是在打压本国传教团并"示好"中国政府。

晚清时期，在对涉及天主教事务的中外外交交涉中，像杜多明这样在本国公使馆如此碰壁，还有法国公使团"长中国政府志气灭自己人威风"的做法，这在当时乃至于以后都使许多教内外人士倍感疑惑，其中就有巴黎外方传教会档案馆馆长劳内。该事件发生三十多年后，1898 年开始撰写《西藏传教会历史》一书时，劳内依然对此疑惑不解，书中他说："对于这一特殊情况，我们太缺乏资料以知根知底地评价哥士耆先生（抛弃西藏传教会）的行为。为什么他那么迫切地要驱逐他（返回欧洲）呢？是因为他不能或者是不愿意按照杜多明主教的要求（由中国政府）将之荣光地护送回西藏吗？还是中国政府归还崩卡是以（杜多明）主教远离（中国）为前提条件吗？还是有另外的原因呢？"[81]由此可见，潜藏其中的深层次缘由值得探究。

其实，杜多明及其引领的西藏传教会此番被法国公使团抛弃，其鲜为人知的深层次原因存在于 1860 年代较为特殊的中外国际关系当中。第二次鸦片战争后，西方各国并未对清政府中国继续"穷追猛打"，反而在 1860 年代开始推行一项对华"合作"政策[82]。这一对华"合作"政策由美国驻华公使蒲安臣所倡导。第二次鸦片战争使西方列强在华攫取了一系列特权，在美国驻华公使蒲安臣的倡导之下，列强各国逐渐清楚地认识到，要真正实现这些特权利益，就要维护给予这些特权利益的清朝政府。为使因太平天国等运动冲击而摇摇欲坠的清政府不至于垮台，以保障获得的条约权利最终得以真正兑现，西方列强欲用温和的手段改造这个政府，以使它更适应西方的需要。[83]因此，该项对华

---

81　A. Launay, *Histoire de la Mission du Thibet*, tome 1, Paris: Les Indes Savantes, 2001, p.380.

82　"合作"政策由美国驻华公使蒲安臣推行，他于 1861 年 9 月抵达中国广东，于 1862 年 7 月到达北京，于 1861 年 11 月至 1867 年 11 月期间在西方各国间积极推动对华"合作"政策。参见郭翠翠，《蒲安臣与"合作"政策》，南昌教育学院学报，2011 年第 7 期，第 192 页；1864 年 6 月，蒲安臣对其推行的"合作"政策做了具体的说明："在中国，对于一切重大问题要协商合作，在维护我们的条约权利所必需的范围内保卫条约口岸；在纯粹的行政方面，并在世界性的基础之上，支持在外国人管理下的那个海关；赞助中国政府在维持秩序方面的努力；在条约口岸内，既不要求，也不租借，不用任何方式干涉中国政府对于他的自己的人民的管辖，也永不威胁中华帝国的领土完整。"参见梁碧莹著：《龙与鹰中美交往的历史考察》，广州：广东人民出版社，2004 年 10 月，第 334-335 页。

83　梁碧莹著：《龙与鹰中美交往的历史考察》，广州：广东人民出版社，2004 年 10 月，第 338 页。

"合作"政策的实质为"通过巩固清政府的封建统治，来维护和扩大列强在华利益"。[84]该政策"萌芽于 1860 年代初，由于得到在华各国列强以及清政府的积极响应，快速发展并于 1860 年代中趋于成熟。"[85]因此，该项对华"合作政策"曾经在 1860 年代开创了一个阶段性的、较为"和谐"的中外国际关系新局面。

就在同恭亲王就杜多明相关西藏教务处置协议达成之后不久，1862 年 10月 21 日，哥士耆以私人的、机密的方式专门写信给罗勒拿，对于此次他未能满足杜多明主教所提大部分要求的原因做出解释。对标 1860 年代西方各国积极推行的对华"合作"政策，可以发现该项政策的核心内容贯穿于这封信中。鉴于该信件的重要性，全文列出如下[86]：

> （罗勒拿）神父先生，
>
> 迫于（繁忙）事务及（有限）时间，我只能给您写上几行，这让我十分遗憾，因为您本身，以及你们（西藏）传教会，你们值得我待以最大的热情，以及该公使团（对你们的）最大关心。无论如何，我刚刚从恭亲王处获得同意，将特别向四川派发一个邮袋，关于你们西藏（传教会）事务的，我自己也利用它（即这个邮袋——译者）以向您（写信）扼要地说明我力所能及的以及我在这里将还要做的，只要我还是（公使馆）的代办，支持我们的西藏传教会的工作。
>
> 不用说我已经非常认真地考虑了所有杜多明主教对我讲的以及（对我）提出的请求。但是，这一事务，因为其涉及到（西方各强国）同中国政府之间的关系，不仅是同法国（之间的关系），还有同英国和俄国（之间的关系），其重要性不容小觑，因此，在处置过程中，（该事务）呈现出不能克服的困难。此外，我全部都是一个人在做所有的工作，手上有 21 个传教会（需要关照），还不说其他无穷尽的事务（需要处理）！因此我向您保证，全面权衡之后，我认为，甚至是基于我们西藏传教会本身的利益，（我认为）我不能官方地（原

---

84 梁碧莹著：《龙与鹰中美交往的历史考察》，广州：广东人民出版社，2004 年 10 月，第 334 页。

85 梁碧莹著：《龙与鹰中美交往的历史考察》，广州：广东人民出版社，2004 年 10 月，第 334 页。

86 A. M. E., vol.556B, M. Kleczkowski à M. Renou, le 21 octobre 1862, pp.1789-1790.

文加的下划线，意在强调）处置你们（西藏传教会）的事务。此外，恭亲王和文祥（Wenn Siang，外务部大臣）也坚决地拒绝了（官方地去处置这一事务），因为一些不适宜在一封信中列举出来的理由，我不认为应该坚持（非官方之外的）另外的处置方式。因此我仅限于，挑最要紧的，就我自己总结的六条要求去征得他们的同意……您见附件中，一份汉语的抄件，除了您即刻前往西藏首府，在丁德安的陪同之下，（这一条）之外其余的（要求他们）都答应我了，即便不是被赶紧地（同意），至少没有遇到任何阻力。甚至你们的出发前往拉萨（这事儿）在恭亲王看来也没有丝毫的非同寻常之处。但是不用说的是，这（进藏）行程（能否成行）尤其取决于你们，取决于你们在汉官以及西藏人那里所持的态度。在这里（北京）我们持续获得了良好的（外交）成果，通过劝解（法国传教士们），通过呼吁（他们）关切中国利益，悉心避免伤及其尊严，当然，这样做也契合我们法兰西帝国的高尚。你们也要努力这样做。耐心点儿，坚定并且坚持。在我这里，我不会忽视任何可以（对你们）进行的有效的帮助，此外，我答应你们每月都要给你们写信，至少写上几行，直至我离开（代办的岗位）；还有，在我返回法国之后，你们的教会将是第一个我在外交部关心的对象，甚至，我敢于期望（贵教会）在皇帝陛下那里（成为我关心的首要对象）；因此不要气馁。请一直抱有希望并由你们来帮助我，以一种同我们的北京政策一致的方式：真正的友好及不容置疑的善意，对于中国，（对于）处于统治地位的（清政府）朝廷以及北京政府。我认为恭亲王和文祥已经对法国在中国扮演的角色予以足够的肯定并且看重对我的友谊，利用这一点我至少可以（为友好的中法关系）播种，或者说是可以（从中）收获（政治及经济利益）。就目前来说，我不能对您说我本人能为杜多明主教做些什么，我甚至认为他最好现在不要返回西藏。

不过有可能我会在一个更为全面的考量之后改变主意。我还要对您说的是，所有您得知的关于所谓的本公使团（对在华法国人）的怠惰是一个错误；因此，请确信任何一位中国官员，即使是一位总督，在将来对我们的（法国）同胞实施了违法行为，只有当他是最平凡的百姓才能幸免。但是（我们）需要有策略、有手段以及有耐心地推进（中法关系）。事实是，在目前中国（政权）无序状态下，面对北京政府的软弱，（我们）当一直保持小心谨慎，否则的话，我们很可能弄断我们所使用（在中国攫取利益）的工具。然而，请相信这一点，即使是现在，以允许我对天主教和我们（法国）国旗在中国的美好未来充满信心。

我还需要补充的是，我一直都以最亲密的关心挂记着您，我认为最幸福不过的事情是，如果上帝允许我此次有效地帮助你们，如同在其他任何情况下。

请接受我最诚挚的敬意！

另附，如果你们需要钱，察木多官府将被允许向你们出借不超过1000两白银。我会在这偿还他们，之后再请李博支付给我。

法国公使哥士耆

此封信中，哥士耆首先表示无能为力满足杜多明主教的所有要求。首要原因是这一事务涉及到多国之间的国际关系，不仅是中国同法国之间的关系，还有中国同英俄两国之间的关系，其重要性不容小觑，因此，由于出现了"不能克服的"困难，导致该项事务不能做到令杜主教满意的处置。长期以来，英俄两国觊觎中国西藏并在那里进行势力角逐，中国西藏也因其特殊的地理位置而在中外国际关系中备受关注，因此，在巴黎外方传教会进藏受阻相关事务处置过程中，法国不敢冒然对中国政府表现出太过强硬的外交态度。换言之，如果法国为巴黎外方西藏传教会谋取太多在藏宗教利益，这势必会引起英俄两国的不满，继而后者也必然会提出在中国西藏利益均沾。基于此，以恭亲王和文祥为代表的中国外务部"坚决"拒绝通过官方处置这一事务，法国公使团也认为不应该坚持官方处置该事务。也就是说，在这一事务的处置方式上，法国完全遵从中国政府的决定，着意选择"非官方"的方式处置该项事务，以不让清政府夹在英俄两国之间为难。

此次处置巴黎外方西藏传教会进藏受阻相关事务，法国公使团的"恭敬"态度贯穿其中：由代办哥士耆甄选六点诉求前往征得中国政府同意，随后中国政府只同意了其中五点，唯独不同意罗勒拿在丁德安的陪同之下"即刻前往拉萨"，此即拒绝同意法国传教士继续进藏。值得注意的是，哥士耆并未对中国政府做出的这一决定持任何异议。哥士耆认为，西藏传教会的进藏活动能否成功取决于传教士们面对藏地官民所表现出的态度，称法国公使团通过

"劝解"法国传教士们，通过"呼吁"他们关切中国利益，以"悉心"避免伤及中国政府的尊严，称这已经让法国公使团在北京持续获得了良好的外交效果，同时他也劝说法国传教士们"也要努力这样做"，提醒他们要"耐心点儿"，不要对传教活动操之过急。为此，哥士耆向法国传教士们发出呼吁："请一直抱有希望并由你们来帮助我，以一种同我们的北京政策一致的方式：真正的友好及不容置疑的善意，对于中国，（对于）处于统治地位的（清政府）朝廷以及北京政府。我认为恭亲王和文祥已经对法国在中国扮演的角色予以足够的肯定并且看重对我的友谊，利用这一点我至少可以（为友好的中法关系）播种，或者说是可以（从中）收获（政治及经济利益）。"[87]此即表达了当时法国对华外交政策的原则：要对处于统治地位的清朝北京政府抱有"真正的"友好及"不容置疑的"善意。哥士耆认为法国积极推行对华"友好"政策已经初步奏效，使得主政中国外交的恭亲王和文祥对法国在中国扮演的"正面"角色做出了足够的肯定，使他们很看重中法两国之间的这种友谊，这样的话就能达到在中法国际关系交往中先播种"友谊"后收获"利益"的最终目的。哥士耆请罗勒拿一定相信，他绝对不会置法国在华传教团的宗教利益于不顾，不会置在华法国人的利益于不顾，但是他认为，此类事务的解决"需要有策略、有手段以及有耐心地推进"，因为在目前中国政权无序状态下，面对北京政府的软弱，如果不一直保持"小心谨慎"，就很可能会"毁掉"用于在中国攫取利益的工具——清政府。哥士耆的这种外交思维完全符合1860年代对华"合作"政策的核心内容：不是以粗暴行为，而是以容忍之心来支持和加强作为条约签署者的（中国）中央政府，以便使条约有效[88]。这一信件当中，哥士耆的很多表述均契合当时西方各国对华"合作"政策的核心内容，可以说是清楚地表明了当时法国政府积极推行对华"合作"政策的外交立场。尽管如此，哥士耆却并未对罗勒拿具体言及该项政策，只是一味地劝解传教士们要"善待"贫弱的清政府中国，先播种"友谊"再收获"利益"。法国公使团的这一做法很容易被解释，因为哥士耆不可能明确表示为了加强同中国政府的"友好合作"，法国政府要抛弃法国传教士们的在华宗教利益，如果他明确表示法国国家的政治及经济利益高于其宗教利益，为了保障

---

87 A. M. E., vol.556B, M. Kleczkowski à M. Renou, le 21 octobre 1862, p.1790.

88 参见陈敿才等译、魏尔特著：《赫德与中国海关》（上册），厦门大学出版社，1993年12月，第491页。

前者而要舍去后者,所以西藏传教会被抛弃了,法国公使团要是这样做的话,不但会在宗教界掀起轩然大波继而招致强烈抗议,也同长期以来法国所拥有的"天主教会长女"的"亲教会"身份不相符合。此时的法国政府不可能搬起石头砸自己的脚,因此他只能直接表示对支持西藏传教会无能为力,却对传教士们缄口不言对华"合作"政策,这也导致长期以来,教内外人士对 1860 年代法国公使团抛弃西藏传教会这一史实的发生一直疑惑不解。

晚清时期,在同中国政府的外交交往过程中,西方各列强政府一贯横行霸道,在华外国人也多仗势欺人,遇到同中国官民发生纠纷,动辄就到本国驻华使领馆请求为其撑腰。迫于外交压力,出于对列强各国挑起战争的惧怕,中国官府常常是通过签订各种不平等"合约",尽量满足列强们的无理要求以求息事宁人。此番在对西藏传教会主教进藏活动受阻相关事务处置过程中,一反惯常做法,法国公使团代办哥士耆拒绝了杜多明主教提出的大部分"无理"要求,不仅没有对中国发出战争威胁以袒护法国传教士,还对清政府特别表现出"迁就"、"体谅"和"友好"。法国政府此番对清政府中国表现出如此谦恭的态度,究其根源在于 1860 年代西方各国积极推行的对华"合作"政策。该项政策由美国驻华公使蒲安臣于 1860 年代初倡导推行,很快得到英法俄等国的积极响应,其核心在于"不是以粗暴行为而是以容忍之心"来支持和加强作为条约签署者的清政府,扶持清政府以实现条约所约定的西方各国在华政治及经济利益。受此项政策的影响,为了"示好"清政府,进而更好地实现法国在华长远政治及经济利益,在巴黎外方西藏传教会进藏受阻相关事务的处置过程中,法国公使馆权衡利弊,选择抛弃了西藏传教会的宗教利益。

## 第四节　杜多明欧洲申诉及西藏传教会进藏活动以失败告终

### 一、杜多明被迫离开中国返回欧洲申诉

1862 年,在对西藏传教会进藏活动受阻相关事务处置过程中,一反惯常做法,法国公使团代办哥士耆拒绝了杜多明主教提出的"无理"要求,不仅没有对中国发出战争威胁以袒护法国传教会利益,还对清政府特别表现出"迁就"、"体谅",由此表现出当时法国政府对华关系中的"友好合作"态度。

在向恭亲王申请达成的六条协议当中,哥士耆表达了"杜主教最好不要再

前往西藏"的观点。之后哥士耆很快便做出决定，不再允许杜多明返回西藏。他于 11 月 10 日写信给杜多明，请他返回欧洲："我很荣幸，也很高兴地向您保证，我刚刚为阁下获得一张免费从大沽前往上海（继而前往欧洲）的船票，Bruce 先生将就此替我寄一封短笺给 Mamile（船舰的名字——译者）的舰长，我会转发给您，主教大人，最晚于今天晚上。在我看来，这种方式丝毫不妨碍阁下做最快的旅行准备。让我感到抱歉的是，由于事务（繁忙）并缠身于工作……我不能前往北堂向阁下表达我的敬意以及美好祝愿了（意即不能前往北堂为杜多明送行——译者）。"[89]

　　1862 年 11 月 17 日，已经离开北京到达天津的杜多明写信给香港的账房神父李博，称自己正在前往香港途中，同时也告诉对方，目前法国传教团在中国全国的处境都在恶化，他说："新的转变或者说是倾覆，如同您所意料到的，我现在正在前往香港和法国的途中，您写信对我所讲的（内容）再真实不过了，哥士耆先生（让我返回欧洲的）主意已定。以良好意愿（的名义），他的所作所为损害了我们（的宗教利益）。在贵州，一切都在恶化……在湖南，纳瓦罗主教的事务……还在等待（解决），在（湖南）首府又新发生了对教民的攻击；在四川，（对教民的）地方性欺压愈演愈烈，（中国）政府高官们支持着教民们的敌人。一切都越来越糟糕。"[90]在这之后的第三天，杜多明又写信给肖法日，以告知此番法国公使团就西藏事务同恭亲王交涉的最终结果，以及他本人被迫返回欧洲的不幸遭遇。他说："我感谢您（来信）告知我（西藏传教会的）消息。我也必须对您讲一下……（哥士耆）拒绝了我的请求：我为（西藏传教会）传教士所请求的（经济）赔偿，以及我正式返回西藏（的要求）。他向我许诺了（其他）许多美好的东西，我却不在乎（这些东西），但是为了不伤及他所表现出的其他好意，我不得不（遵从他的指令）决定从北京出发前往巴黎，他为我弄到了一趟免费的行程，至少大部分（免费），我现在已经在（返回欧洲的）路上了。"[91]

　　由于担心杜多明在到达天津后可能会在思想上产生波动，哥士耆专门委托一位名为 Bertel 的船长写信劝解杜多明，防止他再度返回北京引起事端[92]：

89　A. M. E., vol.556B, M. Kleczkowski à Mgr. Desmazures, le 10 novembre 1862, pp.1797-1798.

90　A. M. E., vol.556B, Mgr. Desmazures à M. Libois, le 17 novembre 1862, p.1805.

91　A. M. E., vol.556B, Mgr. Desmazures à M.Fages, le 19 novembre 1862, pp.1807-1808.

92　A. M. E., vol.556B, M. le Commandant à Mgr. Desmazures, le 15 novembre 1862, pp.1801-1803.

主教大人,

我刚刚从法国(驻天津)领事处得知您刚抵达天津,以启程返回法国,您的(西藏)事务并未按照对您有利的方式得到处置。

我有幸告知您,就在 Fontanier 先生到达几个小时后,我接到了(法国)公使团的一封信,信中我们的代办(哥士耆)让我告知您,在建议您要抱有最大谨慎的同时……哥士耆先生请我替他向阁下您补充,说他请阁下此时不要再来北京,阁下在那里的出现(意即杜多明在北京出现——译者)有可能将事情复杂化……我不知道阁下将要作何决定,可以肯定的是,我希望能使您愉快,我殷勤地告知您,我会及时地通知您"香港"号(船舶)的出发……

您十分恭敬且充满感激的侍者:Bertel。

杜多明于 11 月 23 日离开天津,乘坐"香港"号,于 28 日到达芝罘(今山东烟台——译者),然后换乘"Monge"号前往上海,从那里经由香港、西贡(Saigon,今越南胡志明市)等地返回法国。在到达巴黎后,杜多明说到做到,他写信给法国外交部,"状告"法国驻华公使团临时代办哥士耆,鉴于其重要性,列出信件全文内容如下[93]:

西藏主教呈交给(法国)外交部部长先生的公文

按照圣座的意愿,四年以来我一直在准备匿名前往西藏,我已经采取了措施去实施它,我已经向拉萨派去一些汉人教民以成立一个商号,(我们)按照这一地区(禁教政策)所要求的一切谨慎小心(行事),此时,北京战争发生了,并且(法国)同中国之间(签订了)和平条约。

于是,我们(传教士们)在中国以及在(中国)西藏的处境全改变了。

法国公使团,出于满满的善意,认为应该将我们所有人(即所有西藏传教会的传教士们——译者)都通知到中国政府……结果中国政府将我们所有人的名字都通知给了拉萨的朝廷代表(即驻藏大臣——译者)、西藏政府以及按照规定也给我们发放了护照的四川政府。不可能并且今后再也不可能传教士们再匿名前往西藏腹地。我

---

93 A. M. E., vol.556C, Mgr. Desmazures au Ministère des affaires étrangères, 1863, pp.651-658.

同四位我们的传教士于 1861 年 4 月 15 日公开出发前往那里（即公开以传教士的身份出发前往西藏——译者）。不久后，我们来到拉萨政府直接管辖的地域内。在所到之处我们都受到了当地人——喇嘛及民众的最热情接待，在（上述）大部分地方都受到汉官们的优待。后者（即汉官们——译者）在其他任何地方都比不上在察木多给予（我们）那么多的关注和礼遇……在那里（即在察木多——译者）休整了 10 天后，他们（却）拒绝向我们提供我们继续（进藏）行程所必需的（驮载）牲畜，他们还让人把守住桥梁以拦住我们（进藏）的去路，迫使我们原路返回并离开西藏。驻拉萨的朝廷代表（即驻藏大臣——译者）已就此下达了命令，由摄政恭亲王亲自主持工作的北京外交部也对此表示同意，中国政府向沿途所有驿站都下达最严格的命令，切断我们同汉地的一切联系，扣住给我们（从汉地）寄来的所有物品及钱财，他们甚至到了拒绝给我安置在江卡的三位传教士（即肖法日、顾德尔、吕项——译者）提供任何糊口之物的地步，（他们）还借口法律打击并用死来威胁那些给他们（传教士们）提供过木柴和食物的当地人。（之前我安置）在拉萨的基督教徒被恶待，自从北京条约在那里公布以来，被从那里驱逐出去，（政府）并没有给他们时间以合理地处置他们的货物，也没有（给他们时间让他们）收回他们的债务，这让他们遭受了一笔超过 2000 两白银（16000 法郎）的损失。如果说我，同（伴随）我的两位传教士（即罗勒拿、丁德安——译者），除了巨大的花费之外，丝毫没有被恶待，（我们）在察木多滞留了 7 个月之后，北京及高层汉官发来的急件显示出（形势）越来越严重，我必须，为了保卫我的传教士们，屈服于地方汉官们（让我离开西藏的要求）并前往北京，去要求（我们）因北京条约而获得的、由我们所持有护照保护的、并且被法国皇帝陛下善意保障的（宗教）自由，（法国）公使团曾以其（即法国皇帝陛下——译者）名义给我写信为证（即法国公使团曾经写信告诉过杜多明，法国皇帝保障传教士们享有此条约约定的宗教自由——译者）。1862 年 3 月 11 日，由其属下向北京政府官方报告（即由地方政府报告北京中央政府——译者），（我）前往（北京）声明抗议（中国政府）对条约的违背，（我）持有一个证明"我是由朝廷（驻

藏）代表根据北京（政府）之命逐出西藏"的新的护照，我离开了
察木多，拖着被西藏（严酷）气候以及（艰难）传教任务击垮了的
身体，以60岁的年龄，历经1400法里的艰苦旅程，（我）到达了北
京。第一次被接待我就获知，在一个月之内，对已经获知我前来（北
京）的（中国）政府，（法国公使团的）人们既不会谈及我也不会谈
及我的（西藏）事务（这段话的意思是，在一个月之内，法国公使
团都不会就西藏传教会的事务向中国政府提出交涉，这在杜多明看
来是一种怠慢——译者）。

一个月过去了，我所提交给代办（哥士耆）的公文仅仅在于请
求，不要把（法国）公使团曾经出于善意为我们（向中国政府）所
做的交涉（结果），即告知了中国政府我们（传教士们的存在）并让
他们给我们发放了护照，变得很悲惨（意即我提交公文给哥士耆，
请求他维护法国公使团通过条约为传教士们谋获的宗教自由——译
者），而是让他们（即中国政府——译者）按照和平条约（约定）支
持并尊重它们（即护照——译者）。这也是为什么我的要求在于：1.
让人保护我留在西藏的5位传教士的生命和自由，还有保证我们（传
教士们）同汉地以及我们（传教士们）之间的通讯自由；2. 把我由
（中国）官方护送回西藏。在一位深谙中国事儿的人物的建议之下，
我增加了最后一项要求：即要求调离一位恶待欧洲人的汉官，并对
由中国政府下令（驱逐我们离开西藏这一事件）对我的教会及教民
们所造成的巨大经济损失做出赔偿。

（法国）公使团答应将我由（中国）官方护送回我的（西藏）
传教会，认为应该拒绝我的（其他）请求，所有对赔偿以及调换仇
视欧洲人之汉官的请求。伴随这一拒绝的是（法国公使团）对主教
团和传教士们的斥骂以及（鄙视）态度，（这态度）让我想起，尽管
我不愿意（想起），那些由中国政府应（法国）公使团要求塞进摄政
（恭亲王）一份正式文书当中的条款，（这些条款）宣称，（法国）
主教们和传教士们没有任何世俗方面的头衔，也没有（任何）宗教
层面的（头衔），没有任何权力去管理基督教民的事务，（他们）类
似于（中国的）和尚。这一卑劣阶层，一位中国人，即使是处境惨
淡，也不会向（这一卑劣阶层）发出邀请。

我的任务是向代办（哥士耆）指出，我必须坚持要求，为了法国的荣誉，也为了天主教的利益。六周后（他）给我的答复如下：

1. 对我递交（给他）的文件的评判权，我在这里附上了（这些文件）抄件，属于（法国）公使团，不由我来评判这些文件的价值；

2. 中国政府将我从西藏驱逐出去是有道理的；

3. 两周以来（法国公使团）同中国政府之间已经达成一项协议，据此（协议）法国公使团就西藏（事务）同中国政府之间不得不避免做任何官方之间的商谈，唯一（做出）官方（答复）的是，这一（中国北京）政府将函告（地方政府）以保护我（在西藏）的传教士们的生命和自由，至于（杜多明）主教，他将远离北京……；

根据此项协议，为了不给公使团提供任何借口去违背她曾向我做出的、要保护我的传教士们生命的诺言，公使团拒绝让我哪怕是秘密地返回我的（西藏）传教会，同时宣称她不会再发放护照给那些我必须招来进入西藏的新的传教士们，在他急迫的邀请之下，我不得不下决心（离开中国）返回法国。正是因此我才敢于将这些文字连同这些文书寄给（部长）阁下，恳求她权衡所有这些事情，看像这样的事情在东方发生是否符合法国政府以及众传教会的利益所在。

在上述递交给法国外交部部长的信件中，杜多明再次详述了他以及西藏传教会在1861、1862年短短两年时间内经历的"过山车"式遭遇：首先，因为法国在第二次鸦片战争中的胜利以及中法"和平"条约的签订，西藏传教会的传教士们不但摆脱匿名的方式得以公开前往西藏，而且进藏沿途还受到当地官民的热烈欢迎；然后，传教士们的命运在他们曾受到"最热烈"欢迎的察木多遭遇了转折，就在打算从察木多出发继续进藏之时，他们得知要被迫离开西藏"原路返回"，尤其需要指出的是，这是在北京政府授意之下由驻藏大臣所下达的"驱逐令"。在此背景下，不仅他们前往拉萨的道路被阻断，连他们在江卡和察木多的处境都变得十分艰难。在察木多滞留了 7 个月之后，为了"保卫"他的传教士们，杜多明认为必须前往北京求助法国公使团，以保证他们因条约而获得的"宗教自由"，更何况法国公使布尔布隆曾经承诺要保护他们，

清政府也为他们的进藏活动发放了许可护照。到达北京后，杜多明并未感受到
法国公使团的"善意"，相反，他更多地感受到了对传教士们不利的形势以及
"法国公使团对主教团和传教士们的斥骂以及鄙视态度"。经历了一个月的长
时间等待之后，杜多明等来的答复是"中国政府将他驱逐出西藏是有道理的"，
除了中国政府"笼统地"答应会保护"传教士们的生命和自由"，杜多明其余
诉求全部被驳回，他自己也因此被迫离开中国返回法国。正是因此，杜多明才
"敢于"将这些文字连同这些文书寄给法国外交部长，恳求其"权衡"所有这
些事情，看"像这样的事情"在东方发生是否符合法国政府以及众传教会的在
华利益。

　　杜多明有所不知，此番抛弃西藏传教会的并非哥士耆本人，也不仅仅是法
国公使团，抛弃西藏传教会的真正主使是法国政府。抛弃西藏传教会符合当时
法国政府的外交利益，也是 1860 年代西方各强国积极推行对华"合作"政策
的大势所趋。首先，常识告诉我们，法国驻华公使团代表的利益非法国本土政
府莫属，其处理对华外交事务的策略当源于法国政府核心高层的授意；其次，
哥士耆当时"嫌弃"并抛弃西藏传教会绝非出于他本人的个性及好恶，据史料
记载，在 1860 年代接下来的几年内，受对华"合作"政策的影响，在西藏传教
会进藏活动相关事务处置当中，之后连续两任法国公使柏尔德密（Berthemy）
和伯洛内（Bellonet）均延续了哥士耆的做法，他们明确表示法国政府不能给西
藏传教会进藏传教活动提供保护和支持。1864 年 3 月 15 日，继任法使柏尔德
密写信给当时西藏传教会主教助理顾德尔（Goutelle），他明确表示，法国公使
团不能保护在西藏活动的巴黎外方传教士们，劝说后者退出西藏返回汉地传
教，他在信中说："（尽管）天津条约适用于（中国）西藏地区，我的职责是，
鉴于目前你们的危险处境，不能不让你们知道，在目前状况下，（法国）王室不
能保证给予居住在（中国）西藏的传教士们以足够有效的保护。我将十分高兴
得知你们自觉自愿地回到汉地（传教），以在那里等待合适的（进藏）时机，在
相对安全中恢复你们的（传教）工作。"[94]两年后，1866 年 7 月 2 日，出任法
国公使的伯洛内写信给时任西藏传教会主教的丁盛荣（Chauveau），明确告知对
方，法国政府知道并且同意柏尔德密两年前劝说西藏传教会撤回汉地的做法，
法国政府同法国公使团一致认为应该结束西藏传教会"更多始于勇气而非谨慎
和思考"的在藏传教活动，他说："柏尔德密先生两年前（即 1864 年——译者）

94　A.D.N., Pékin 37, lettre de M. Berthemy à Goutelle, le 15 avril 1864, Pékin.

曾写信给西藏传教会，以请其退回汉地（传教），他曾就这一措施告知法国政府，以结束一项'更多始于勇气而非（出于）谨慎和思考'的（传教）事务（意即进藏传教是未经过深思熟虑的，是不谨慎的——译者）。法国政府同意（柏尔德密的）这一观点并确认给予西藏传教会救助的不可能性。"[95]此封信中，对于中国政府，伯洛内称"我们受（法国政府之）命不惜一切代价爱惜他并保护他"，伯洛内因此对丁盛荣说："喏，主教大人，对于西藏（传教）问题，现状是令人忧伤的，却也不可能有其他的解决办法，法国政府不想（再次）军事远征（中国）……我们受制于我们的制度，我们可以说我们是（尽管我们不情愿——原文）无价和平的仆人。"[96]由此可见，抛弃西藏传教会的并非哥士耆本人，也不仅仅是法国公使团，抛弃西藏传教会的真正幕后主使是法国政府。抛弃西藏传教会的宗教利益符合当时法国的外交利益。在 1860 年代各国列强政府积极推行对华"合作"政策的大势趋之下，鉴于中国西藏所面临的较为复杂的国际形势，为了同中国之间保持相对"友好和谐"的外交关系，法国政府选择遵从清政府中央及其西藏地方"禁止法国传教士进藏"的决意，抛弃了西藏传教会的宗教利益，意图保障法国在华长远政治及经济利益。

## 二、申诉失败杜多明辞任西藏传教会主教

杜多明写给法国外交部长的"申诉"信件并未奏效。巴黎外方传教会的长上们"遗憾地"认为杜多明"不能再期望（获得）比哥士耆先生所能给予他的更大的帮助"。[97]不甘心失败的杜主教又从巴黎前往罗马，以向教廷传信部诉说他在中国所遭遇的"不公正对待"。1863 年 3 月 28 日，杜多明写信给巴黎的长上，向后者讲述了他在罗马的尴尬处境："我已经提交了他们向我要求（提供的）关于西藏（传教会）的那些（说明），我将等待他们向我要求提供更进一步的解释，如果需要的话。我将必须在这里等着，据枢机主教所言，至少要等到复活节过后，肯定会在复活节后第一个主日之后。我对此表示遗憾，因为目前处境下在罗马的逗留对于我来说很痛苦，我想找一个安静的小角落来掩饰我的无助和悲悯。"[98]

95 A. M. E., vol.556J，M. Bellonet à Mgr. Chauveau, juillet 1866, Pékin.

96 A. M. E., vol.556J，M. Bellonet à Mgr. Chauveau, juillet 1866, Pékin.

97 A. Launay, *Histoire de la Mission du Thibet,* tome 1, Paris: Les Indes Savantes, 2001, p.382.

98 A. M. E., vol.556C, Mgr. Desmazures aux directeurs des M.E.P., le 28 Mars 1863, P174.

　　之后,杜多明并未如期从罗马教廷处获得他想要的满意答复,他就此提出辞去西藏传教会主教职务,之后从罗马返回巴黎,杜多明在 4 月 7 日写给巴黎长上的信中说:"我刚刚拜见了枢机主教阁下,他对我说(让我)返回巴黎。我需要同你们商量,推荐能在西藏替代我的那位(主教人选),填写已经给你们寄出的用于任命(新)主教的调查表,然后我再寄出辞呈……周一我将出发前往洛莱特(Lorette,法国城镇,位于卢瓦尔省),从那里前往巴黎。"[99]

　　从杜多明准备辞去西藏传教会主教职务,到初步确定下一任主教人选,这之间经过了差不多近一年的时间。1864 年 3 月 1 日,杜多明写信给巴黎外方传教会驻香港当家神父李博,向他讲述了西藏传教会选拔主教相关事务的最新进展:"我未能告知您这里发生的关于我的一些新闻……我们巴黎(总部)的先生们以及之后(罗马)枢机主教对我说,我不应该再想着返回西藏,因此我们一致请丁盛荣(Chauveau)来接替我,在此条件下,我艰难地、却也完全地顺从了我们可敬的同仁们(让我辞职的)意愿。"[100]杜多明对于自己的未来充满了悲观情绪,他对李博说:"尽管枢机主教曾对我讲,他正在想办法并且应该让我准备好返回中国,我于此只看到了水中月镜中花,我有太多的理由认为在这人间这已经结束了(即杜多明意识到他的传教生涯已经结束了——译者)。我怎么去到一个新的地区培养(自己)一种新的方言呢?我对于四川的(方言)都讲得那么不正确。我六十岁了,我已经弯向土地的脊柱告诉我,我除了来生别无其他更多可想的了。"[101]

　　又过了差不多半年的时间,直到同年 10 月,杜多明辞职以及丁盛荣继任西藏传教会主教的事情才获得教皇的正式批准。这之后,杜多明立即就此给丁盛荣写了一封信,以向丁主教讲述他作为西藏传教会主教所经历的"悲惨"遭遇,提醒他要引以为戒,不要再指望能从法国政府那里获得太多帮助:"您知道我是怎样被(恶劣)对待的,尽管我似乎并未向您详细讲述过,您也是大致了解的。以您的性格,您的能力,以及上帝已经开始给予(我们)的经验,您(这位西藏传教会代牧主教)将比我容易些……我在北京被对待的方式,我在巴黎所做的申诉不被重视,法国公使团向李博提出要求,(法国)外交部长向我们巴黎的同仁们(提出要求),(要求我们)撤出西藏,拒绝给新的传教士们发放

99  A. M. E., vol.556C, Mgr. Desmazures aux directeurs des M.E.P., le 7 avril 1863,P177.
100A. M. E., vol.556C, Mgr. Desmazures à M. Libois, le 15 Mars 1864,P795.
101A. M. E., vol.556C, Mgr. Desmazures à M. Libois, le 15 Mars 1864,P798.

护照……所有这一切都足够公开地宣布……依靠强国们的救助，就是给上帝的（福传）事业埋下严重的障碍。"[102]法国公使团抛弃西藏传教会，这在杜多明内心造成阴影至深可见一斑。

## 三、法国巴黎外方西藏传教会进藏活动以失败告终

杜多明于 1862 年初离藏赴京之后，留在察木多的罗勒拿和丁德安并未彻底放弃前往拉萨的打算，他们曾于当年 6 月 20 日从察木多出发，再次尝试开展进藏活动。离开察木多不久后，罗勒拿和丁德安就在一个叫 La-Kong（清档中称为"啦公喤地"）的驿站被拦了下来，被迫就此中断了此次进藏活动行程，随后返回崩卡。1863 年 7 月 30 日，在写给巴黎外方传教会长上们的信中，罗勒拿讲述了西藏传教会此次失败的进藏活动，这也是该会开展的最后一次进藏活动[103]：

先生们，亲爱的同仁们，

差不多在那一时期寄出的信件将会告诉你们，我们（拖了）4 年的（崩卡）诉讼有了好的结局，这对于我们神圣的（传教）事业已经产生并且还将产生巨大的益处。当丁德安先生和我从汉官们那里正式得知，有利于我们的判决已被宣布，崩卡教点还给了我们，我们认为可以（重新）开展（前往）拉萨的旅程了。汉官们首先前来鼓励我们前往（拉萨），因为，他们对我们说，（之前）从拉萨前来抵制（我们进藏活动）的喇嘛们已经返回那里了（即已经返回拉萨了——译者），他们觉得我们在前往拉萨的路上不会再遇到困难了。（实际上）他们给我们的建议是一个（他们用于）摆脱我们的坏主意。我们于 6 月 20 日离开察木多，带上相关护照，在城外接受了整个（察木多）驻军及汉官们的作别之后，（他们为我们）支起了漂亮的帐篷，以使（我们能）在那里喝上一杯告别的茶水。在 2 法里之外的地方，这些先生们让人为我们准备了一顿丰盛的午餐。此次（进藏）旅程的开端似乎向我们预示着，直至拉萨都只会是一路坦途。村庄的首领还有护送我们的人们对我们无微不至。

但是这些美丽的表象并未持续太长时间。第二天晚上，当时我

102A. M. E., vol.556C, Mgr. Desmazures à M. Chauveau, le 10 octobre 1864, p.1024.
103A. M. E., vol.556C, Renou aux directeurs des M.E.P., le 30 juillet 1863, pp.437-446.

们已经到达了（进藏行程的）第二站，埋伏在（距离察木多）一天行程处来自拉萨的喇嘛们也到达了那里，并且（他们）以最严格的惩罚警示民众，不但禁止他们给我们提供行程所需数量的驮畜，还（禁止他们）向我们出售任何生活必需品，总而言之，他们切断了我们生活必需的水与火，正如这里的人们所言，如同之前他们对我们江卡的同仁们所做的那样。我们并未被这些禁令困住，因为我们储备的猪肉相当丰富，我们还期望能从我们借宿的汉人士兵那里获得帮助。

但是，很快我们就发现我们（在进藏道路上）不可能走得更远，我们被迫原路返回，首先（得返回）察木多，（然后）从那里又到哪里呢？我们不能预知，最终我们任由（他们）驱逐。因为我们一旦从拉萨辖地上被驱逐，这对于我们的同仁们以及我们的崩卡教点来说，都将只能产生十分糟糕的结果，我们决定给察木多的汉官写一封信，在信里面强烈抗议对我们进行不公正阻止的（拉萨）特使，我们请求被护送至崩卡，既然拉萨之行变得不再可能，不是经由四川的路（把我们护送回崩卡），我们永远不会再让人将我们送到那里（即四川——译者）去，而是经由便道，人们称之为云南的路，更短更便捷（的路）。这一计划让（察木多的）汉官们很满意，他们即刻将此告知驱逐我们的人当中的一个，（这位）已经来到察木多同他们商议（此事），他很容易就同意了。几天后，来到我们（进藏活动）被阻断的 La-Kong 驿站，他和他的同伴来拜访了我们一次。一切都得以顺利安排，商定由我们给他们出具一份书面证明，其中我们宣称，鉴于在拉萨以及（前往拉萨）途中正在发生骚乱，我们目前放弃前往拉萨；他们也给我们提供了一个（书面证明），其中他们答应为我们提供条件将我们送回崩卡。在 La-Kong 南面，翻越了一座山脉之后，我们就来到了广阔的 Pongda 高原，需要好几天的行程（才能走出去这座高原）。当时我们曾十分想经由这座平原前行（至崩卡），这里只有放牧牛羊的游牧民，他们唯一的住所就是由牦牛毛织布做成的黑色帐篷，但是（我们）无法找到走这条路必需的马匹，因此我们必须走（人们惯）常走的路并返回察木多，我们于 1862 年 7 月 30 日到达那里（即到达察木多——译者）。这一次（汉官们的）

接待非常简陋，我们仅仅获得了来自喇嘛寺一方的礼待，在（这个喇嘛寺）里面，他们为我们准备了一间得体的住所。汉官，他们的士兵，民众，所有的人都好好地待在他们的家中，在我们到达和离开之际，（察木多）就像是一座空城。8月1日，我们再一次将察木多抛到身后（前往崩卡），（这次）我们走的路是我们之前说好（要走的）云南的路……。

上述信中讲述的便是"进藏先锋"罗勒拿的最后一次进藏活动尝试，也是法国巴黎外方西藏传教会自1846年创建以来所开展数次进藏活动中的最后一次，其结果仍然以失败而告终。在法国传教士们所开展的数次进藏活动过程中，察木多似乎成为了他们难于越过的进藏卡口。经年之间，察木多官民对试图进入西藏活动的法国传教士们已不再陌生，从经由察木多被驱逐出藏的秦噶哗、古伯察和罗勒拿，到败走察木多的杜多明及其传教士们，察木多官民见证了法国传教士们屡败屡战、屡战屡败的进藏活动。在法国传教士们最后一次到来之际，察木多"所有的人都好好地待在他们的家中"，察木多"就像是一座空城"，预示着法国巴黎外方西藏传教会进藏活动最终的失败结局。

迫不得已之下，罗勒拿和丁德安放弃巴黎外方西藏传教会成立之初设定的终极目标——进驻首府拉萨，他们改往崩卡，就此开启了该会远离中国西藏的序幕：1865年，包括崩卡在内的巴黎外方西藏传教会所有传教堂口均遭打毁，传教士吕项（Durand）被枪弹击中后落水，溺亡于萨尔温江，随后，传教士肖法日、丁德安、杜伯南（Dubernard）以及毕天祥（Biet）从西藏撤至川滇藏区，从此之后，崩卡仅作为法国巴黎外方西藏传教会的一个地标而存在，成为了一个汇聚西藏传教会传教士们进藏传教活动期许和遗憾的地方，成为了西藏传教会传教士们再未得以返回的"希望之乡"（la terre promise）。

# 小 结

第二次鸦片战争后，根据1858年、1860年签订的中法《天津条约》、《北京条约》，清政府被迫在政策层面全面"弛禁"天主教传华活动。法国公使布尔布隆就此写信给西藏传教会主教杜多明，除了炫耀法国政府利用条约为天主教传华活动谋得"宗教自由"权利，还承诺"看守"并"保护"杜主教及其传教士们，借此鼓动巴黎外方西藏传教会积极开展进藏传教活动。1861年初，备受鼓舞的杜多明及其传教士们一改往昔的"遮掩躲藏"，高举法国国旗公开实施进藏活动，不料却在几个月之后严重受阻并困于察木多。被驱逐出藏后，杜多明主教旋即前往北京求助法国公使团，却又意外遭到后者的"嫌弃"和抛弃。无望重返西藏的杜多明被迫折回欧洲申诉，却同样无果。在此期间，西藏传教会持续十余年的进藏活动也以彻底失败而告终。在《天津条约》、《北京条约》约定全面解禁天主教传华活动背景下，手持中法双方政府共同签发的进藏护照，心怀法国公使布尔布隆的"保护"承诺，杜多明及其传教士们积极开展进藏活动却严重受挫。在此关键时刻，法国公使团却拒绝支持前来北京求助的杜多明主教，由此抛弃了视她为靠山的西藏传教会。

长期以来，法国公使团上述做法令教内外人士"十分困惑"。实际上，此番抛弃西藏传教会的并非哥士耆本人，也不仅仅是法国公使团，抛弃西藏传教会的真正幕后主使当是法国政府。法国驻华公使团代表的利益非法国本土政府莫属，其处理对华外交事务的策略当源于法国政府核心高层的授意。抛弃西藏传教会的宗教利益符合当时法国的外交利益。在 1860 年代各国列强政府积极推行对华"合作"政策的大势趋之下，鉴于中国西藏地方所面临的较为复杂的国际形势，为了同中国之间保持相对"友好和谐"的外交关系，法国政府选择遵从清政府中央及其西藏地方"禁止法国传教士进藏"的决意，抛弃了西藏传教会的宗教利益，意图保障法国在华长远政治及经济利益。

在 1860 年代对华"合作"政策主导中外国际关系背景下，在处置西藏传教会进藏受阻相关事务之际，法国不仅对其在华政治、经济及宗教利益进行权衡并做出取舍，同时还对她同英俄等国之间的外交关系以及各自在华利益予以审慎考量和平衡。在 1860 年代较为特殊的中外国际关系历史大背景之下，法国巴黎外方西藏传教会及其所开展的进藏活动充当了时代的牺牲品。

# 结　语

　　17 世纪初，耶稣会传教士安德拉德前往古格地区传教，是为天主教传教士早期进藏活动的开始。18 世纪中叶，在藏传教活动失败之后，嘉布遣传教会从中国西藏完全撤离。至 19 世纪中叶，法国在远东常常依托宗教开展殖民侵略活动，这逐渐提升了法国在天主教传华事务中的话语权。罗马天主教会洞察了这一天主教传华形势新动向，于 1844 年开始重新筹谋进藏传教活动，并于 1846 年宣布以中国西藏为核心地带成立拉萨宗座代牧区，指派法国巴黎外方传教会前往中国西藏开展天主教传教活动。为实现最初设定之目标——进驻中国西藏首府拉萨开展传教活动，1847 年至 1864 年之间，法国巴黎外方西藏传教会先后数度从中国内地之四川、云南和南亚之印度、不丹、尼泊尔、锡金、拉达克等地出发开展进藏活动，试图前往西藏首府拉萨传播天主教，这一系列的进藏活动均以失败告终。最后，巴黎外方西藏传教会不得不放弃"进入中国西藏前往拉萨传教"的目标，全面终止进藏活动，转而选择落脚川、滇、藏边地传教，直至 1952 年完全撤离中国。

　　19 世纪中叶，西方列强对整个亚洲的殖民侵入使中国及其西藏地方面临一系列复杂的国际新形势。在此背景之下，清政府意欲沿续以往封闭的宗教及外交政策，西藏地方也日益加强对西方人的严格封锁。因此，相较于 17 至 18 世纪中叶耶稣会、嘉布遣会等天主教修会的早期进藏活动，19 世纪中叶法国巴黎外方西藏传教会进藏活动开展之际，传教士们进藏沿途的境遇发生了巨大的变化，进藏活动遭遇了难以克服的重重困难。

　　19 世纪中叶，罗马天主教廷以法国巴黎外方西藏传教会为依托，其进藏活动呈现出以下四个特点：

## 一、19 世纪中叶法国巴黎外方西藏传教会进藏活动是一场天主教会内部自上而下的自觉行动

17 至 18 世纪中叶，天主教会早期进藏活动经历了一个从传教士个人自发开展到罗马天主教会自觉组织的过程。最初，1624 年 3 月 30 日，葡萄牙耶稣会传教士安德拉德自行出发前往中国西藏，于 1624 年 8 月抵达古格首府扎布让开展传教活动；至 18 世纪初，进藏传教活动开始转变为罗马天主教会的一种自觉行动，罗马教皇克雷蒙十一世（Clement XI）于 1704 年颁布谕令，宣布在中国西藏成立宗座监牧区，将西藏教务交由意大利嘉布遣会管理，该会第一批传教士于 1707 年抵达拉萨开展传教活动。与之相比，19 世纪中叶法国巴黎外方传教会的这场进藏活动从一开始就是天主教会自上而下的自觉行动。1846 年 3 月 27 日，罗马教皇格列高利十六世颁布谕令，在中国西藏设立拉萨宗座代牧区，授命法国巴黎外方传教会组建西藏传教会管理西藏教务；仅仅一个多月之后，5 月 10 日，法国巴黎外方传教会总部及时向本会所有下属传教团体发出公开信，以促成西藏传教会的成立并开展进藏传教活动；1847 年 8 月，法国巴黎外方传教会传教士罗勒拿从四川出发，积极开启西藏传教会进藏活动；通过上述一系列紧凑连贯动作，天主教会自上而下自觉促成了重返中国西藏传教计划的形成及实施，这充分体现了新的历史时期天主教会自上而下对中国西藏教务的高度重视和自觉行动。

## 二、19 世纪中叶法国巴黎外方西藏传教会进藏活动与近代欧洲强国在亚洲地区的殖民侵略活动息息相关

19 世纪中叶，西方强国日益加强对东亚的殖民侵入，这使中国及其西藏地方逐渐面临一系列复杂的国际新形势。相较于其他欧洲国家，法国较多依托宗教在东亚和东南亚开展殖民侵略活动，这使天主教传华保教权开始逐渐向法国转移。第一次鸦片战争后，1844 年，中法《黄埔条约》得以签订，随之道光帝"依议"耆英"容教"奏请，这于法国在华外交及宗教势力当中引起了热烈反响，以波尔基为代表的不少欧洲人认为，外国殖民势力介入中国使欧洲在华传教士们的地位迅速上升，清廷的"容教"倾向对天主教传华活动的有利影响已经显现，他们从清政府"禁教"政策松动中看到了重启中国西藏教务的机遇。在此背景下，自 18 世纪中叶撤离中国西藏一百余年之后，罗马教廷于 1846 年委派法国巴黎外方传教会重返中国西藏拉萨开展传教活动。从中国内地之

四川出发开展进藏活动遭遇失败之后，考虑到早期进藏传教士所走由印进藏路线地处英印殖民地范围内，进藏活动可以期望得到英印政府的支持和保护，教会上层便调整进藏路线，决定从南亚方向开展进藏活动。之后，南亚方向逐次进藏活动的确得到了英印殖民政府一定程度上的支持和保护，同时又因为中国西藏地方及其周边地区对英国殖民势力的敌视和抵制，而为后者充当了替罪羊。由此可见，19 世纪中叶法国巴黎外方西藏传教会进藏活动的开展同近代欧洲强国在亚洲的殖民侵略活动息息相关。

## 三、19 世纪中叶法国巴黎外方西藏传教会在进藏活动过程中遭遇了诸多不可逾越的非自然困难

17 至 18 世纪中叶，早期传教士进藏途中遭遇的多为自然困难，主要是一些由喜马拉雅山高路险、气候高寒以及传教士们自身的财力、体力匮乏所致的困难。除受累于沿途关卡征税及土匪祸患之外，早期传教士们进藏沿途几乎未受到沿途官民的阻拦。与之相比，19 世纪中叶，试图重返中国西藏传教的法国传教士们进藏沿途却遭遇了不可逾越的非自然困难。

19 世纪中叶起，欧洲殖民势力的侵入同清政府中国以往封闭的外交及宗教政策之间激烈碰撞，英俄为首的西方殖民侵略势力不断觊觎中国西藏地方，使该地区日益加强它对外国人的封锁。1848 年 3 月，进藏传教士罗勒拿察木多被捕，巴黎外方西藏传教会首次进藏活动失败，清廷"禁止外国人越界五口远入中国内地"的外交政令是造成此次进藏活动失败的根本原因。之后，罗勒拿于 1852 年选择清廷驻防稍显疏松的滇西北再次尝试入藏，沿途驻守清廷官兵对罗勒拿的进藏活动依然造成了不小的威胁，迫使他迂回于澜沧江和怒江之间的高山峡谷中，以避免重蹈前次进藏活动被捕的覆辙。考虑到清廷禁令是传教士们进入西藏难以逾越的障碍，天主教会启用早期进藏传教士们于 17 至 18 世纪中叶走过的"位于喜马拉雅山脉南麓"的进藏路线。从 1849 年到达印度阿萨姆邦，到 1858 年奉上级之命全部撤离，法国巴黎外方西藏传教会的传教士们先后从南亚的印度、不丹、尼泊尔、锡金、拉达克等地先后多次尝试进入中国西藏，历经十余年的艰辛，所有的进藏活动最终均以失败告终。长期以来，英国觊觎中国西藏及其周边地区，导致中国西藏地方以及喜马拉雅诸山国官民严重敌视并抵制以英国人为首的西方人，这使法国巴黎外方西藏传教会传教士们的南亚进藏活动遭遇严重阻力。

19 世纪中叶，法国巴黎外方西藏传教会进藏活动遭遇了前所未有的非自然阻力，当时中国及其西藏地方所面临的国际形势较之于 17、18 世纪已经发生巨变，当地正在遭受来自欧洲强国们的殖民侵入威胁，同时也在奋力抗拒这一侵入。巴黎外方西藏传教会的进藏活动或多或少充当了中西方之间这一对抗的替罪羊和牺牲品。

## 四、19 世纪中叶法国巴黎外方西藏传教会重返中国西藏传教是一场充满了挫败的活动

除个别传教士在进藏途中死亡或因畏惧险途而放弃进藏之外，17 至 18 世纪中叶，开展早期进藏活动的传教士们最终均得以公开进入中国西藏，一些传教士更是得以最终到达中国西藏首府拉萨并在那里建堂传教。

较之于早期传教士们的进藏活动，19 世纪中叶天主教会重返中国西藏传教是一场充满了挫败的活动。法国巴黎外方西藏传教会的传教士们曾先后多次从各个方向出发试图进入中国西藏，最终却难以如愿：他们有的从中国内地之四川、云南出发进藏，有的从南亚之印度、不丹、尼泊尔等地出发进藏，他们或者在短暂进入中国西藏后很快便被驱逐出来，或者根本就未能进入中国西藏。迫于多次尝试进藏未果，天主教会最终不得不做出策略调整，放弃最初设定的"进驻中国西藏首府拉萨开展传教活动"的目标，建议传教士们暂时落脚中国西藏边缘或者近藏某地，等待时机再前往拉萨传教。在这一新策略指引之下，在克服重重困难之后，1854 年，传教士罗勒拿得以到达并潜藏于西藏东南近滇之崩卡开展传教活动，该教点却在 1858 年遭遇当地民众打毁，由此引发长期教案诉讼；进藏阻力重重背景之下，西藏传教会第一任主教杜多明不得不选择将其主教府暂设于四川大林坪，随后，由他引领的 1860 年代西藏传教会进藏活动也终告失败，杜多明本人被迫折返欧洲并辞任主教职位。由此可见，19 世纪中叶天主教会重返中国西藏传教是一场充满了挫败的活动。

19 世纪中叶，天主教会自上而下积极筹谋"重返中国西藏拉萨传教"，最终却不得不接受"不能进入中国西藏"的惨淡结局。除进藏沿途艰险自然地理环境是为此番进藏活动一定程度上的客观困难之外，造成这一失败结局的原因主要有以下两点：

（一）天主教会内部激进一派对 19 世纪中叶天主教传华形势的错误估计。

第一次鸦片战争后，清政府被迫与西方列强签订了一系列不平等条约，其

中关于"允许外国人在通商五口岸建堂礼拜、自由活动"的条款使饱受清廷"禁教"之苦的天主教会蠢蠢欲动，意欲全面复兴天主教传华事务。但是，不容忽视的是，虽然当时天主教传教士被获准在通商五口岸建堂礼拜、自由活动，他们却被严格禁止越界通商五口、擅入内地传教，"倘有越界妄行，地方官一经拿获，即解送各国领事馆管束惩办"。[1] 天主教会内部对 19 世纪中叶天主教传华形势存在两种不同的认识。以马伯乐为首的保守派对清政府严禁包括天主教传教士在内的外国人越界五口擅入内地活动的禁令保持清醒的认识，因此极力反对在此时重返西藏拉萨传教。而以罗马教廷、巴黎外方传教会总会及传教士罗勒拿为首的激进一派却对天主教传华形势盲目乐观，他们不但不听取马伯乐较为中肯的意见和建议，还积极推进西藏福传事务的重启。结果是，巴黎外方西藏传教会首次进藏活动以进藏传教士罗勒拿在西藏察木多被清廷官兵查捕的失败结局而收场。

　　第二次鸦片战争后，根据 1858 年、1860 年签订的中法《天津条约》、《北京条约》，清政府被迫在政策层面全面"弛禁"天主教传华活动。法国公使布尔布隆就此写信给西藏传教会主教杜多明，承诺"看守"并"保护"杜主教及其传教士们，借此鼓动巴黎外方西藏传教会积极开展进藏传教活动。1861 年初，备受鼓舞的杜多明及其传教士们一改往昔的"遮掩躲藏"，高举法国国旗公开实施进藏活动，不料却在几个月之后严重受阻并困于察木多。被驱逐出藏后，杜多明主教旋即前往北京求助法国公使团，却又意外遭到后者的"嫌弃"和抛弃。无望重返西藏的杜多明被迫折回欧洲申诉，却同样无果。在此期间，西藏传教会持续十余年的进藏活动也以彻底失败而告终。在《天津条约》、《北京条约》约定全面"解禁"天主教传华活动之背景下，手持中法双方政府共同签发的进藏护照，心怀法国公使布尔布隆的"保护"承诺，杜多明及其传教士们积极开展进藏活动却严重受挫。在此关键时刻，法国公使团却拒绝支持前来北京求助的杜多明主教，由此抛弃了视她为靠山的西藏传教会。法国公使团这一"长他人志气灭自己威风"的做法，究其根源在于 1860 年代极为特殊的中外国际关系当中：受当时西方各国积极推行对华"合作"政策的影响，考虑到西藏地方在当时中国对外国际关系中所占据的重要性，法国在处置西藏传教会进藏受阻相关事务之际，不但要对其在华政治、经济及宗教利益进行权衡并

---

1　中国第一历史档案馆、福建师范大学历史系：《清末教案》（第一册），《两广总督耆英奏请将习教之人稍宽禁令以示羁縻摺》，北京：中华书局，1996 年，第 3-4 页。

做出取舍，同时还对她同英俄等国之间的外交关系以及各自在华利益予以审慎考量和平衡，由此，法国巴黎外方西藏传教会进藏活动充当了当时法国对华"合作"政策的牺牲品。

（二）天主教会上层忽略了 19 世纪中叶英国殖民势力对喜马拉雅南麓方向进藏活动潜存的负面影响。

为避免进藏传教士重蹈秦噶哔、古伯察及罗勒拿被清廷查捕的覆辙，巴黎外方传教会总部决定重新启用 17 至 18 世纪中叶天主教会的进藏路线，早期传教士们曾多次跨越喜马拉雅山脉进入中国西藏传教，这些成功案例使他们认为那里的进藏道路安全且便捷。然而，他们没有想到的是，由于长期以来遭受英国殖民侵略势力的威胁，一百多年之后，中国西藏地方及喜马拉雅诸山国日益封禁以英国人为首的欧洲人进入。在此背景下，法国巴黎外方西藏传教会的传教士们历经十余年的艰辛，却未能从喜马拉雅山脉南麓成功进入中国西藏。天主教会既不了解当时中国西藏边境所面临的严峻国际新形势，也丝毫未曾预料到英印殖民势力会对进藏活动产生如此巨大的负面影响，因此，较之于 17 至 18 世纪中叶的早期进藏活动，19 世纪中叶，法国巴黎外方西藏传教会由喜马拉雅南麓方向所开展的进藏活动遭遇了前所未有的阻力，这从侧面反映出，19 世纪中叶天主教会在进藏活动开展策略上存在较大的盲目性。

相较于最初设定的"前往中国西藏拉萨传教"的宏大目标，19 世纪中叶法国巴黎外方传教会重返中国西藏传教的活动可以说是失败的。但是，从整个近代天主教中国藏区传播史、藏族多元宗教信仰格局形成以及中西交通史等角度来看，该场进藏活动存在着以下三点意义和影响：

（一）19 世纪中叶，鉴于之前所开展进藏活动的失败，法国巴黎外方西藏传教会最终形成了更切合实际的活动策略，选择落脚川滇藏边地建堂传教，保存了传教势力，开拓了传教活动场域，其意义重大且影响深远。

19 世纪中叶，重返中国西藏进藏活动中，迫于现实困难，巴黎外方西藏传教会逐渐放弃最初设定的"前往西藏腹心拉萨一带传教"的目标，命传教士们暂时落脚川、滇、藏交界地带开展传教活动。1865 年 12 月 27 日，西藏传教会第二任主教丁盛荣（Chauveau）在打箭炉就任，他向当时西藏传教会所有的法国传教士发出了一封公开信，强烈呼吁放弃前往西藏拉萨传教的打算，转而选择立足于近藏地带活动，他说："汉官反对我们，西藏（三大寺对我们）

发出警报，（法国）公使团抛弃了我们，我不敢说是背叛了我们……在等待好时机来临的同时，我请求你们，先生们，我不能不对你们说：我命令你们不要再试图前往西藏（拉萨）立足，……我恳求肖法日先生留在巴塘活动，我对杜伯南（Dubernard）说同样的话，留在巴木塘（Pamoutang），我对德高丹和毕天祥（Félix Biet）说同样的话，留在 Gunra，……我对毕天祥说同样的话，最后，留在他（现在）所在的地方……包围西藏，但是不要行动……耐心，先生们及亲爱的同仁们，在如今这艰难和危险的境地……存在幸运的冒险，这我知道，但是还没有到冒险的时刻……这一思考适用于所有的人和同仁以及在任何时候……我认为我们应该学会等待，就在中间地带（即川、滇、藏交界地带——译者注）。加速或者突然中断，差不多都会是一样的，或者说，突然中断就是毁灭。"[2]为此，丁盛荣向罗马教廷请求将四川的打箭炉、理塘、巴塘以及云南的维西中甸及阿墩子等川、滇藏区划归西藏传教会，罗马教皇陴九世于 1868 年 7 月 5 日批准该项申请。[3]这一调整后的传教活动策略及之后所开拓的传教场域均对之后天主教在中国藏区的传播产生了深远的影响，且未被后来者超越。自此，巴黎外方西藏传教会得以保存势力，立足于川、滇、藏交界地带开展传教活动近百年，直至 1952 年撤离中国。

（二）19 世纪中叶，法国巴黎外方西藏传教会进藏活动开启了近代天主教一百余年中国藏区传播活动的序幕，对于现今中国藏区多元宗教信仰格局的形成和发展具有重要意义。

藏族社会的宗教信仰氛围浓厚，是一个由藏族传统苯教、藏传佛教及西方基督教等宗教共存的多元宗教信仰社会。今天，在西藏自治区芒康的盐井、四川藏区的康定、巴塘以及云南藏区的贡山、德钦等地，依然居住生活着许多天主教徒，他们在浓厚的藏族苯教和藏传佛教宗教文化氛围中坚持着天主教信仰，代表着藏族传统宗教文化与西方基督宗教文化互动交流的历史和现状。可以说，西方天主教能够在中国藏区带得以传播和存留，这是 19 世纪中叶以来法国巴黎外方西藏传教会积极开展进藏活动的结果。17 至 18 世纪中叶，早期天主教传教修会进藏活动开展得如火如荼，传教士们不仅到达西藏的扎布让、日喀则等地建堂传教，还得以进入西藏首府拉萨开展传教活动，

2 A. M. E., vol.556C, Mgr. Chauveau aux Missionnaires de la Mission du Thibet, le 27 décembre 1865, pp.1624-1625.
3 A. Launay, *Histoire de la Mission du Thibet,* tome 2. Paris: Les Indes Savantes, 2001, p.30.

而且所到之处，他们均与当地官民形成有效互动，罗马教皇亦多次写信给西藏的僧俗政要，以请其帮助开展传教活动。但是，早期传教士在藏活动于18世纪中叶完全终断，没有留存任何一座教堂，也再无教徒传承。19世纪中叶，巴黎外方西藏传教会的进藏活动开启了近代天主教一百余年藏区传播活动的序幕，该会先后向中国藏区派遣5任主教和50余位传教士以在当地开展传教活动。[4]现今存在于我国西南藏区的天主教教堂和教徒均为近代巴黎外方传教会藏区传教历史活动的结果，由此可见，19世纪中叶，巴黎外方传教会进藏活动对如今我国藏区多元宗教信仰格局的形成和发展具有重要意义。

（三）19世纪中叶，在围绕中国西藏所开展的中西交通及文化交流活动中，法国巴黎外方西藏传教会进藏活动是一场重要的历史活动，一定程度上推进了当时及后世西方与中国西藏之间的相互认知与文化交流。

19世纪中叶，巴黎外方西藏传教会进藏活动发生在英俄法等西方殖民势力觊觎中国及其西藏地方的历史背景之下，此番进藏活动是当时众多西方人所开展进藏活动的一个重要组成部分，是近代围绕中国西藏所开展的中西交通及文化交流中的一场重要历史活动。19世纪中叶，随着实地进藏活动的逐步开展，巴黎外方西藏传教会的传教士们逐渐加深了他们对中国及其西藏地方周边地理、政治、社会、人文等方面的了解，他们通过书信、文件等将关于中国西藏较为可靠的信息传递到西方世界，增进了西方世界对中国西藏的实际认知；意识到"进军拉萨传教"的目标无法实现，该会传教士们并没有退却，而是竭力留驻川、滇、藏边地活动长达一百余年。从1846年开始组建到1952年全面撤离中国，巴黎外方西藏传教会的传教士们主要以四川藏区的打箭炉、巴塘及云南藏区的维西、中甸为大本营长驻康区，开展传教活动的同时，在当地进行科学考察测量、自然标本采集、文教卫生服务、军事经济情报搜集等各种活动，在对当地宗教及文教卫生产生影响的同时，一定程度上增进了这一区域中国藏边社会同西方世界之间的相互了解，对中国藏区同西方世界之间的相互认知及文化交流产生了深远影响。

---

4 这一数据统计主要依据〔法〕热拉尔·穆赛与布里吉特·阿帕乌主编的《1659-2004年入华巴黎外方传教会会士列传》。参见〔法〕荣振华等著、耿昇译《16-20世纪入华天主教传教士列传》，桂林：广西师范大学出版社，2010年，第1008-1068页。

# 参考文献

## 一、中文部分

### （一）档案资料汇编

1. 张羽新：《西藏及甘青川滇藏区方志录编》，北京：学苑出版社，2003 年。

2. 四川省民族研究所编：《清末川滇边务档案史料》（上、中、下），北京：中华书局，1989 年。

3. 王铁崖：《中外旧约章汇编》第一册，北京：三联书店，1957 年。

4. 中央研究院近代史研究所编（吕实强主编）（台）：《教务教案档》（第1-7辑），台北：中央研究院近代史研究所，1959-1981 年。

5. 中国第一历史档案馆、福建师范大学历史系合编：《清末教案》（第1、2册），北京：中华书局，2000 年。

6. 故宫博物院明清档案部、福建师范大学历史系合编：《清季中外使领年表》，北京：中华书局，1985 年。

7. 四川大学历史系编：《四川人民反帝斗争档案资料》，成都：四川人民出版社，1962 年。

8. 四川省地方志编纂委员会编：《四川省志·宗教志》，成都：四川人民出版社，1998 年。

### （二）专著

1. 〔比利时〕钟鸣旦著、孙尚扬译：《1840 年前的中国基督教》，北京：学苑出版社，2004 年。

2. 〔比利时〕米歇尔·泰勒著、耿昇译：《发现西藏》，北京：中国藏学出版社，2012 年。

3. 陈建明：《激扬文字广传福音：近代基督教在华文字事工》，桂林：广西师范大学出版社，2012 年。

4. 陈庆英：《西藏历史》，北京：五洲传播出版社，2001 年。

5. 陈钦庄：《基督教简史》，北京：人民出版社，2004 年。

6. 崔维孝：《明清之际西班牙方济会在华传教研究：1579-1732》，北京：中华书局，2006 年。

7. 德礼贤：《中国天主教传教史》，北京：商务印书馆，1934 年。

8. 方豪：《中西交通史》，上海：上海人民出版社，2015 年。

9. 〔法〕谢和耐著、耿昇译：《中国与基督教：中西文化的首次碰撞》，北京：商务印书馆，2013 年。

10. 〔法〕荣振华等著、耿昇译《16-20 世纪入华天主教传教士列传》，桂林：广西师范大学出版社，2010 年。

11. 〔法〕杜满希：《法国与四川：百年回眸》，成都：成都时代出版社，2007 年。

12 〔法〕史式徽：《江南传教史》，上海：上海译文出版社，1983 年。

13. 〔法〕加略利著、谢海涛译：《1844 年法国使华团外交活动日记》，桂林：广西师范大学出版社，2013 年。

14. 〔法〕雅克玲.泰夫奈著、耿昇译：《西来的喇嘛》，济南：山东画报出版社，2003 年。

15. 〔法〕卫青心著、黄庆华译：《法国对华传教政策》，北京：中国社会科学出版社，1991 年。

16. 顾卫民：《中国天主教编年史》，上海：上海书店出版社，2003 年。

17. 顾卫民：《基督教与近代中国社会》，上海：上海人民出版社，1996 年。

18. 顾裕禄：《中国天主教的过去和现在》，上海：上海社会科学院出版社，1989 年。

19. 顾长声：《传教士与近代中国》，上海：上海人民出版社，1981 年。

20. 郭丽娜：《清代中叶巴黎外方传教会在川活动研究》，北京：学苑出版社，2012 年。

21. 韩承良：《中国天主教传教历史》，台北：思高圣经学会出版社，1994 年。

22. 黄沛翘：《西藏图考》，卷二，清光绪丙戌秋刻本。

23. 拉巴平措、陈庆英：《西藏通史》，北京；中国藏学出版社，2017 年。

24. 李宽淑：《中国基督教史略》，北京：社会科学文献出版社，1998 年。

25. 梁俊艳：《英国与中国西藏》，兰州：兰州大学出版社，2012 年。

26. 罗光：《天主教在华传教史集》，台北：华明书局，1967 年。

27. 林建曾、王路平：《世界三大宗教在云贵川地区传播史》，北京：中国文史出版社，2002 年。

28. 刘杰熙：《四川天主教》，成都：四川人民出版社，2009 年。

29. 马超群：《基督教二千年》，北京：中国青年出版社，1988 年。

30. 〔美〕柯文著：《中国与基督教：传教运动与中国排外主义的发展（1860 —1870)》，哈佛大学出版社，1963 年。

31. 〔美〕鄢华阳著，顾卫民译：《中国天主教历史译文集》，桂林：广西师范大学出版社，2010 年。

32. 〔美〕萨克雷、芬德林主编、王林译：《世界大历史：文艺复兴至 16 世纪》，北京：新世界出版社，2014 年。

33. 秦和平：《基督宗教在四川传播史稿》，成都：四川人民出版社，2006 年。

34. 秦和平：《基督宗教在西南民族地区的传播史》，成都：四川民族出版社，2003 年。

35. 秦和平、申晓虎：《四川基督教资料辑要》，成都：四川出版集团巴蜀书社，2008 年。

36. 佘素：《清季英国侵略西藏史》，北京：世界知识出版社，1959 年。

37. 伍昆明：《早期传教士进藏活动史》，北京：中国藏学出版社，1992 年。

38. 王美秀：《基督教史》，南京：江苏人民出版社，2008 年。

39. 王树槐：《基督教与清季中国的教育与社会》，桂林：广西师范大学出版社，2011 年。

40. 徐宗泽：《中国天主教传教史概论》，上海：上海书店出版社，2010 年。

41. 喜饶尼玛：《近代藏事研究》，上海：上海书店出版社，2000 年。

42. 杨天宏：《基督教与近代中国》，成都：四川人民出版社，1994 年。

43. 杨天宏：《口岸开放与社会变革：近代中国自开商埠研究》，北京：中华书局，2002 年。

44. 杨天宏：《救赎与自救：中华基督教会边疆服务研究》，北京：三联书店，

2010 年。

45. 晏可佳：《中国天主教简史》，北京：宗教文化出版社，2001 年。

46. 周伟洲：《英国俄国与中国西藏》，北京：中国藏学出版社，2000 年。

47. 张力、刘鉴唐：《中国教案史》，成都：四川省社会科学院出版社，1987 年。

48. 章博：《近代中国社会变迁与基督教大学的发展：以华中大学为中心的研究》，武汉：华中师范大学出版社，2010 年。

49. 中国社会科学院世界宗教研究所：《中华归主》，台北：中国社会科学出版社，1985 年。

（三）博硕士论文

1. 胡晓：《巴黎外方传教会在川传教活动研究》，四川大学博士论文，2014 年。

2. 郭丽娜：《清代中期巴黎外方传教会四川传教模式述评》，中山大学博士论文，2007 年。

3. 曹伦：《近代川西天主教教堂建筑》，西南交通大学硕士论文，2003 年。

4. 罗兰桂：《清朝前期天主教在中国的传播及清政府对天主教的政策》，暨南大学，2000 年。

5. 蒲娟：《近代四川地区天主教与基督教研究（1840-1919 年)》，西南交通大学硕士论文，2007 年。

6. 杨大勇：《西方传教士对贵州近代教育的影响》，西南师范大学硕士论文，2001 年。

（四）期刊论文

1. 保罗、泽拥：《盐井天主教史略》，《西藏研究》，2000 年第 3 期。

2. 邓常春：《督促与应对：晚清教务教案中央政府与地方官的互动》，《西南民族大学学报》（人文社科版），2005 年 12 期。

3. 邓常春：《清季四川教案中的官绅教关系诸谈》，《宗教学研究》，2006 年 01 期。

4. 房建昌：《西藏基督教史》（上），《西藏研究》，1990 年第 1 期。

5. 房建昌：《乔玛的生平及其在藏学研究上的贡献》，《西藏民族学院学报》（哲学社会科学版）1984 年第 2 期。

6. 房建昌：《雅鲁藏布江大拐弯至下游底杭河名称的由来及历史地理考察》，《中国边疆史地研究》，2000 年第 4 期。

7. 郭净：《十九世纪中叶法国传教士罗勒拿滇藏传教史略》，《云南民族大学学报》（哲学社会科学版），2016 年第 1 期。

8. 郭丽娜：《论清代中期四川的民教关系》，《暨南学报》（哲学社会科学版），2010 年 03 期。

9. 郭丽娜、陈静：《论清代中叶巴黎外方传教会对四川天主教徒的管理和改造》，《宗教学研究》，2008 年 01 期。

10. 郭卫东：《清朝禁教政策演变的若干问题》，《安徽史学》，2000 年第 1 期。

11. 龚缨晏、石青芳：《约翰长老：中世纪欧洲的东方幻象》，《社会科学战线》，2010 年第 2 期。

12. 耿昇：《古伯察及其西藏鞑靼旅行记》，《西北民族研究》，1989 年第 2 期。

13. 耿昇：《法国遣使会会士古伯察的环中国大旅行与中法外交交涉》，暨南史学，2002 年第一辑。

14. 何文化：《论有关西藏的两个传说及其传递的西方价值观》，《四川民族学院学报》，2015 年第 1 期。

15. 胡晓：《法国传教士倪德隆在四川藏区活动考述》，《宗教学研究》，2011 年第 2 期。

16. 坚赞才旦、王晓：《自然、人文地理双重视野下的天主教在康区的早期传播及适应》，《青海民族大学学报》（社会科学版），2013 年第 4 期。

17. 刘君：《康区外国教会览析》，《西藏研究》，1991 年第 1 期。

18. 刘传英：《巴塘反洋教斗争论纲》，《康定民族师专学报》，1987 年。

19. 南措姐：《基督教在西藏传播举步维艰原因之刍议》，《西藏大学学报》，2009 年第 2 期。

20. 秦和平：《清代中叶四川官绅士民对天主教认识之认识》，《宗教学研究》，1999 年 01 期。

21. 秦和平：《近代藏区天主教传播概述》，《中国藏学》，1991 年第 1 期。

22. 秦和平、张晓红：《近代天主教在川滇藏交界地区的传播》，《西南民族大学学报》（人文社科版），2009 年第 2 期。

23. 秦和平：《关于盐井刚达寺驱赶天主教传教士杜仲贤的认识》，《西南民族大学学报》（哲学社会科学版），2012 年第 1 期。

24. 冉光荣：《天主教"西康教区"述论》，《康定民族师专学报》，1987 年第 2 期。

25. 饶斯丹：《在爱国主义旗帜下——康区藏族人民反对外来侵略维护祖国统一斗阵论略》，西南民族学院学报，1995 年政治思想工作研究专辑。

26. 陶飞亚、杨卫华：《改革开放以来的中国基督教史研究》，《史学月刊》，2010 年 10 期。

27. 汤开建：《中国天主教史研究的新进展——从《明清之际西班牙方济各会在华传教研究（1579-1732）》说起》，《中国史研究动态》，2006 年第 10 期。

28. 王炎：《梅玉林事件发生地考实》，《中国藏学》，1996 年第 1 期。

29. 王晓：《巴塘教案两则述论》，《西南边疆民族研究》，2012 第 13 辑。

30. 王晓：《巴塘教案述论》，《民族论坛》，2013 年第 10 期。

31. 王晓：《晚清巴塘梅玉林案考述》，《藏学研究》，2014 年第 2 期。

32. 王永红：《略论天主教在西藏的早期活动》，《西藏研究》，1989 第 3 期。

33. 徐君：《近代天主教在康区的传播探析》，《史林》，2004 年第 3 期。

34. 徐铭：《清末帝国主义在川边藏区的侵略活动》，《西南民族学院学报》，1980 年第 2 期。

35. 向玉成、肖萍：《近代入康活动之部分外国人及其重要史实考述》，《乐山师范学院学报》，2013 年第 9 期。

36. 杨健吾：《基督教在四川藏族地区的传播》，《宗教学研究》，2004 年第 3 期。

37. 泽拥：《法国传教士与法国早期藏族文化研究》，《中国藏学》，2009 年第 2 期。

38. 张先清：《康熙三十一年容教诏令初探》，《历史研究》，2006 年第 5 期。

39. 张学君：《巴塘教案与清政府对西藏政策的变化》，《中国藏学》，1992 年第 3 期。

40. 朱解琳：《帝国主义对藏区的文化侵略述评》，《西北民族研究》，1986 年。

41. 周伟洲、任真，《19 世纪西方探险家、传教士在我国藏区的活动》，载于周伟洲《唐代吐蕃与近代西藏史论稿》，北京：中国藏学出版社，2006 年，第 179 页。

42. 周萍萍：《清初法国对葡萄牙"保教权"的挑战》，《中国社会科学院研究生院院报》，2002 年增刊。

43. 曾文琼：《清代我国西南藏区的反洋教斗争及其特点》，《西藏研究》，1985年第4期。

44. 曾志辉：《巴黎外方传教会"科学传教"与西南边疆研究的近代转型》，《世界宗教研究》，2016年第6期。

## （五）工具书

1. 荣振华、方立中、热拉尔·穆赛、布里吉特·阿帕乌著，耿昇译：《16-20纪入华天主教传教士列传》，桂林：广西师范大学出版社，2010年。

2. 丁光训等主编：《基督教大辞典》，上海：上海辞书出版社，2010年。

# 二、外文部分

## （一）档案

1. Les Archives des M.E.P.（巴黎外方传教会档案）：

   Volume 556, Volume 556A-J, Volume 64 , Volume 65.

   Notices biographiques des missionnaires des M.E.P. au Sichuan et au Tibet

2. Les Archives des Lazaristes de Paris（遣使会档案）：Chine 176

## （二）资料汇编

1. *Annales de la Propagation de la Foi*, Lyon, 1822 et seq.

2. *Annales de l'œuvre de la Sainte-Enfance*, Paris, 1854.

3. *Gerard* Moussay et Brigitte Appavou, *Répertoire des membres de la société des Missions Étrangères 1659---2004,* Archives des Missions Étrangères, Paris, 2004.

4. *Les missions catholiques: Bulletin hebdomadaire illustre de l'œuvre de la Propagation de la Foi,* Lyon, 1868 et seq.

## （三）专著

1. Adrien Launay, *Histoire de la Mission du Thibet,*（2vol.），Paris: les Indes Savantes, 2002.

2. Adrien Launay, *Histoire générale de la Société des Missions Etrangères,* Paris: Téqui, 1894.

3. Adrien Launay, *Histoire des Missions de Chine. Mission du Se-tchoan.*vol. 1, Paris: Téqui,1920.

4.  Adrien Launay, *Histoire générale de la société des missions-étrangères*, Paris: les Indes Savantes, 2003.

5.  Adrien Launay, *Mission du Kouy-Tcheou*（3 vol.）, Vannes: La folye frères, 1907.

6.  Allier, *Les Troubles de Chine et les Missions Chrétiennes*, Paris: Librairie FISCHBACHER, 1901.

7.  Boell, *Le Protectorat des Missiosns Catholiques en Chine et la Politique de la France en Extrême-Orient*, Paris: Institut Scientifique de la Libre-pensée, 1899.

8.  C. de Menonville, *Les Aventuriers de Dieu et de la République,* Collection Rivages des Xantons.

9.  Desgodins C. H., *Le Thibet d'après la correspondance des missionnaires,* Paris: Librairie Catholique, 1885.

10. Desgodins C. H., *La Mission du Thibet de 1855-1870,* Verdun: Imprimerie de CH. Laurent, 1872.

11. Françoise Fauconnet-Buzelin, *Les martyrs oubliés du Thibet, chronique d'une rencontre manquée（1855-1940）,* Paris: les Editions du Cerf, 2012.

12. Ferdinand Baudry, *Vie de Mgr. Joseph Chauveau, évêque de Sébastopolis, vicaire apostolique du Thibet,* Bordeaux: Luçon.

13. Françoise Fauconnet Buzelin, *les Porteurs d'Espérance-La Mission du Tibet-sud（1848-1854）,* Paris: les Editions du Cerf, 1999.

14. Gaston Gratuze, *Un pionnier de la Mission tibétaine--le père Auguste Desgodins,* Paris: Apostolat des Editions, 1968.

15. Gros, Yangren, *les communautés catholiques des Marches du Yunnan,* Paris: Institut National des Langues et Civilisations, Mémoire de Maîtrise, 1994.

16. Gabet, *Les Missions Catholiques en Chine en 1846*, dans *le Récits d'hier et d'aujourd'hui*, Paris: Valmonde, 1999.

17. Gernet, *Chine et Christianisme, actions et réactions,* Paris: Galliamard, 1982.

18. G. Goyau, *La France missionnaire dans les cinq parties du Monde*, 2vol., Paris: Librairie Plon, 1948.

19. G. Goyau, *Mission et Missionnaires,* Paris: Bloud et Gay, 1931.

20. G. Pauthier, *Histoire des relations politiques de la Chine avec les puissances occidentales depuis les temps les plus anciens jusqu'à nos jours,* Paris: Didot, 1859.

21. Huc, *Souvenir d'un voyage dans la Tartarie et le Thibet*, 2vol., Paris: Le Livre de Poche, 1962.

22. Huc, *l'Empire chinois*, 2vol., Paris: Kimé, 1992.

23. Henri Cordier, *Histoire des relations de la Chine avec les puissances occidentales 1860-1900,* Paris: Felix Alcan, Editeur, 1901.

24. Henri d'Orléans, *Les Missionnaires français au Thibet,* Paris: de Soye et Fils, 1891.

25. Juliette Buzelin, *Tibet Terre Promise: Le Journal de Voyage de Nicolas Krick (1851-1852,* Paris: Eglise d'Asie, 2001.

26. Jacqueline Thèvenet, *Joseph Gabet, Evariste Huc, Lettres de Chine et d'ailleurs 1835-1860,* Paris: Les Indes Savantes, 2005.

27. Jaques Weber etc., *La France en Chine, 1843-1943*, Nantes: Presse académique de l'Ouest, 1997.

28. Jean-Baptiste Piolet, *Nos missions et nos missionnaires,* Paris: Bloud, 1904.

29. Jean-Baptiste Piolet et Ch. Vadot, *La religion catholique en Chine*, Paris: Bloud, 1905.

30. Jean Pierre Charbonnier, *Histoire des Chrétiens de Chine,* Paris: Desclée, 1992.

31. Jean Guennou, *Missions étrangères de Paris*, Paris: Le sarment Fayard, 1986.

32. Joseph Marie Callery, *Journal des opérations diplomatiques de la Légation française en Chine*, Macao: S.N., 1845.

33. Laurent Deshayes, *Tibet（1846-1952）——Les missionnaires de l'impossible,* Paris: Les Indes Savantes, 2008.

34. Lespinasse, *Tibet Mission impossible, Lettres du P.J.E. Dubernard*, Paris: Fayard le Sarment, 1991.

35. Louis WEI TSING-SING, *La Politique missionnaire de la France en Chine (1842-1856), L'ouverture des cinq ports chinois au commerce étranger et la liberté religieuse*, Paris: Nouvelles éditions latines, 1957.

36. Lanessan, *les Missions et leur protectorat,* Paris: Félix Alcan, 1907.

37. Mesnard, *Le P. Charles Renou de Vernante, des Missions Etrangères de Paris, Fondateur et Préfet Apostolique de la Mission du Thibet,dans les Missionnaires Angevins du XIXe siècle,* Angers: P. Denoës, 1904.

38. Monbeig, *M. Jules Etienne Dubernard 1840-1905,* Ussel: Imprimrie Eyboulet, 1924.

39. Marin Catherine, *La Société des Missions Etrangères de Paris 350 ans à la rencontre de l'Asie 1658-2008,* Paris: Editions KARTHALA, 2011.

40. Michel Taylor, *Le Tibet de Marco Polo à Alexandre David-Néel,* Paris: Payot, 1985.

41. Nicolas Krick, *Relation d'un voyage au Thibet en 1852 et d'un voyage chez les Abors en 1853,* Paris: Auguste Vaton, 1854.

42. Nicole Bensacq-Tixier, *Histoire des diplomates et consuls français en Chine （1840-1912）,* Paris: Les Indes savantes, 2008.

43. Turner, *Ambassade au Tibet et au Boutan,* （3vol.）, Paris: Buisson, 1992.

## （四）未刊博士论文

1. Yan YAN, *Le Protectorat religieux de la France en Chine 1840-1912,* thèse pour le doctorat en histoire, Paris: Université Paris I--Panthéon-Sorbonne.

## （五）期刊论文

1. Aude Biellmann, *L'Influence Missionnaire Française dans Les Marches Tibétaines, dans Jacques WEBER: La France en Chine （1843-1943）,* Nantes: presses Académiques de l'ouest, 1997.

2. Desgodins Auguste, *Exposé sommaire de la mission du Thibet,* Bulletin de la Société de Géographie de l'Est, Nancy, vol.I, 1879.

3. Desgodins Auguste, *Au Thibet, souvenirs de trente-quatre ans de Mission,* Bulletin de la Société de Géographie de Paris, N.VI, 1890.

4. Douenel, *Fondation et développement de la Mission du Thibet Sud,* Paris: *Annales de la Société des Missions Etrangères,* vol. XXII, 1920.

5. Jacqueline Thèvenet, *l'expulsion de Chine du père Evariste Huc （Lahssa-Caton-1846）,* Revue d'histoire diplomatique, Paris: Editions A. pedone, 1988.

## （六）工具书

1. *Bibliographie des missions étrangères civilisations, religions et langues de l'Asie*, Paris: les Indes savants, 2008, Missions Etrangères de Paris.

2. Nicole Bensacq-Tixier, *Dictionnaire du corps diplomatique et consulaire français en Chine （1840-1911）*, Paris: Les Indes savantes, 2003.

# 《基督教文化研究丛书》

主编：何光沪、高师宁

（1-10 编书目）

## 初　编

（2015 年 3 月出版）

ISBN：978-986-404-209-8　　　　　定价（台币）$28,000 元

| 册　次 | 作　者 | 书　名 | 学科别（／表示跨学科） |
|---|---|---|---|
| 第 1 册 | 刘　平 | 灵殇：基督教与中国现代性危机 | 社会学／神学 |
| 第 2 册 | 刘　平 | 道在瓦器：裸露的公共广场上的呼告——书评自选集 | 综合 |
| 第 3 册 | 吕绍勋 | 查尔斯·泰勒与世俗化理论 | 历史／宗教学 |
| 第 4 册 | 陈　果 | 黑格尔"辩证法"的真正起点和秘密——青年时期黑格尔哲学思想的发展（1785 年至 1800 年） | 哲学 |
| 第 5 册 | 冷　欣 | 启示与历史——潘能伯格系统神学的哲理根基 | 哲学／神学 |
| 第 6 册 | 徐　凯 | 信仰下的生活与认知——伊洛地区农村基督教信徒的文化社会心理研究（上） | 社会学 |
| 第 7 册 | 徐　凯 | 信仰下的生活与认知——伊洛地区农村基督教信徒的文化社会心理研究（下） | |
| 第 8 册 | 孙晨荟 | 谷中百合——傈僳族与大花苗基督教音乐文化研究（上） | 基督教音乐 |
| 第 9 册 | 孙晨荟 | 谷中百合——傈僳族与大花苗基督教音乐文化研究（下） | |

| 第 10 册 | 王 媛 | 附魔、驱魔与皈信——乡村天主教与民间信仰关系研究 | 社会学 |
|---|---|---|---|
| | 蔡圣晗 | 神谕的再造，一个城市天主教群体中的个体信仰和实践 | 社会学 |
| | 孙晓舒 王修晓 | 基督徒的内群分化：分类主客体的互动 | 社会学 |
| 第 11 册 | 秦和平 | 20 世纪 50－90 年代川滇黔民族地区基督教调适与发展研究（上） | 历史 |
| 第 12 册 | 秦和平 | 20 世纪 50－90 年代川滇黔民族地区基督教调适与发展研究（下） | |
| 第 13 册 | 侯朝阳 | 论陀思妥耶夫斯基小说的罪与救赎思想 | 基督教文学 |
| 第 14 册 | 余 亮 | 《传道书》的时间观研究 | 圣经研究 |
| 第 15 册 | 汪正飞 | 圣约传统与美国宪政的宗教起源 | 历史／法学 |

# 二 编　　　（2016 年 3 月出版）

ISBN：978-986-404-521-1　　　　　　定价（台币）$20,000 元

| 册　次 | 作　者 | 书　名 | 学科别（／表示跨学科） |
|---|---|---|---|
| 第 1 册 | 方 耀 | 灵魂与自然——汤玛斯·阿奎那自然法思想新探 | 神学／法学 |
| 第 2 册 | 劉光順 | 趋向至善——汤玛斯·阿奎那的伦理思想初探 | 神学／伦理学 |
| 第 3 册 | 潘明德 | 索洛维约夫宗教哲学思想研究 | 宗教哲学 |
| 第 4 册 | 孙 毅 | 转向：走在成圣的路上——加尔文《基督教要义》解读 | 神学 |
| 第 5 册 | 柏斯丁 | 追随论证：有神信念的知识辩护 | 宗教哲学 |
| 第 6 册 | 李向平 | 宗教交往与公共秩序——中国当代耶佛交往关系的社会学研究 | 社会学 |
| 第 7 册 | 張文舉 | 基督教文化论略 | 综合 |
| 第 8 册 | 趙文娟 | 侯活士品格伦理与赵紫宸人格伦理的批判性比较 | 神学伦理学 |
| 第 9 册 | 孙晨薈 | 雪域圣咏——滇藏川交界地区天主教仪式与音乐研究（增订版）（上） | 基督教音乐 |
| 第 10 册 | 孙晨薈 | 雪域圣咏——滇藏川交界地区天主教仪式与音乐研究（增订版）（下） | |
| 第 11 册 | 張 欣 | 天地之间一出戏——20 世纪英国天主教小说 | 基督教文学 |

# 三　编　（2017 年 9 月出版）

ISBN：978-986-485-132-4　　　　　　　　　　定价（台币）$11,000 元

| 册　次 | 作　者 | 书　名 | 学科别（／表示跨学科） |
|---|---|---|---|
| 第 1 册 | 赵　琦 | 回归本真的交往方式——托马斯·阿奎那论友谊 | 神学／哲学 |
| 第 2 册 | 周兰兰 | 论维护人性尊严——教宗若望保禄二世的神学人类学研究 | 神学人类学 |
| 第 3 册 | 熊径知 | 黑格尔神学思想研究 | 神学／哲学 |
| 第 4 册 | 邢　梅 | 《圣经》官话和合本句法研究 | 圣经研究 |
| 第 5 册 | 肖　超 | 早期基督教史学探析（西元 1~4 世纪初期） | 史学史 |
| 第 6 册 | 段知壮 | 宗教自由的界定性研究 | 宗教学／法学 |

# 四　编　（2018 年 9 月出版）

ISBN：978-986-485-490-5　　　　　　　　　　定价（台币）$18,000 元

| 册　次 | 作　者 | 书　名 | 学科别（／表示跨学科） |
|---|---|---|---|
| 第 1 册 | 陈卫真　高　山 | 基督、圣灵、人——加尔文神学中的思辨与修辞 | 神学 |
| 第 2 册 | 林庆华 | 当代西方天主教相称主义伦理学研究 | 神学／伦理学 |
| 第 3 册 | 田燕妮 | 同为异国传教人：近代在华新教传教士与天主教传教士关系研究（1807～1941） | 历史 |
| 第 4 册 | 张德明 | 基督教与华北社会研究（1927～1937）（上） | 社会学 |
| 第 5 册 | 张德明 | 基督教与华北社会研究（1927～1937）（下） | 社会学 |
| 第 6 册 | 孙晨荟 | 天音北韵——华北地区天主教音乐研究（上） | 基督教音乐 |
| 第 7 册 | 孙晨荟 | 天音北韵——华北地区天主教音乐研究（下） | 基督教音乐 |
| 第 8 册 | 董丽慧 | 西洋图像的中式转译：十六十七世纪中国基督教图像研究 | 基督教艺术 |
| 第 9 册 | 张　欣 | 耶稣作为明镜——20 世纪欧美耶稣小说 | 基督教文学 |

# 五　编　（2019 年 9 月出版）

ISBN：978-986-485-809-5　　　　　　　　定价（台币）$20,000 元

| 册　次 | 作　者 | 书　名 | 学科别（／表示跨学科） |
|---|---|---|---|
| 第 1 册 | 王玉鹏 | 纽曼的启示理解（上） | 神学 |
| 第 2 册 | 王玉鹏 | 纽曼的启示理解（下） | |
| 第 3 册 | 原海成 | 历史、理性与信仰——克尔凯郭尔的绝对悖论思想研究 | 哲学 |
| 第 4 册 | 郭世聪 | 儒耶价值教育比较研究——以香港为语境 | 宗教比较 |
| 第 5 册 | 刘念业 | 近代在华新教传教士早期的圣经汉译活动研究（1807～1862） | 历史 |
| 第 6 册 | 鲁静如 王宜强 编著 | 溺女、育婴与晚清教案研究资料汇编（上） | 资料汇编 |
| 第 7 册 | 鲁静如 王宜强 编著 | 溺女、育婴与晚清教案研究资料汇编（下） | |
| 第 8 册 | 翟风俭 | 中国基督宗教音乐史（1949 年前）（上） | 基督教音乐 |
| 第 9 册 | 翟风俭 | 中国基督宗教音乐史（1949 年前）（下） | |

# 六　编　（2020 年 3 月出版）

ISBN：978-986-518-085-0　　　　　　　　定价（台币）$20,000 元

| 册　次 | 作　者 | 书　名 | 学科别（／表示跨学科） |
|---|---|---|---|
| 第 1 册 | 陈倩 | 《大乘起信论》与佛耶对话 | 哲学 |
| 第 2 册 | 陈丰盛 | 近代温州基督教史（上） | 历史 |
| 第 3 册 | 陈丰盛 | 近代温州基督教史（下） | |
| 第 4 册 | 赵罗英 | 创造共同的善：中国城市宗教团体的社会资本研究——以 B 市 J 教会为例 | 人类学 |
| 第 5 册 | 梁振华 | 灵验与拯救：乡村基督徒的信仰与生活（上） | 人类学 |
| 第 6 册 | 梁振华 | 灵验与拯救：乡村基督徒的信仰与生活（下） | |
| 第 7 册 | 唐代虎 | 四川基督教社会服务研究（1877～1949） | 人类学 |
| 第 8 册 | 薛媛元 | 上帝与缪斯的共舞——中国新诗中的基督性（1917～1949） | 基督教文学 |

# 七 编 （2021 年 3 月出版）

ISBN：978-986-518-381-3　　　　　　定价（台币）$22,000 元

| 册　次 | 作　者 | 书　名 | 学科别<br>（／表示跨学科） |
|---|---|---|---|
| 第 1 册 | 刘锦玲 | 爱德华兹的基督教德性观研究 | 基督教伦理学 |
| 第 2 册 | 黄冠乔 | 保尔. 克洛岱尔天主教戏剧中的佛教影响研究 | 宗教比较 |
| 第 3 册 | 宾静 | 清代禁教时期华籍天主教徒的传教活动（1721～1846）（上） | 基督教历史 |
| 第 4 册 | 宾静 | 清代禁教时期华籍天主教徒的传教活动（1721～1846）（下） | |
| 第 5 册 | 赵建玲 | 基督教"山东复兴"运动研究（1927～1937）（上） | 基督教历史 |
| 第 6 册 | 赵建玲 | 基督教"山东复兴"运动研究（1927～1937）（下） | |
| 第 7 册 | 周浪 | 由俗入圣：教会权力实践视角下乡村基督徒的宗教虔诚及成长 | 基督教社会学 |
| 第 8 册 | 查常平 | 人文学的文化逻辑——形上、艺术、宗教、美学之比较（修订本）（上） | 基督教艺术 |
| 第 9 册 | 查常平 | 人文学的文化逻辑——形上、艺术、宗教、美学之比较（修订本）（下） | |

# 八 编 （2022 年 3 月出版）

ISBN：978-986-404-209-8　　　　　　定价（台币）$45,000 元

| 册　次 | 作　者 | 书　名 | 学科别<br>（／表示跨学科） |
|---|---|---|---|
| 第 1 册 | 查常平 | 历史与逻辑：逻辑历史学引论（修订本）（上） | 历史学 |
| 第 2 册 | 查常平 | 历史与逻辑：逻辑历史学引论（修订本）（下） | |
| 第 3 册 | 王澤偉 | 17～18 世纪初在華耶穌會士的漢字收編：以馬若瑟《六書實義》為例（上） | 语言学 |
| 第 4 册 | 王澤偉 | 17～18 世纪初在華耶穌會士的漢字收編：以馬若瑟《六書實義》為例（下） | |
| 第 5 册 | 刘海玲 | 沙勿略：天主教东传与东西方文化交流 | 历史 |
| 第 6 册 | 郑媛元 | 冠西东来——咸同之际丁韪良在华活动研究 | 历史 |

| 册 次 | 作 者 | 书 名 | 学科别 |
|---|---|---|---|
| 第 7 册 | 刘影 | 基督教慈善与资源动员——以一个城市教会为中心的考察 | 社会学 |
| 第 8 册 | 陈静 | 改变与认同：瑞华浸信会与山东地方社会 | 社会学 |
| 第 9 册 | 孙晨荟 | 众灵的雅歌——基督宗教音乐研究文集 | 基督教音乐 |
| 第 10 册 | 曲艺 | 默默存想，与神同游——基督教艺术研究论文集（上） | 基督教艺术 |
| 第 11 册 | 曲艺 | 默默存想，与神同游——基督教艺术研究论文集（下） | |
| 第 12 册 | 利瑪竇著、梅謙立漢注 孫旭義、奧覓德、格萊博基譯 | 《天主實義》漢意英三語對觀（上） | 经典译注 |
| 第 13 册 | 利瑪竇著、梅謙立漢注 孫旭義、奧覓德、格萊博基譯 | 《天主實義》漢意英三語對觀（中） | |
| 第 14 册 | 利瑪竇著、梅謙立漢注 孫旭義、奧覓德、格萊博基譯 | 《天主實義》漢意英三語對觀（下） | |
| 第 15 册 | 刘平 | 明清民初基督教高等教育空间叙事研究——中国教会大学遗存考（第一卷）（上） | 资料汇编 |
| 第 16 册 | 刘平 | 明清民初基督教高等教育空间叙事研究——中国教会大学遗存考（第一卷）（下） | |

# 九 编 （2023 年 3 月出版）

ISBN：978-626-344-236-8　　　　　　　　定价（台币）$56,000 元

| 册 次 | 作 者 | 书 名 | 学科别（／表示跨学科） |
|---|---|---|---|
| 第 1 册 | 郑松 | 麦格拉思福音派神学思想研究 | 神学 |
| 第 2 册 | 任一超 | 心灵改变如何可能？——从康德到齐克果 | 基督教哲学 |
| 第 3 册 | 劉沐比 | 論趙雅博基本倫理學和特殊倫理學之串連 | 基督教伦理学 |
| 第 4 册 | 王务梅 | 论马丁·布伯的上帝观 | 基督教与犹太教 |
| 第 5 册 | 肖音 | 明末吕宋之中西文化交流（上） | 教会史 |

| 第 6 册 | 肖音 | 明末吕宋之中西文化交流（下） | |
|---|---|---|---|
| 第 7 册 | 张德明 | 基督教五年运动与民国社会（上） | 教会史 |
| 第 8 册 | 张德明 | 基督教五年运动与民国社会（下） | |
| 第 9 册 | 陈铃 | 落幕：美国新教在华传教事业的终结（1945～1952） | 教会史 |
| 第 10 册 | 黄畅 | 全球史视角下基督教在英国殖民统治中的作用——以 1841～1914 年的香港和约鲁巴兰为例 | 教会史 |
| 第 11 册 | 杨道圣 | 言像之辩：基督教的图像与图像中的基督教 | 基督教艺术 |
| 第 12 册 | 張雅斐 | 晚清聖經人物漢語傳記研究——以聖經在華接受史的視角 | 基督教艺术 |
| 第 13 册 | 包兆会 | 缪斯与上帝的相遇——基督宗教文艺研究论文集 | 基督教文学 |
| 第 14 册 | 张欣 | 浪漫的神学：英国基督教浪漫主义略论 | 基督教文学 |
| 第 15 册 | 刘平 | 明清民初基督教高等教育空间叙事研究——中国教会大学遗存考（第二卷：福建协和神学院） | 资料汇编 |
| 第 16 册 | 刘平、赵曰北主编 | 传真道于中国——赫士及华北神学院百年纪念文集（第一册） | |
| 第 17 册 | 刘平、赵曰北主编 | 传真道于中国——赫士及华北神学院百年纪念文集（第二册） | |
| 第 18 册 | 刘平、赵曰北主编 | 传真道于中国——赫士及华北神学院百年纪念文集（第三册） | 论文集 |
| 第 19 册 | 刘平、赵曰北主编 | 传真道于中国——赫士及华北神学院百年纪念文集（第四册） | |
| 第 20 册 | 刘平、赵曰北主编 | 传真道于中国——赫士及华北神学院百年纪念文集（第五册） | |

# 十　编　（2024 年 3 月出版）

ISBN：978-626-344-629-8　　　　　定价（台币）$40,000 元

| 册　次 | 作　者 | 书　名 | 学科别（／表示跨学科） |
|---|---|---|---|
| 第 1 册 | 李思凡 | 奥古斯丁人学思想研究 | 神学研究 |
| 第 2 册 | 胡宗超 | 自律、他律到神律：蒂利希文化神学研究 | 神学研究 |
| 第 3 册 | 毕聪聪 | 以信行事：后现代语境的宗教信仰含义（上） | 基督教与宗教学 |
| 第 4 册 | 毕聪聪 | 以信行事：后现代语境的宗教信仰含义（下） | |

| 第 5 册 | 毕聪聪 | 基督教与近代中国变局 | 基督教与社会学 |
|---|---|---|---|
| 第 6 册 | 张德明 | 法国巴黎外方西藏传教会进藏活动研究（1844～1864）（上） | 基督教与历史 |
| 第 7 册 | 张德明 | 法国巴黎外方西藏传教会进藏活动研究（1844～1864）（下） | |
| 第 8 册 | 刘瑞云 | 我你他：通向圣灵文学之途（上） | 基督教与文学 |
| 第 9 册 | 刘瑞云 | 我你他：通向圣灵文学之途（中） | |
| 第 10 册 | 刘光耀 | 我你他：通向圣灵文学之途（下） | |
| 第 11 册 | 〔英〕法思远 主编 郭大松、杜学霞 译 | 近代山东基督教历史资料译丛——中国圣省山东（上） | 基督教史料 |
| 第 12 册 | 〔英〕法思远 主编 郭大松、杜学霞 译 | 近代山东基督教历史资料译丛——中国圣省山东（下） | |
| 第 13 册 | 〔英〕令约翰、白多加 著 郭大松 译 | 近代山东基督教历史资料译丛——近代中国亲历记：瑞典浸信会山东宣教事工纪实 | 基督教史料 |
| 第 14 册 | 〔美〕奚尔恩 著 郭大松 译 | 近代山东基督教历史资料译丛——在山东前线：美国北长老会山东差会史（1861～1940）（上） | 基督教史料 |
| 第 15 册 | 〔美〕奚尔恩 著 郭大松 译 | 近代山东基督教历史资料译丛——在山东前线：美国北长老会山东差会史（1861～1940）（下） | |